Handbuch der Informatik

herausgegeben von
Prof. Dr. Albert Endres
Prof. Dr. Hermann Krallmann
Dr. Peter Schnupp

Band 1.3

Elektrotechnische Grundlagen der Informatik

von
Prof. Dr.-Ing. Horst Clausert
Technische Hochschule Darmstadt

R. Oldenbourg Verlag München Wien 1995

Prof. Dr.-Ing. Horst Clausert lehrt seit 1982 an der Technischen Hochschule Darmstadt. Die vorausgehenden Stationen seiner Berufstätigkeit waren 1966/67 die University of Surrey (England), von 1967 bis 1970 die Siemens AG, von 1970 bis 1974 die Technische Universität Clausthal und für die Jahre 1974 bis 1982 die Universität-Gesamthochschule Wuppertal.

Die Deutsche Bibliothek - CIP-Einheitsaufnahme

Handbuch der Informatik : [die umfassende Darstellung der Informatik in Einzelbänden] / hrsg. von Albert Endres ... -.
München ; Wien : Oldenbourg.

NE: Endres, Albert [Hrsg.]

Bd. 1.3. Clausert, Horst: Elektrotechnische Grundlagen der
   Informatik. - 1995

Clausert, Horst:
Elektrotechnische Grundlagen der Informatik / von Horst
Clausert. - München ; Wien : Oldenbourg, 1995
   (Handbuch der Informatik ; Bd. 1.3)
   ISBN 3-486-21518-3

Gesamtherstellung: R. Oldenbourg Graphische Betriebe GmbH, München

ISBN 3-486-21518-3

Inhalt

V   Anhang

II Felder und Wellen

IV   Elektronische Bauelemente und Grundschaltungen

Vorwort der Herausgeber

Das *Handbuch der Informatik* versucht, das Gesamtgebiet der Informatik mit seinen Grundlagen, seinen Teilgebieten und seinen wichtigsten Anwendungen zusammenhängend darzustellen. Es informiert Lehrende und Lernende, DV-Praktiker und DV-Nutzer über Konzepte, Methoden und Techniken, deren grundlegende Bedeutung anerkannt ist, deren Nützlichkeit in der Praxis sich gezeigt hat; Grenzen und Entwicklungstendenzen eines Gebiets werden angesprochen.

Jeder Band des *Handbuch der Informatik* behandelt ein in sich abgeschlossenes Thema. Der Leser kann sich – unabhängig von den anderen Bänden des Handbuches – in das betreffende Gebiet neu einarbeiten, vorhandenes Wissen auffrischen oder im Sinne eines Nachschlagewerkes einzelne Themen aufspüren und vertiefen. Hierbei helfen Strukturierung und Typographie des Textes und die Hinweise auf weiterführende Literatur.

Unsere schönen graphischen Oberflächen, das Software-Engineering, elegante theoretische Grundlagen über die Verarbeitung natürlicher und formaler Sprachen und selbst die logischen Formalismen, mit denen wir die Funktionen unserer Rechner auf der „niedrigsten Ebene" der Gatter und Schaltkreise beschreiben, haben uns fast alle vergessen lassen, daß unsere Rechner noch immer keine „logischen" sondern „elektronische" Maschinen sind. Wobei selbst der bescheidenste PC uns heute quer durch die gesamte Elektrotechnik führt, wollen wir ihn wirklich verstehen.

Die Bildröhre generiert, bündelt und steuert Elektronenstrahlen, ihre Ansteuerung ist Hochspannungstechnik, die Platte dreht ein Elektromotor und steuert ein Linearmotor, die Chips werden per Schwachstromtechnik versorgt, und sie funktionieren mit höchster Hochfrequenztechnik (sowie natürlich Festkörperphysik, aber die fällt nicht mehr unter das, was man üblicherweise „Elektrotechnik" nennt). Und schließlich ist da noch die ganz traditionelle Elektrotechnik des Netzteils, die zumindest beim Schreiber dieses Vorworts merkwürdigerweise fast immer schuld ist, wenn der Rechner nicht mehr geht.

Jedenfalls haben die wirklichen Realitätsbegegnungen des Informatikers auch heute noch regelmäßig mit der fast vergessenen Elektrotechnik zu tun. Deshalb lohnt es sich, zuweilen über die Grundlagen etwas nachlesen zu können, sei es zum ersten-, zweiten- oder drittenmal. Wir freuen uns deshalb, daß wir jetzt auch dieses Gebiet mit dem vorliegenden, kompetent geschriebenen Band abdecken – sei es zur ersten Einführung oder zur Wiederholung dessen, was man nicht (mehr) weiß, aber unbedingt wissen sollte.

A. Endres   H. Krallmann   P. Schnupp

Vorwort des Autors

Das vorliegende Buch vermittelt die Grundlagen der Elektrotechnik in lehrbuchähnlicher übersichtlicher – wenn auch knapper – Form. Es ist in 20 Kapitel gegliedert, die sich folgenden Themenbereichen zuordnen lassen:

I. Grundbegriffe und Netzwerke
(Kapitel 1 bis 7)

II. Felder und Wellen
(Kapitel 8 bis 12)

III. Signale und Systeme
(Kapitel 13 bis 17)

IV. Elektronische Bauelemente und Grundschaltungen
(Kapitel 18 bis 20).

Die Teile II bis IV sind weitgehend voneinander unabhängig, so daß sie, wenn Grundkenntnisse aus Teil I vorhanden sind, in beliebiger Reihenfolge gelesen werden können. Wo es erforderlich oder zweckmäßig ist, findet der Leser Verweise auf die anderen Teile.

Dem Lehrbuchcharakter entsprechend enthält jedes Kapitel auch Beispiele, die oft als Aufgaben formuliert sind und zu selbständiger Bearbeitung ermuntern sollen. Beweise werden nur gebracht, wenn sie zum Verständnis des Sachverhaltes beitragen. Reine Existenzbeweise kommen dagegen nicht vor.

Das Buch wendet sich in erster Linie an Studenten der Informatik, der Elektrotechnik und der Naturwissenschaften, aber auch an Anwender in der industriellen Praxis, die sich in das Gebiet einarbeiten oder die Darstellung als Nachschlagewerk nutzen wollen. Mathematische Grundkenntnisse aus den ersten Studiensemestern werden vorausgesetzt.

Der Verfasser widmet dieses Buch dem Andenken an seinen verehrten Lehrer Professor Dr.-Ing. habil.

Herbert Buchholz
(28.02.1895 – 24.09.1971)

der in diesem Jahr 100 Jahre alt geworden wäre.

13

Für anregende Diskussionen und andere Unterstützung danke ich den Herren Dipl.-Ing. U. Jetzek, Dipl.-Ing. J. Khunjush und Dr.-Ing. H. Vater.

Dank schulde ich auch meinen Kollegen Prof. Hoffmann und Prof. Kostka, die Teile des Manuskripts gelesen und Verbesserungsvorschläge gemacht haben.

Mein besonderer Dank gilt Herrn cand. ing. J. Polster, der mit Sorgfalt und Sachverstand den ganzen Text geschrieben und den größten Teil der Zeichnungen angefertigt hat (mit dem Textverarbeitungssystem LaTeX).

Schließlich danke ich dem Verlag – insbesonders Frau M. Metzger – für die angenehme Zusammenarbeit.

Darmstadt, im Januar 1995 Horst Clausert

Teil I

Grundbegriffe und Netzwerke

1. Einheiten und Gleichungen

1.1 Einheitensysteme

1.1.1 Maßsysteme

Um eine physikalische Größe messen zu können, muß man eine Einheit dieser Größe willkürlich festlegen. Messen heißt dann, daß eine Zahl bestimmt wird, die angibt, wie oft die gewählte Einheit in der zu messenden Größe enthalten ist.

Wegen der bestehenden physikalischen Gesetze, die einen Zusammenhang zwischen den physikalischen Größen herstellen, läßt sich die Anzahl der willkürlich festzulegenden Einheiten auf wenige Grundeinheiten beschränken. So sind zur Beschreibung mechanischer Vorgänge drei Basiseinheiten erforderlich. In der Elektrizitätslehre definiert man zweckmäßigerweise zusätzlich eine vierte Basiseinheit und bei Einbeziehung thermischer Vorgänge schließlich noch eine fünfte Basiseinheit. Je nach Wahl der Grundgrößen, für die Einheiten festzulegen sind, erhält man verschiedene Maßsysteme. Grundeinheiten

In der Elektrotechnik hat sich das *MKSA-System* weitgehend durchgesetzt, das von den Grundgrößen Länge, Masse, Zeit und Stromstärke ausgeht. Außerdem wird zur Beschreibung thermischer Vorgänge die Temperatur als fünfte Grundgröße gebraucht. MKSA-System

Die Einheiten dieser fünf Grundgrößen sind Bestandteil des internationalen Einheitensystems oder *SI-Systems* (Système International). SI-System

1.1.2 Die Basiseinheiten

Die für die Elektrotechnik wichtigen Basiseinheiten des SI-Systems sind wie folgt definiert (DIN 1301):

1. Die Länge:

   1 Meter (= 1 m) ist die Strecke, die das Licht im Vakuum während 1/299 792 458 s durchläuft.

2. Die Masse:

   1 Kilogramm (= 1 kg) ist bestimmt durch die Masse des in Sèvres aufbewahrten „Urkilogramms".

3. Die Zeit:

   1 Sekunde (= 1 s) ist das 9 192 631 770fache der Periodendauer der Strahlung beim Übergang zwischen zwei bestimmten Energieniveaus des Atoms von Cäsium 133.

4. Die Stromstärke:

   1 Ampere (= 1 A) ist definiert durch die Stärke eines zeitlich konstanten Stromes durch zwei geradlinige parallele unendlich lange Leiter von vernachlässigbar kleinem Querschnitt, die einen Abstand von 1 m haben und zwischen denen die durch den Strom hervorgerufene Kraft im leeren Raum pro 1 m Leitungslänge $2 \cdot 10^{-7}$ m kg/s² beträgt.

5. Die Temperatur:

   1 Kelvin (= 1 K) ist der 273,16te Teil der Differenz zwischen der Temperatur des absoluten Nullpunkts und der Temperatur, bei der die drei Zustandsformen des Wassers gleichzeitig auftreten (Tripelpunkt).

   Der Zusammenhang zwischen Kelvintemperatur T und Celsiustemperatur ϑ ist gegeben durch

   $$\vartheta = T - 273,15 \text{ K}.$$

KSA-System Die Bezeichnung MKSA-System soll auf die Basiseinheiten m, kg, s, A hinweisen.

1.1.3 Einige abgeleitete Einheiten

1. Die Kraft:

   Wegen des Zusammenhangs Kraft = Masse × Beschleunigung definiert man:

   nheit der Kraft
   $$1 \text{ kg} \cdot 1\frac{\text{m}}{\text{s}^2} = 1 \text{ Newton } = 1 \text{ N}.$$

   Die Kraft 1 Newton erteilt also der Masse 1 kg die Beschleunigung 1 m/s².

2. Arbeit, Energie, Leistung:

   nheit der Arbeit Für die Einheit der Arbeit (= Kraft × Weg) schreibt man

   $$1 \text{ N} \cdot 1 \text{ m} = 1 \text{ Joule } = 1 \text{ J}.$$

   Demnach muß eine Arbeit von 1 J aufgewendet werden, wenn ein Körper mit der Kraft 1 N um 1 m verschoben wird.

Die Leistung(= Arbeit pro Zeit) erhält die Einheit

$$\frac{1\,\text{Nm}}{1\,\text{s}} = \frac{1\,\text{J}}{1\,\text{s}} = 1\,\text{Watt} = 1\,\text{W}.$$

3. Wärmemenge:

Da es sich bei der Wärmemenge um eine Energie handelt, braucht keine neue Einheit definiert zu werden. Häufig begegnet man noch der älteren Einheit Kalorie (cal). Mit einer Kalorie ist diejenige Energie gemeint, die man braucht, um 1 g Wasser von $14,5°C$ auf $15,5°C$ zu erwärmen. Experimentell ergibt sich der Zusammenhang

$$1\,\text{cal} \approx 4,186\,\text{Ws}.$$

In vielen praktischen Fällen sind die bis jetzt eingeführten Einheiten unhandlich; sie sind zu groß oder zu klein. Dann kann man vor die Einheit eines der nachfolgend angegebenen Vorsatzzeichen setzen:

Y	=	Yotta = 10^{24}
Z	=	Zetta = 10^{21}
E	=	Exa = 10^{18}
P	=	Peta = 10^{15}
T	=	Tera = 10^{12}
G	=	Giga = 10^{9}
M	=	Mega = 10^{6}
k	=	Kilo = 10^{3}
h	=	Hekto = 10^{2}
da	=	Deka = 10^{1}

d	=	Dezi = 10^{-1}
c	=	Zenti = 10^{-2}
m	=	Milli = 10^{-3}
μ	=	Mikro = 10^{-6}
n	=	Nano = 10^{-9}
p	=	Piko = 10^{-12}
f	=	Femto = 10^{-15}
a	=	Atto = 10^{-18}
z	=	Zepto = 10^{-21}
y	=	Yocto = 10^{-24}

So schreibt man z. B.

$$0,000\,001\,\text{A} = 1 \cdot 10^{-6}\,\text{A} = 1\,\mu\text{A}.$$

1.2 Schreibweise von Gleichungen

1.2.1 Größengleichungen

Gleichungen werden in der Elektrotechnik inzwischen im allgemeinen als *Größengleichungen* geschrieben. Gleichungen dieser Form haben den Vorteil, daß sie für beliebige Einheiten richtig sind. Man hat dabei die physikalische Größe als Produkt aus Zahlenwert und Einheit in die Gleichung einzusetzen. Man schreibt z. B. für das Formelzeichen a:

$$a = \{a\} \cdot [a]\,,$$

wobei $\{a\}$ den Zahlenwert der Größe a bedeutet und $[a]$ ihre Einheit. Zahlenwert und Einheit sind wie algebraische Größen zu behandeln.

1.2.2 Zahlenwertgleichungen

Früher wurden in der Physik und Technik sehr oft statt der Größengleichungen die unzweckmäßigeren *Zahlenwertgleichungen* benutzt. In diesen Gleichungen bedeuten die Formelzeichen reine Zahlenwerte. Solche Gleichungen liefern nur dann richtige Ergebnisse, wenn die eingesetzten Werte in ganz bestimmten Einheiten gemessen werden.

1.2.3 Zugeschnittene Größengleichungen

Werden alle in einer Gleichung auftretenden Größen auf zweckmäßig gewählte Einheiten bezogen, so erhält man eine *zugeschnittene Größengleichung*. Als Beispiel wird der Zusammenhang Geschwindigkeit gleich Weg pro Zeit gewählt. Dividiert man die entsprechende Größengleichung

$$v = \frac{d}{t}$$

auf beiden Seiten durch die Einheit m/s, so entsteht

$$\frac{v}{\text{m/s}} = \frac{d/\text{m}}{t/\text{s}}\,.$$

Ersetzt man auf der linken Seite die Einheit 1 m durch 10^{-3} km und die Einheit 1 s durch 1/3600 h, so folgt

$$\frac{v}{\text{km/h}} = 3,6 \cdot \frac{d/\text{m}}{t/\text{s}}\,.$$

Die letzte Gleichung ist offenbar darauf zugeschnitten, daß sich die Geschwindigkeit in km/h ergibt, wenn Weg und Zeit mit den Einheiten m bzw. s eingesetzt werden.

1.2.4 Normierte Größen

Verwandt mit den zugeschnittenen Größen sind normierte Größen. Hier bezieht man die betrachtete Größe auf eine gleichartige Bezugsgröße, z. B. eine Frequenz auf eine Grenzfrequenz:

$$f_N = \frac{f}{f_g} \, .$$

Die normierte Größe - hier f_N - kennzeichnet man oft durch einen anderen Buchstaben. Vielfach wird aber auch auf eine besondere Kennzeichnung ganz verzichtet und stattdessen vereinbart, daß in den folgenden Darlegungen alle Größen als normierte Größen aufzufassen sind. Diese Vorgehensweise ist in der Systemtheorie sehr verbreitet (Teil III „Signale und Systeme", Kapitel 13 – 17).

2. Grundlegende Begriffe

2.1 Die elektrische Ladung

Grundlegend ist folgende Beobachtung: Von einem geriebenen Bernstein-stab berührte Holundermarkkügelchen stoßen sich untereinander ab. Werden sie dann in die Nähe eines geriebenen Glasstabes gebracht, so zieht er sie zunächst an, stößt sie nach der Berührung jedoch ab. Diese Beobachtungen lassen sich nicht mit den aus der Mechanik bekannten Gravitationskräften erklären. Vielmehr handelt es sich um die Wirkungen einer neuen Größe, die man *elektrische Ladung* nennt. Da anziehende und abstoßende Kräfte zwischen Ladungen auftreten können, muß es zwei verschiedene Ladungsarten geben, denen man unterschiedliche Vorzeichen zuordnet (Bernstein: negativ, Glas: positiv). Damit läßt sich die grundlegende Beobachtung so formulieren: Ladungen gleichen Vorzeichens stoßen sich ab, Ladungen ungleichen Vorzeichens ziehen sich an.

Vorzeichen der Ladung

Jede Ladung Q ist ein ganzzahliges Vielfaches der Elementarladung e:

Elementarladung

$$Q = \pm n \, \mathrm{e}.$$

2.2 Der elektrische Strom

Durch Bewegung von Ladungen entsteht ein elektrischer Strom, dessen Stärke durch den Quotienten aus Ladungsmenge und Zeit charakterisiert wird:

$$I = \frac{\Delta Q}{\Delta t} . \tag{2.1}$$

Hier bedeutet ΔQ also die innerhalb des Zeitraums Δt durch den betrachteten Querschnitt des Leiter hindurchtretende Ladung. I ist die mittlere Stromstärke während des Zeitraumes Δt.

mittlere Stromstärke

Für $\Delta t \to 0$ erhält man den Augenblickswert des Stromes:

$$i(t) = \lim_{\Delta t \to 0} \frac{\Delta Q}{\Delta t} = \frac{dQ}{dt} . \tag{2.2}$$

Augenblickswert

In der Elektrotechnik kennzeichnet man veränderliche Größen häufig durch Kleinbuchstaben, zeitlich konstante Größen durch Großbuchstaben.

Ist die Stromstärke während des Zeitraumes Δt konstant, so wird nach (2.1) während dieses Zeitraumes die Ladung

$$\Delta Q = I \cdot \Delta t \tag{2.3}$$

transportiert. Bei beliebigem zeitlichen Verlauf des Stromes ergibt sich die zwischen den Zeitpunkten t_1 und t_2 transportierte Ladung wegen (2.2) zu

$$Q = \int_{t_1}^{t_2} i(t)\, dt\,. \tag{2.4}$$

chtung des
romes

Ein Strom ist außer durch die soeben definierte Stromstärke zusätzlich durch seine Richtung charakterisiert. Willkürlich wurde die Bewegungsrichtung der positiven Ladungsträger als konventionelle oder technische Stromrichtung festgelegt. Bei negativen Ladungsträgern (z. B. Elektronen) stimmen also die tatsächliche Bewegungsrichtung und die konventionelle Stromrichtung nicht überein.

nheit der
.dung

Da die Einheiten des Stromes und der Zeit nach Abschnitt 1.1.2 bekannt sind, kann jetzt wegen (2.3) eine mögliche Einheit für die Ladung hergeleitet werden:

$$[\Delta Q] = [I]\,[\Delta t] = \text{As}.$$

Die Einheit Amperesekunde kommt häufig vor; daher hat sie einen speziellen Namen und ein Kurzzeichen erhalten:

$$1\,\text{As} = 1\,\text{Coulomb} = 1\,\text{C}.$$

Die in Abschnitt 2.1 schon erwähnte Elementarladung hat die Größe

ementarladung

$$e = 1{,}602 \cdot 10^{-19}\ \text{C}.$$

2.3 Die elektrische Spannung

Damit es zu einer Bewegung von Ladungen und so zu einem elektrischen Strom kommt, muß eine Kraft auf die Ladungen wirken. Die Ladungsbewegung ist dann mit einem Energieumsatz verbunden. Diese Überlegung wird an Hand der Abbildung 2.1 verdeutlicht.

Sie zeigt einen Leiter mit den Anschlüssen A und B, durch den sich die Ladung q bewegen soll. Die potentielle Energie der Ladung nimmt bei

24

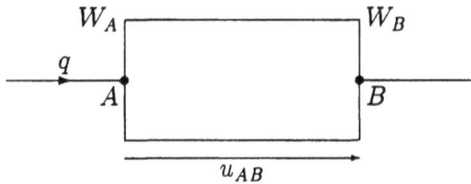

Abb. 2.1: Zur Definition der elektrischen Spannung

der Bewegung von A nach B ab, etwa von W_A auf W_B. Die Differenz (sie wird im Leiter in Wärme umgesetzt) ist erfahrungsgemäß der Ladung proportional:

$$W_A - W_B = W_{AB} \sim q \, .$$

Man führt auf der rechten Seite als Proportionalitätsfaktor die elektrische Spannung ein, die mit u bezeichnet wird. Damit folgt

$$u_{AB} = \frac{W_{AB}}{q} \, . \tag{2.5}$$

Die Richtung der Spannung weist (nach der vorherrschenden Vereinbarung) von dem Anschluß mit höherer potentieller Energie zu dem Anschluß mit niedrigerer potentieller Energie, also hier von A nach B. Ganz allgemein nennt man eine Einrichtung, in der die bewegten Ladungen potentielle Energie abgeben, einen *Verbraucher* und u_{AB} oder einfach u die Spannung oder den Spannungsabfall an diesem Verbraucher. Einrichtungen, die die potentielle Energie der bewegten Ladungen erhöhen, bezeichnet man als *Erzeuger* (Generatoren) oder Quellen. In Abbildung 2.2 sind Verbraucher und Erzeuger mit den üblichen Symbolen dargestellt. Zusätzlich ist der Anschluß, an dem die höhere potentielle Energie auftritt, als positiver Pol ($+$) gekennzeichnet, der andere Anschluß als negativer Pol ($-$).

Es fällt auf, daß die Richtungen von Strom und Spannung am Verbraucher übereinstimmen, am Erzeuger jedoch nicht. Das ist eine Folge der oben angegebenen Vereinbarung bezüglich der Spannungsrichtung.

Aus (2.5) folgt als mögliche Einheit der Spannung

$$[u] = \frac{[W]}{[q]} = \frac{1 \, \text{J}}{1 \, \text{C}} = \frac{1 \, \text{W}}{1 \, \text{A}},$$

Richtung der Spannung

Verbraucher

Erzeuger (Generator)

Einheit der Spannung

25

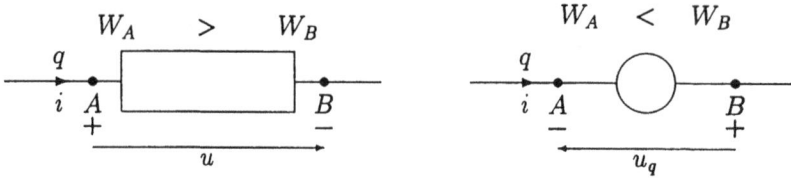

Abb. 2.2: Die Schaltsymbole für den Verbraucher und den Generator
(Quelle)

wofür man abkürzend schreibt:

$$1\frac{W}{A} = 1 \text{ Volt } = 1 \text{ V}.$$

2.4 Der elektrische Widerstand

Je größer die Spannung u zwischen den Anschlüssen eines Leiters ist, umso
größer ist auch der Strom i in diesem Leiter. Man definiert als *Widerstand*
R des Leiters

$$R = \frac{u}{i}. \tag{2.6}$$

In vielen Fällen ist dieser Quotient konstant (Ohmsches Gesetz, Abschnitt
3.3.3). Besteht ein nichtlinearer Zusammenhang zwischen u und i, so gibt
man die u,i-Kennlinie an. Falls man sich nur für die Verhältnisse in der
Umgebung eines Punktes der Kennlinie interessiert, kann man mit der
Tangente in diesem Punkt arbeiten. Man wird so zum differentiellen Widerstand geführt:

$$r = \frac{du}{di}.$$

Den Kehrwert des Widerstandes nennt man Leitwert G:

$$G = \frac{1}{R}. \tag{2.7}$$

nheit des
iderstandes

Eine Einheit des Widerstandes folgt aus (2.6):

$$[R] = \frac{[u]}{[i]} = \frac{1\text{ V}}{1\text{ A}}.$$

Dafür schreibt man

$$\frac{1\text{ V}}{1\text{ A}} = 1\text{ Ohm } = 1\ \Omega$$

und für den Kehrwert, also die Einheit des Leitwertes:

Einheit des Leitwertes

$$\frac{1}{\Omega} = 1\text{ Siemens } = 1\text{ S}.$$

Für einen homogenen Leiter, dessen Querschnitt A auf der ganzen Länge ℓ konstant ist, gilt

$$R \sim \frac{\ell}{A}.$$

Auf der rechten Seite führt man als Proportionalitätsfaktor den *Spezifischer Widerstand* ϱ des Leitermaterials ein; den Kehrwert von ϱ nennt man die *elektrische Leitfähigkeit* γ:

Spezifischer Widerstand, Elektrische Leitfähigkeit

$$R = \frac{\varrho\ell}{A} = \frac{\ell}{\gamma A}. \tag{2.8}$$

Andere Bezeichnungen für die Leitfähigkeit sind σ und κ.

Als Einheiten für die Größen ϱ und γ lassen sich mit (2.8) herleiten:

$$[\varrho] = \frac{[R][A]}{[\ell]} = \frac{\Omega\ \text{m}^2}{\text{m}} = \Omega\ \text{m}$$

$$[\gamma] = \frac{1}{[\varrho]} = \frac{1}{\Omega\ \text{m}} = \frac{\text{S}}{\text{m}}.$$

2.5   Energie und Leistung

Wird eine elektrische Ladung q bewegt und durchläuft sie während dieser Bewegung die Spannung u, so tritt dabei nach (2.5) ein Energieumsatz von

$$W = q \cdot u \tag{2.9}$$

auf. Ist nun die Ladung veränderlich, so daß etwa während eines Zeitintervalls Δt_k die Ladung Δq_k die Spannung u_k durchläuft, so erhält man statt (2.9)

$$\Delta W_k = \Delta q_k \cdot u_k$$

und daraus wegen (2.3):

$$\Delta W_k = i_k \, \Delta t_k \, u_k \; .$$

Durch Summation und Übergang zum Integral ($\Delta t_k \rightarrow 0$) folgt für die zwischen den Zeitpunkten t_1 und t_2 umgesetzte Energie

ergie

$$W = \int_{t_1}^{t_2} u(t)\, i(t)\, dt \tag{2.10}$$

und für den Gleichstromfall ($u = U = $ konstant, $i = I = $ konstant):

$$W = U \cdot I \cdot (t_2 - t_1). \tag{2.11}$$

Daraus ergibt sich (in Übereinstimmung mit Abschnitt 1.1.3) als mögliche Einheit für die Energie

$$[W] = [U][I][t] = \text{VAs} = \text{Ws} = \text{J}.$$

istung

Die Leistung (als Arbeit pro Zeit) wird im Gleichstromfall wegen (2.11):

$$P = U \cdot I. \tag{2.12}$$

Sind Strom und Spannung zeitlich veränderliche Größen, so wird der Augenblickswert der Leistung

$$p(t) = \lim_{\Delta t \to 0} \frac{\Delta W}{\Delta t} = \frac{dW}{dt}$$

oder mit (2.10), wenn t_2 als Variable betrachtet wird, nach der zu differenzieren ist:

$$p(t) = u(t) \cdot i(t) \,. \tag{2.13}$$

Mit (2.6) und (2.7) folgt, wobei der Widerstand als konstant angesehen wird:

Im Widerstand R umgesetzte Leistung

$$p(t) = R \cdot i^2(t) \,, \tag{2.14a}$$

$$p(t) = G \cdot u^2(t) \,. \tag{2.14b}$$

3. Elektrische Netzwerke

3.1 Grundbausteine

Die einfachsten Netzwerkelemente sind die in Abschnitt 2.3 eingeführten Quellen und Verbraucher. Allgemein nennt man derartige Anordnungen mit zwei Anschlußklemmen *Zweipole* (oder auch Eintore; der Begriff Tor wird später erläutert).

Zweipol (Eintor)

3.2 Bezeichnungen

Die Netzwerkelemente lassen sich beliebig zusammenschalten: hintereinander, parallel, stern- oder dreieckförmig usw. Die entstehende Anordnung nennt man ein elektrisches Netzwerk; ein erstes Beispiel ist in Abbildung 3.1 dagestellt.

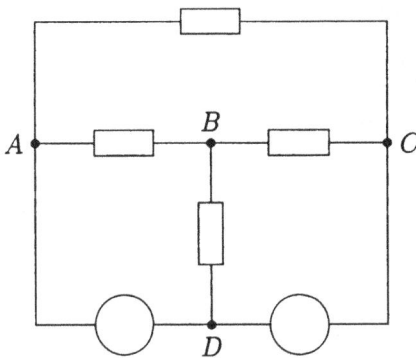

Abb. 3.1: Ein elektrisches Netzwerk mit zwei Quellen und vier Widerständen

Die Punkte, in denen die Anschlüsse (Pole) von zwei oder mehr Netzwerkelementen zusammengeführt sind, heißen *Knoten*; im Beispiel sind es die Punkte A, B, C und D. Jede Verbindung zwischen zwei Knoten nennt man einen *Zweig*.

Knoten
Zweig

Wenn mehrere Quellen und Verbraucher hintereinander geschaltet sind, wie es Abbildung 3.2 (linkes Teilbild) zeigt, sollte man zuerst die Verbraucher und Quellen zusammenfassen, wodurch das rechte Teilbild entsteht (ohne

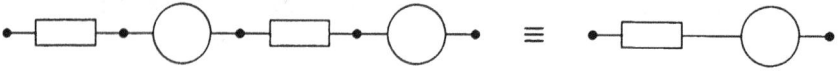

Abb. 3.2: Hintereinander geschaltete Netzwerkelemente und ihre Zusammenfassung (s. Abschnitt 3.4.2)

einen zusätzlichen dritten Knoten zwischen beiden Netzwerkelementen). Entsprechende Überlegungen gelten für Parallelschaltungen von Netzwerkelementen. Jeder Weg, der von irgendeinem Knoten ausgehend über zwei oder mehr Zweige zu diesem Knoten zurückführt, wird als *Umlauf* oder *Masche* bezeichnet. So bildet etwa der Weg von A über B und C zurück nach A einen möglichen Umlauf. Weitere sind z. B. *A-B-D-A*, *B-C-D-B* und *A-C-D-A*.

Oft wird bei Netzen, die sich in einer Ebene darstellen lassen, ein Unterschied zwischen Umläufen und Maschen gemacht: Als Maschen werden dabei diejenigen Umläufe definiert, die in ihrem Inneren keine Zweige enthalten. Nach dieser Festlegung kann man also von den oben genannten vier Umläufen die ersten drei auch als Maschen bezeichnen.

3.3 Die Grundgesetze

3.3.1 Die Knotengleichung (Erster Kirchhoffscher Satz)

In Abbildung 3.3 ist ein Knoten mit drei abfließenden und zwei zufließenden Strömen dargestellt.

Da die transportierten Ladungen in dem Knoten nicht verschwinden können und auch nicht gespeichert werden, folgt für die Ströme: Die Summe der abfließenden Ströme ist gleich der Summe der zufließenden Ströme:

$$i_1 + i_2 + i_3 = i_4 + i_5$$

oder

$$i_1 + i_2 + i_3 - i_4 - i_5 = 0 \, .$$

Allgemein gilt:

$$\sum_k i_k = 0 \, , \tag{3.1}$$

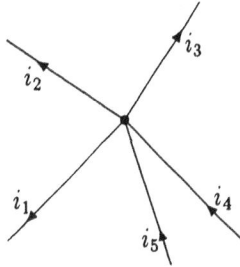

Abb. 3.3: Zum Ersten Kirchhoffschen Satz

wobei die abfließenden Ströme mit positivem Vorzeichen einzusetzen sind und die zufließenden mit negativem Vorzeichen (oder umgekehrt).

(3.1) gilt nicht nur für einzelne Knoten, sondern auch für größere Schaltungskomplexe und ganze Netzwerke: In Abbildung 3.4 ist   Großknoten

$$i_1 + i_4 - i_6 = 0 \, .$$

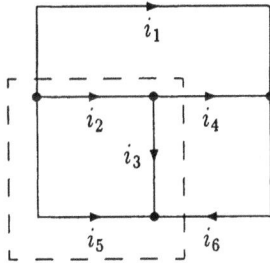

Abb. 3.4: Die Anwendung der Knotengleichung auf einen größeren Schaltungskomplex

3.3.2 Die Umlaufgleichung (Zweiter Kirchhoffscher Satz)

In jedem Netzwerk ist die Summe der von den Quellen abgegebenen Energien gleich der Summe der von den Verbrauchern aufgenommenen Energien. Daraus läßt sich herleiten, daß für jeden Umlauf gilt: Die Summe der Spannungen, die im Sinne des Umlaufs durchlaufen werden, ist gleich der

Summe der Spannungen, die gegen die Umlaufrichtung orientiert sind. Für den Umlauf in Abbildung 3.5 ergibt sich:

$$u_1 + u_2 = u_3 + u_4$$

oder

$$u_1 + u_2 - u_3 - u_4 = 0 \,.$$

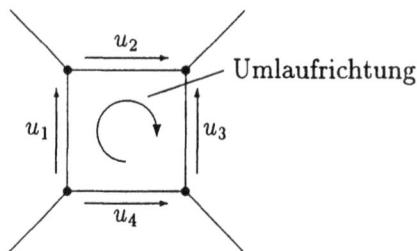

Abb. 3.5: Zum Zweiten Kirchhoffschen Satz

Allgemein gilt

$$\sum_k u_k = 0, \tag{3.2}$$

wobei diejenigen Spannungen mit positivem Vorzeichen einzusetzen sind, die im Sinne des Umlaufs orientiert sind, die anderen mit negativem Vorzeichen.

3.3.3 Das Ohmsche Gesetz

In vielen Fällen, z. B. bei metallischen Leitern konstanter Temperatur, ist der im Leiter fließende Strom der anliegenden Spannung proportional. Dann ist der in Abschnitt 2.4 eingeführte elektrische Widerstand eine Konstante und es gilt das Ohmsche Gesetz:

$$u = R \cdot i, \qquad R = \text{konst}, \tag{3.3a}$$

das mit (2.7) auch in der Form

$$i = G \cdot u, \qquad G = \text{konst} \tag{3.3b}$$

geschrieben werden kann.

Anmerkung:

Der Widerstand eines metallischen Leiters wächst mit zunehmender Temperatur ϑ an, und zwar näherungsweise linear. Man verwendet oft folgende Darstellung:

$$R(\vartheta) = R_{20}\left[1 + \alpha_{20}(\vartheta - 20°\text{C})\right].$$

Hierin ist R_{20} der Widerstand bei der Bezugstemperatur 20°C und α_{20} der (lineare) Temperaturkoeffizient; die Temperatur ϑ wird in °C eingesetzt. Gelegentlich ist eine genauere Darstellung erforderlich, die zusätzlich einen quadratischen Term enthält.

Temperatur-
koeffizient

3.4 Widerstandsnetze

3.4.1 Die Parallelschaltung

Abbildung 3.6 zeigt links die Parallelschaltung der Leitwerte G_1 bis G_n. Charakteristisch für eine solche Parallelschaltung (allgemein: von n Zweipolen) ist, daß an jedem Element der Parallelschaltung die gleiche Spannung liegt.

Charakteristikum
der
Parallelschaltung

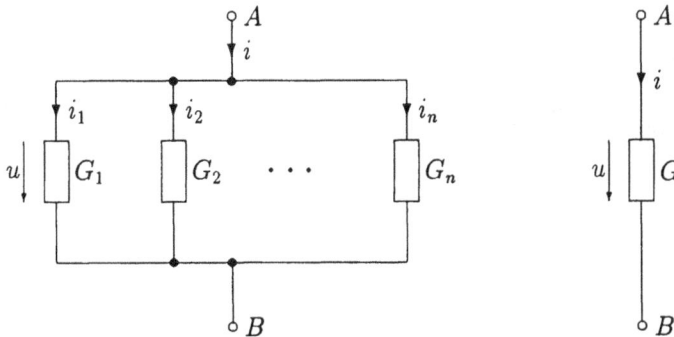

Abb. 3.6: Die Parallelschaltung der Leitwerte G_1 bis G_n und der resultierende Leitwert G

Es gilt nach (3.1)

$$i = i_1 + i_2 + \ldots + i_n$$

und mit (3.3b)

$$i = G_1 u + G_2 u + \ldots + G_n u = (G_1 + G_2 + \ldots + G_n)u \, .$$

Wenn in dem Leitwert G (Abbildung 3.6, rechts) bei derselben Spannung der gleiche Strom fließen soll, muß gelten

$$G = G_1 + G_2 + \ldots + G_n \, . \tag{3.4}$$

itwert der
rallelschaltung

Man nennt G den resultierenden Leitwert der Parallelschaltung. Er wirkt bezüglich der Klemmen A und B genauso wie die Parallelschaltung der Leitwerte G_1 bis G_n.

Für das Verhältnis der Teilströme, z. B. i_1 zu i_2, erhält man mit (3.3b)

$$\frac{i_1}{i_2} = \frac{G_1}{G_2} \tag{3.5a}$$

und für den Quotienten Teilstrom zu Gesamtstrom:

$$\frac{i_1}{i} = \frac{G_1}{G_1 + G_2 + \ldots + G_n} \, . \tag{3.5b}$$

romteiler-Regel

Bei der Parallelschaltung verhalten sich also die Ströme wie die Leitwerte (*Stromteiler-Regel*).

Oft sind Widerstände vorgegeben und nicht Leitwerte. Dann erhält man mit (2.7) für die Parallelschaltung zweier Widerstände an Stelle von (3.4) und (3.5):

$$R = \frac{R_1 \cdot R_2}{R_1 + R_2} \tag{3.4'}$$

und

$$\frac{i_1}{i_2} = \frac{R_2}{R_1} \tag{3.5a'}$$

$$\frac{i_1}{i} = \frac{R_2}{R_1 + R_2} \, . \tag{3.5b'}$$

36

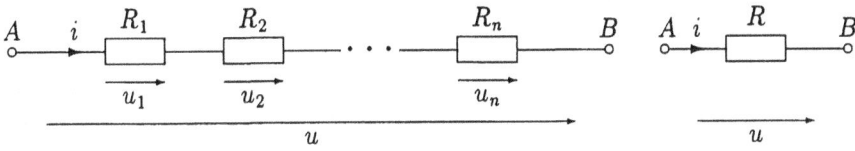

Abb. 3.7: Die Reihenschaltung der Widerstände R_1 bis R_n und der resultierende Widerstand R

3.4.2 Die Reihenschaltung

Abbildung 3.7 zeigt links die Reihenschaltung der Widerstände R_1 bis R_n. Charakteristisch für eine solche Reihenschaltung (allgemein: von n Zweipolen) ist, daß in jedem Element der Reihenschaltung der gleiche Strom fließt. Charakteristikum der Reihenschaltung

Es gilt nach (3.2)

$$u = u_1 + u_2 + \ldots + u_n$$

und mit (3.3a)

$$u = R_1 i + R_2 i + \ldots + R_n i = (R_1 + R_2 + \ldots + R_n)i .$$

Wenn in dem Widerstand R (Abbildung 3.7, rechts) bei derselben Spannung der gleiche Strom fließen soll, muß gelten:

$$R = R_1 + R_2 + \ldots + R_n . \tag{3.6}$$

Man nennt R den resultierenden Widerstand der Reihenschaltung. Er wirkt bezüglich der Klemmen A und B genauso wie die Reihenschaltung der Widerstände R_1 bis R_n. Widerstand der Reihenschaltung

Für das Verhältnis der Teilspannungen, z. B. u_1 zu u_2, erhält man mit (3.3a)

$$\frac{u_1}{u_2} = \frac{R_1}{R_2} \tag{3.7a}$$

und für den Quotienten Teilspannung zu Gesamtspannung:

$$\frac{u_1}{u} = \frac{R_1}{R_1 + R_2 + \ldots + R_n} . \tag{3.7b}$$

Bei der Reihenschaltung verhalten sich also die Spannungen wie die Widerstände (*Spannungsteiler-Regel*). Spannungsteiler-Regel

37

3.4.3 Stern- und Dreieckschaltung

Abbildung 3.8 zeigt zwei Schaltungen mit drei Anschlußklemmen (also zwei Dreipole). Die linke Schaltung nennt man Sternschaltung, die rechte Dreieckschaltung. Beide lassen sich ineinander umrechnen, indem man gleiches Klemmenverhalten fordert.

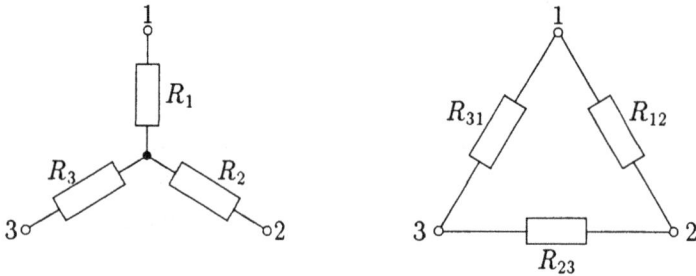

Abb. 3.8: Die Sternschaltung und die Dreieckschaltung

So sind beide Schaltungen z. B. bezüglich des Klemmenpaares 1,2 für

$$R_1 + R_2 = R_{12} \parallel (R_{23} + R_{31}) = \frac{R_{12}(R_{23} + R_{31})}{R_{12} + R_{23} + R_{31}} \,.$$

äquivalent. Auf gleiche Weise oder durch zyklisches Vertauschen der Indizes gewinnt man Beziehungen für die Klemmenpaare 2,3 und 3,1.

Wenn die Größen der Dreieckschaltung gegeben sind, kann man das Gleichungssystem nach den Sternwiderständen auflösen:

ernwiderstand

$$R_1 = \frac{R_{12} \cdot R_{31}}{R_{12} + R_{23} + R_{31}} \quad \text{usw.} \tag{3.8}$$

reieckswiderstand Bei bekannten Sternwiderständen erhält man für die Dreieckswiderstände:

$$R_{12} = \frac{R_1 \cdot R_2}{R_3} + R_1 + R_2 = \frac{R_1 R_2 + R_2 R_3 + R_3 R_1}{R_3} \quad \text{usw.} \tag{3.9}$$

Auch hier ergeben sich die Formeln für die nicht angegebenen Sternwiderstände bzw. Dreieckswiderstände durch zyklisches Vertauschen der Indizes.

Anwendung

Widerstandsnetze, die ausschließlich aus Parallel- und Reihenschaltungen bestehen, nennt man Gruppenschaltungen. Diese lassen sich wegen (3.4) und (3.6) durch Zusammenfassen von Leitwerten und Widerständen vereinfachen. Stern- und Dreieckschaltungen gehören nicht zu den Gruppenschaltungen. In einzelnen Fällen kann man jedoch eine Schaltung durch Umwandlung eines Dreiecks in einen Stern (oder umgekehrt) in eine Gruppenschaltung überführen; das wird in Abbildung 3.9 für eine Brückenschaltung gezeigt.

Gruppenschaltun(

Brückenschaltung

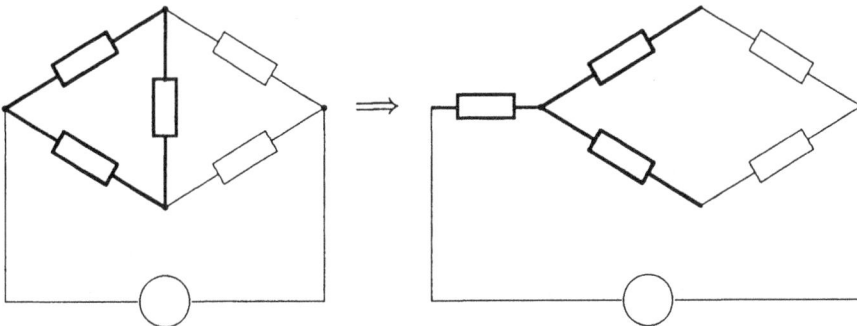

Abb. 3.9: Eine Brückenschaltung wird durch Umrechnen der Dreieckswiderstände in Sternwiderstände in eine Gruppenschaltung umgewandelt

3.5 Strom- und Spannungsquellen

Die in Abschnitt 2.3 eingeführten Quellen bilden die Ursache für die Entstehung von Strömen in elektrischen Netzwerken.

Man unterscheidet zunächst zwischen unabhängigen und abhängigen (gesteuerten) Quellen. Eine unabhängige Quelle ist entweder eine ideale Spannungsquelle oder eine ideale Stromquelle.

Unabhängige und abhängige Quelle

Bei einer idealen Spannungsquelle hängt der (vorgegebene) zeitliche Verlauf der Spannung nicht von dem gerade durch die Quelle fließendem Strom ab. Bei einer idealen Stromquelle dagegen ist der Verlauf des Stromes nicht davon abhängig, welche Spannung gerade zwischen den Klemmen auftritt.

Ideale Quelle

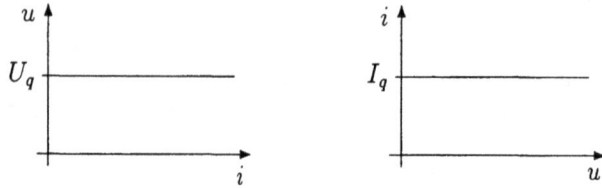

Abb. 3.10: Belastungskennlinien idealer Quellen (links: Spannungsquelle, rechts: Stromquelle)

Im Gleichstromfall gilt:

$$u = U_q = \text{konst} \qquad \text{(ideale Spannungsquelle)} \qquad (3.10a)$$

$$i = I_q = \text{konst} \qquad \text{(ideale Stromquelle)} \qquad (3.10b)$$

Belastungskennlinie In Abbildung 3.10 sind die zugehörigen Belastungskennlinien skizziert.

Bei abhängigen Quellen hängt die Quellengröße von irgendeinem Strom oder irgendeiner Spannung in dem betrachteten Netzwerk ab (Abschnitt 7.5).

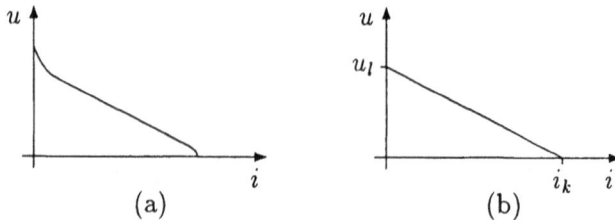

Abb. 3.11: Belastungskennlinien realer Quellen

reale Quelle Bei realen Quellen (Dynamomaschine, Batterie usw.) nimmt die Klemmenspannung (die Spannung zwischen den Klemmen) mit zunehmendem Strom ab (vgl. Abbildung 3.11 (a)). In vielen Fällen ist der Zusammenhang zwischen Strom und Spannung linear oder kann näherungsweise (u. U. nur in einem bestimmten Bereich) als linear angenommen werden (vgl.

Leerlaufspannung Abbildung 3.11 (b)). Die Größen u_l und i_k nennt man die *Leerlaufspannung*

bzw. den *Kurzschlußstrom*. Den in Abbildung 3.11 (b) skizzierten Zusam-   Kurzschlußstrom
menhang schreibt man am einfachsten in der Achsenabschnittsform:

$$\frac{u}{u_l} + \frac{i}{i_k} = 1 \,.$$

Durch Auflösen nach u bzw. i entsteht:

$$u = u_l - \frac{u_l}{i_k}i \qquad\qquad i = i_k - \frac{i_k}{u_l}u \,.$$

Den Quotienten u_l/i_k bezeichnet man als *inneren Widerstand* R_i der Quelle   Innerer
und seinen Kehrwert als *inneren Leitwert* G_i. Damit entstehen die Glei-   Widerstand,
chungen   Innerer Leitwert

$$u = u_l - R_i i \qquad\qquad i = i_k - G_i u \qquad\text{(3.11a,b)}$$

$$\text{mit}\quad R_i = \frac{u_l}{i_k} \qquad\qquad \text{mit}\quad G_i = \frac{i_k}{u_l}\,. \qquad\text{(3.12a,b)}$$

Diesen Gleichungen lassen sich die in Abbildung 3.12 dargestellten Ersatz-
schaltbilder zuordnen. Das linke bezeichnet man als *Ersatzspannungsquelle*,   Ersatzquelle
das rechte als *Ersatzstromquelle*.

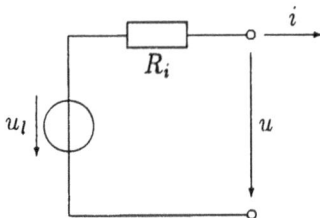

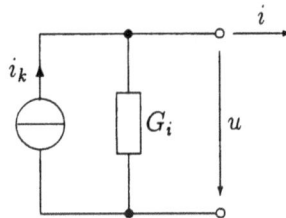

Abb. 3.12: Die Ersatzspannungsquelle (links) und die Ersatzstromquelle
(rechts)

3.6 Die Leistung

3.6.1 Der Wirkungsgrad

Die in Abschnitt 2.5 angegebenen Formeln für die Leistungsberechnung werden hier für den Gleichstromfall noch einmal notiert. Fließt durch einen Zweipol der Strom I und liegt zwischen den Anschlüssen des Zweipols die Spannung U, so hat man

$$P = U \cdot I \,. \tag{3.13}$$

Wenn es sich bei dem Zweipol um einen (konstanten) Widerstand handelt, gilt

$$P = R \cdot I^2, \qquad P = G \cdot U^2 \,. \tag{3.14a,b}$$

Das Verhältnis der genutzten Leistung zur insgesamt aufgewendeten Leistung bezeichnet man als Leistungswirkungsgrad η_P:

istungs-
rkungsgrad

$$\eta_P = \frac{P_n}{P_g} \tag{3.15}$$

Wird z. B. die genutzte Leistung in einem Widerstand R umgesetzt, der mit der Spannungsquelle über eine Leitung mit dem Widerstand R_L verbunden ist, so ergibt sich der Wirkungsgrad mit (3.14a) und (3.15) zu

$$\eta_p = \frac{RI^2}{RI^2 + R_L I^2} = \frac{R}{R + R_L} \,.$$

ıergie-
rkungsgrad

Neben dem Leistungswirkungsgrad wird auch der Energiewirkungsgrad verwendet:

$$\eta_W = \frac{W_n}{W_g} \,.$$

3.6.2   Die Leistungsanpassung

An einer Spannungsquelle (mit der Leerlaufspannung U_l und dem Innenwiderstand R_i) liege ein veränderlicher Widerstand R (Abbildung 3.13). Wird dieser Widerstand R so eingestellt, daß er die maximale Leistung aufnimmt, so liegt der Fall der Leistungsanpassung vor. Dieser Fall ergibt sich mit

Anpassung

$$P = RI^2 = R \left(\frac{U_l}{R_i + R} \right)^2$$

und der Forderung $dP/dR_i = 0$ zu

$$R = R_i \, . \tag{3.16}$$

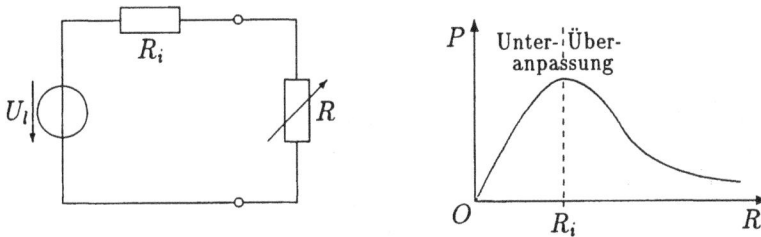

Abb. 3.13: Zur Leistungsanpassung

Der Gesichtspunkt der Anpassung spielt in der Informationstechnik eine große Rolle. Dagegen kommt es in der Energietechnik eher auf einen hohen Wirkungsgrad an.

Material	$\dfrac{\varrho_{20}}{\Omega\,\frac{mm^2}{m}}$	$\dfrac{\gamma_{20}}{S\,\frac{m}{mm^2}}$	$\dfrac{\alpha_{20}}{1/K}$
1. Reinmetalle			
Aluminium	0,027	37	$4,3\cdot10^{-3}$
Blei	0,21	4,75	$3,9\cdot10^{-3}$
Eisen	0,1	10	$6,5\cdot10^{-3}$
Gold	0,022	45,2	$3,8\cdot10^{-3}$
Kupfer	0,017	58	$4,3\cdot10^{-3}$
Nickel	0,07	14,3	$6,0\cdot10^{-3}$
Platin	0,098	10,5	$3,5\cdot10^{-3}$
Quecksilber	0,97	1,03	$0,8\cdot10^{-3}$
Silber	0,016	62,5	$3,6\cdot10^{-3}$
Zinn	0,12	8,33	$4,3\cdot10^{-3}$
2. Legierungen			
Konstantan (55% Cu, 44% Ni, 1% Mn)	0,5	2	$-4,0\cdot10^{-5}$
Manganin (86% Cu, 2% Ni, 12% Mn)	0,43	2,27	$\pm10^{-5}$
Messing	0,066	15	$1,5\cdot10^{-3}$
3. Kohle, Halbleiter			
Germanium (rein)	$0,46\cdot10^{6}$	$2,2\cdot10^{-6}$	
Graphit	8,7	0,115	
Kohle (Bürstenkohle)	40...100	$0,01...0,025$	$-2\cdot10^{-4}...-8\cdot10^{-4}$
Silizium (rein)	$2,3\cdot10^{9}$	$0,43\cdot10^{9}$	
4. Elektrolyte			
Kochsalzlösung (10%)	$79\cdot10^{3}$	$12,7\cdot10^{-6}$	
Schwefelsäure (10%)	$25\cdot10^{3}$	$40,0\cdot10^{-6}$	
Kupfersulfatlösung (10%)	$300\cdot10^{3}$	$3,3\cdot10^{-6}$	
Wasser (rein)	$2,5\cdot10^{11}$	$4,0\cdot10^{-10}$	
Wasser (destilliert)	$4\cdot10^{10}$	$2,5\cdot10^{-9}$	
Meerwasser	$300\cdot10^{3}$	$3,3\cdot10^{-6}$	
5. Isolierstoffe			
Bernstein	10^{22}		
Glas	$10^{17}...10^{18}$		
Glimmer	$10^{19}...10^{21}$		
Holz (trocken)	$10^{15}...10^{19}$		
Papier	$10^{21}...10^{22}$		
Polystyrol	bis 10^{22}		
Porzellan	bis $5\cdot10^{18}$		
Transformator-Öl	$10^{16}...10^{19}$		

Tabelle 3.1: Spezifischer Widerstand, Leitfähigkeit und Temperaturkoeffizienten verschiedener Materialien

4. Netzwerkanalyse

4.1 Das Aufstellen der Gleichungen

Vor dem Aufschreiben der Gleichungen müssen die Richtungen aller unbekannten Ströme und Spannungen durch sogenannte Zählpfeile festgelegt werden. Dabei gilt für jeden Widerstand, daß Strom und Spannung die gleiche Richtung haben. (Anderenfalls müßte man im Ohmschen Gesetz ein Minuszeichen vorsehen.) Bei Spannungsquellen ist die Spannung (einschließlich der Richtung) meist vorgegeben, so daß nur für den Strom ein Zählpfeil eingeführt werden muß. Bei Stromquellen ist es umgekehrt. Ergibt sich nach der Durchrechnung einer Netzwerkaufgabe z. B. für einen Strom ein negativer Wert, so fließt der tatsächliche Strom dem Zählpfeil entgegen. Zusätzlich müssen für alle verwendeten Umläufe willkürliche Umlaufrichtungen eingeführt werden.

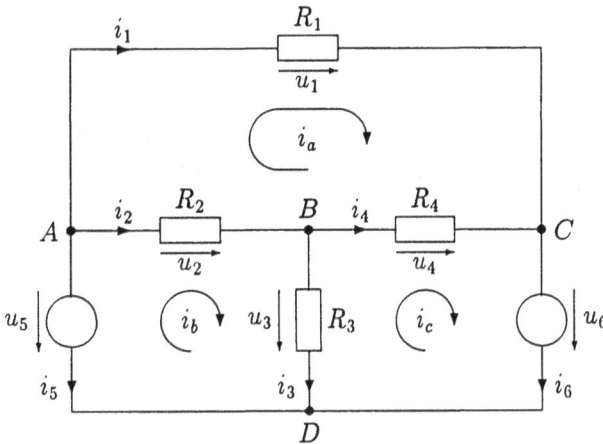

Abb. 4.1: Beispiel zur Aufstellung der Netzwerkgleichungen

Für die Knoten A, B, C in Abbildung 4.1 lauten die *Knotengleichungen* (1. Kirchhoffscher Satz):

$$
\begin{aligned}
A: & \quad i_1 + i_2 + i_5 = 0 \\
B: & \quad -i_2 + i_3 + i_4 = 0 \\
C: & \quad -i_1 - i_4 + i_6 = 0 .
\end{aligned}
\tag{4.1}
$$

45

Addiert man diese drei Gleichungen, so folgt

$$i_3 + i_5 + i_6 = 0,$$

das ist aber die Gleichung für den Knoten D. Allgemein gilt, daß sich bei einem Netz mit k Knoten $k - 1$ linear unabhängige Knotengleichungen angeben lassen.

Umlaufgleichungen

Für die Umläufe a, b, c hat man die *Umlauf- oder Maschengleichungen* (2. Kirchhoffscher Satz):

$$
\begin{aligned}
a: \quad & u_1 - u_2 - u_4 = 0 \\
b: \quad & u_2 + u_3 - u_5 = 0 \\
c: \quad & -u_3 + u_4 + u_6 = 0.
\end{aligned}
\qquad (4.2)
$$

Addiert man z. B. die letzten beiden Zeilen, so entsteht

$$u_2 + u_4 - u_5 + u_6 = 0;$$

das ist genau die Gleichung für den Umlauf über R_2, R_4 und die beiden Quellen u_5 und u_6. Allgemein gilt, daß bei einem Netz mit m Maschen genau m linear unabhängige Umlaufgleichungen angegeben werden können.

Ohmsches Gesetz

An jedem Widerstand gilt das *Ohmsche Gesetz*:

$$
\begin{aligned}
u_1 &= R_1 i_1 & u_2 &= R_2 i_2 \\
u_3 &= R_3 i_3 & u_4 &= R_4 i_4.
\end{aligned}
\qquad (4.3)
$$

Insgesamt hat man also 10 Gleichungen. Damit läßt sich das Netzwerk analysieren, wenn z. B. die vier Widerstände R_1 bis R_4 und die Spannungen u_5 und u_6 der beiden Quellen gegeben sind. Unbekannte sind in dem Fall die sechs Ströme i_1 bis i_6 und die vier Spannungen u_1 bis u_4.

Es ist empfehlenswert, beim Aufstellen der Umlaufgleichungen alle Spannungen, die an Widerständen auftreten, als Produkt aus Strom und Widerstand zu schreiben, d. h. die Gleichungen (4.3) von vornherein in die Gleichungen (4.2) einzuarbeiten. Damit hat man im vorliegenden Beispiel nur sechs Gleichungen für die sechs unbekannten Ströme zu betrachten.

Anzahl der Gleichungen

Für ein Netzwerk mit k Knoten und m Maschen erhält man also $m + k - 1$ Gleichungen.

Weitere Vereinfachungen ergeben sich durch zweckmäßige Ansätze: So kann man erreichen, daß entweder nur die Knotengleichungen oder nur die Umlaufgleichungen aufgestellt werden müssen. Der jeweils andere Satz von Gleichungen ist durch den Ansatz von selbst erfüllt. Diese beiden Verfahren heißen *Knotenanalyse* (Abschnitt 4.2) und *Umlaufanalyse* (Abschnitt 4.3). $\qquad$ Knoten- und Umlaufanalyse

Wenn mehrere Quellen in einem Netzwerk auftreten, kann man das Verfahren der *Superposition* anwenden, bei dem die Wirkungen der einzelnen Quellen überlagert werden (Abschnitt 4.4). $\qquad$ Superposition

Ist der Strom (oder die Spannung) nur in einem Zweig gesucht, empfiehlt es sich, mit der Methode der *Ersatzquelle* zu arbeiten. Bei diesem Verfahren wird das ganze übrige Netzwerk durch eine Ersatzspannungsquelle oder eine Ersatzstromquelle dargestellt (Abschnitt 4.5). $\qquad$ Ersatzquelle

4.2   Die Knotenanalyse

Bei der Knotenanalyse wird zuerst ein Knoten des Netzwerks als Bezugsknoten gewählt. Allen übrigen Knoten ordnet man Knotenspannungen zu, die vom jeweiligen Knoten zum Bezugsknoten gerichtet sind (Abbildung 4.2). Drückt man alle Spannungen in den Umlaufgleichungen (4.2) durch die Knotenspannungen aus, so erkennt man, daß die Umlaufgleichungen stets erfüllt sind. Das wird hier für den Umlauf a gezeigt: $\qquad$ Bezugsknoten

$$\underbrace{(u_A - u_C)}_{u_1} - \underbrace{(u_A - u_B)}_{u_2} - \underbrace{(u_B - u_C)}_{u_4} = 0 \,.$$

Damit müssen nur die Knotengleichungen (4.1) aufgeschrieben werden. So ergibt sich für den Knoten A zunächst, wenn die Ströme in den Widerständen mit Hilfe des Ohmschen Gesetzes in der Form (3.3b) ausgedrückt werden: $\qquad$ Knotengleichung

$$G_1 \, u_1 + G_2 \, u_2 + i_5 = 0 \,.$$

Mit den Knotenspannungen hat man

$$G_1 \, (u_A - u_C) + G_2 \, (u_A - u_B) + i_5 = 0$$

oder

$$(G_1 + G_2) \, u_A - G_2 \, u_B - G_1 \, u_C = -i_5 \,.$$

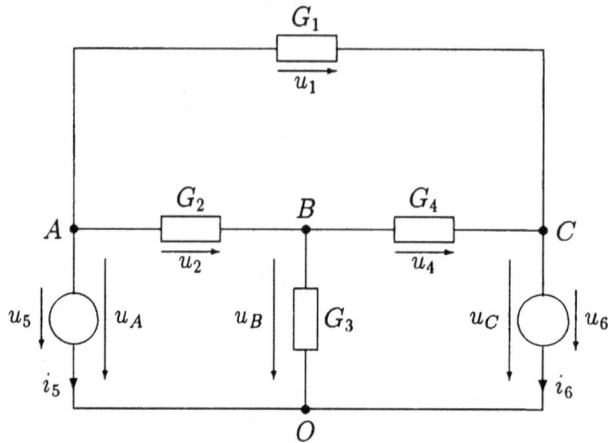

Abb. 4.2: Beispiel zur Knotenanalyse

Das Bildungsgesetz läßt sich bereits erkennen: In der Knotengleichung für den Knoten A tritt als Koeffizient der Knotenspannung u_A die Summe der in dem Knoten A zusammengeführten Leitwerte auf, der sogenannte *Knotenleitwert*.

Der Koeffizient der Knotenspannung u_B ist der Leitwert G_2, der die Knoten A und B verbindet; ganz entsprechend tritt bei u_C als Koeffizient der Leitwert zwischen den Knoten A und C auf. Diese beiden Leitwerte heißen *Kopplungsleitwerte*; sie sind stets negativ.

Der Quellenstrom i_5 wird auf die rechte Seite geschrieben. Allgemein gilt, daß auf den Knoten zufließende Ströme auf der rechten Gleichungsseite mit positivem Vorzeichen erscheinen (abfließende Ströme mit negativem Vorzeichen).

Bei Kenntnis des Bildungsgesetzes kann das System der Knotengleichungen sofort aufgeschrieben werden. Man erhält in übersichtlicher Tabellenform:

	u_A	u_B	u_C	
A :	$G_1 + G_2$	$-G_2$	$-G_1$	$-i_5$
B :	$-G_2$	$G_2 + G_3 + G_4$	$-G_4$	0
C :	$-G_1$	$-G_4$	$G_1 + G_4$	$-i_6$

$$(4.4)$$

und in Matrizenschreibweise:

$$
\begin{bmatrix}
G_1 + G_2 & -G_2 & -G_1 \\
-G_2 & G_2 + G_3 + G_4 & -G_4 \\
-G_1 & -G_4 & G_1 + G_4
\end{bmatrix}
\cdot
\begin{bmatrix}
u_A \\
u_B \\
u_C
\end{bmatrix}
=
\begin{bmatrix}
-i_5 \\
0 \\
-i_6
\end{bmatrix} .
$$

Das Schema der drei Knotenleitwerte (auf der Hauptdiagonalen) und der
zu diesen symmetrisch angeordneten Kopplungsleitwerte nennt man *Leit-*   Leitwertmatrix
wertmatrix. Voraussetzung für den symmetrischen Aufbau der Matrix ist,
daß die Reihenfolge der Knotengleichungen mit der Reihenfolge der Knotenspannungen übereinstimmt.

Das Gleichungssystem beschreibt die Eigenschaften des Netzwerks, und
zwar unabhängig davon, ob etwa die Quellen als Strom- oder Spannungsquellen vorgegeben sind.

Beispiel 4.1

In der Schaltung nach Abbildung 4.2 soll die linke Quelle eine vorgegebene Spannungsquelle sein, die rechte eine vorgegebene Stromquelle, d. h. u_5 und i_6 sind bekannt. Gesucht ist die Spannung u_2.

Lösung

Es werden nur die Zeilen B und C von (4.4) gebraucht. (Zeile A
könnte man verwenden, um den unbekannten Strom i_5 zu berechnen,
was hier jedoch nicht verlangt ist.) Man hat also für die unbekannten
Knotenspannungen u_B und u_C das Gleichungssystem:

u_B	u_C	
$G_2 + G_3 + G_4$	$-G_4$	$G_2 u_5$
$-G_4$	$G_1 + G_4$	$G_1 u_5 - i_6$.

Dieses Gleichungssystem wird nach u_B aufgelöst:

$$
u_B = \frac{[(G_1 + G_4) G_2 + G_1 G_4] u_5 - G_4 u_6}{(G_1 + G_4)(G_2 + G_3) + G_1 G_4} .
$$

Die Spannung am Widerstand R_2 ist

$$
u_2 = u_A - u_B = u_5 - u_B .
$$

Nach Einsetzen von u_B und einigen Umformungen folgt:

$$u_2 = \frac{G_3 \, (G_1 + G_4) \, u_5 + G_4 \, i_6}{(G_1 + G_4)(G_2 + G_3) + G_1 G_4}$$

oder nach Erweitern mit den Widerständen R_1 bis R_4:

$$u_2 = \frac{R_2 \, (R_1 + R_4) \, u_5 + R_1 \, R_2 \, R_3 \cdot i_6}{(R_1 + R_4)(R_2 + R_3) + R_2 \, R_3} \, . \tag{4.5}$$

∎

4.3   Die Umlaufanalyse

Dieses Verfahren soll zuerst für den Fall besprochen werden, daß man als Umläufe ausschließlich Maschen (gemäß der in Abschnitt 3.2 angegebenen Definition) verwenden kann. Das trifft allgemein auf ebene Netze zu.

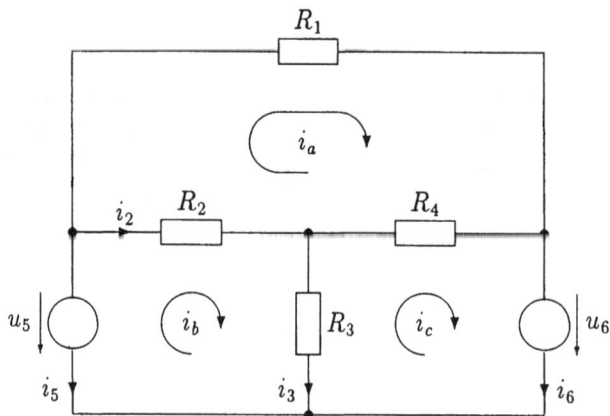

Abb. 4.3: Beispiel zur Umlaufanalyse

Im vorliegenden Beispiel (Abbildung 4.3) beschreiben die drei Maschenströme i_a, i_b, i_c die gesamte Stromverteilung. Offenbar erfüllt jeder Maschenstrom in jedem Knoten die Knotengleichung. Daher müssen nur die

Maschengleichungen (4.2) aufgestellt werden. So ergibt sich z. B. für den $\quad$
Umlauf b zunächst, wenn (4.3) berücksichtigt wird:

$$R_2\, i_2 + R_3\, i_3 - u_5 = 0\,.$$

Die Ströme i_2 und i_3 lassen sich als Überlagerung der Maschenströme i_a
und i_b bzw. i_b und i_c darstellen:

$$R_2\,(i_b - i_a) + R_3\,(i_b - i_c) - u_5 = 0$$

oder

$$-R_2\, i_a + (R_2 + R_3)\, i_b - R_3\, i_c = u_5\,.$$

Das Bildungsgesetz läßt sich bereits erkennen: In der Maschengleichung
für die Masche b tritt als Koeffizient des Maschenstromes i_b die Summe
der in diesem Umlauf vorkommenden Widerstände auf, der sogenannte
Umlaufwiderstand. $\qquad$

Der Koeffizient des Umlaufstromes i_a ist der Widerstand, in dem sich die
Ströme i_a und i_b überlagern, und zwar mit negativem Vorzeichen, da hier
die beiden Ströme unterschiedliche Richtungen aufweisen. Man nennt den
Koeffizienten den *Kopplungswiderstand.* $\qquad$

Die Quellenspannung u_5 erscheint auf der rechten Seite mit positivem Vor- $\quad$
zeichen, wenn sie dem Umlauf entgegengerichtet ist, andernfalls mit negativem Vorzeichen.

Bei Kenntnis des Bildungsgesetzes kann das System der Maschengleichungen sofort aufgeschrieben werden. Man erhält

	i_a	i_b	i_c	
a :	$R_1 + R_2 + R_4$	$-R_2$	$-R_4$	0
b :	$-R_2$	$R_2 + R_3$	$-R_3$	u_5
c :	$-R_4$	$-R_3$	$R_3 + R_4$	$-u_6$

$$(4.6)$$

bzw.

$$\begin{bmatrix} R_1 + R_2 + R_3 & -R_2 & -R_4 \\ -R_2 & R_2 + R_3 & -R_3 \\ -R_4 & -R_3 & R_3 + R_4 \end{bmatrix} \cdot \begin{bmatrix} i_a \\ i_b \\ i_c \end{bmatrix} = \begin{bmatrix} 0 \\ u_5 \\ -u_5 \end{bmatrix}\,.$$

Das Schema der drei Umlaufwiderstände (auf der Hauptdiagonalen) und der zu diesen symmetrisch angeordneten Kopplungswiderstände nennt man iderstandsmatrix *Widerstandsmatrix*. Voraussetzung für den symmetrischen Aufbau der Matrix ist, daß die Reihenfolge der Maschengleichungen mit der Reihenfolge der Maschenströme übereinstimmt.

Beispiel 4.2

Die in Beispiel 4.1 beschrieben Aufgabe soll mit der Umaufanalyse gelöst werden.

Lösung

Es werden nur die Zeilen a und b von (4.6) gebraucht. (Zeile c könnte man verwenden, um die unbekannte Spannung u_6 zu berechnen.)

Man hat also für die unbekannten Umlaufströme i_a und i_b das Gleichungssystem:

i_a	i_b	
$R_1 + R_2 + R_4$	$-R_2$	$R_4 \, i_6$
$-R_2$	$R_2 + R_3$	$R_3 \, i_6 + u_5$.

Dieses Gleichungssystem wird nach i_a und i_b aufgelöst:

$$i_a = \frac{[(R_2 + R_3)\, R_4 + R_2\, R_3]\, i_6 + R_2\, u_5}{(R_1 + R_4)(R_2 + R_3) + R_2\, R_3}$$

$$i_b = \frac{[(R_1 + R_2 + R_4)\, R_3 + R_2\, R_3]\, i_6 + (R_1 + R_2 + R_4)\, u_5}{(R_1 + R_4)(R_2 + R_3) + R_2 R_3} \, .$$

Der Strom im Widerstand R_2 ist

$$i_2 = i_b - i_a \, .$$

Nach Einsetzen von i_a und i_b und einigen Umformungen erhält man:

$$i_2 = \frac{(R_1 + R_4)\, u_5 + R_1\, R_2 \cdot i_6}{(R_1 + R_4)(R_2 + R_3) + R_2\, R_3} \tag{4.7}$$

Dieses Ergebnis bestätigt wegen $u_2 = R_2\, i_2$ das Ergebnis (4.5).

■

Ergänzung:

Die Umlaufanalyse läßt sich auch verwenden, wenn mit Umläufen (im allgemeinen Sinn) und nicht mit Maschen gearbeitet wird. Man geht dabei folgendermaßen vor:

Die k Knoten des Netzwerkes werden durch $k - 1$ Zweige (Baumzweige) verbunden: es entsteht ein vollständiger Baum. Die übrigen Zweige nennt man Verbindungszweige. Diesen ordnet man die Umlaufströme zu, die sich über Baumzweige schließen (und sich hier mit anderen Umlaufströmen überlagern).   vollständiger Bau

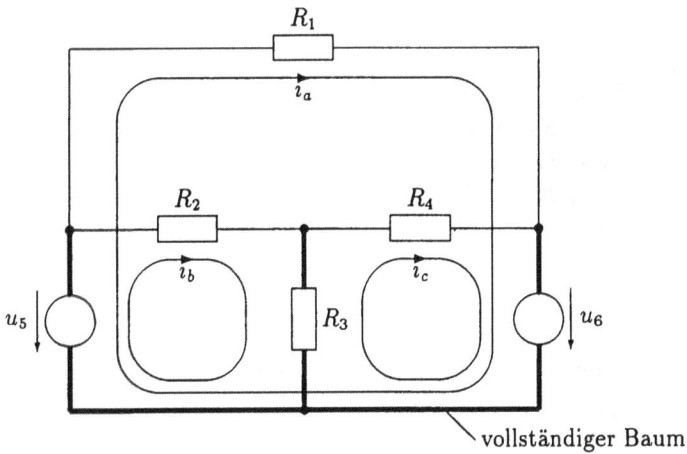

Abb. 4.4: Das bereits betrachtete Beispiel zur Umlaufanalyse, jedoch mit geändertem vollständigen Baum

Wird im vorliegenden Beispiel der in Abbildung 4.4 eingetragene sternförmige vollständige Baum gewählt, so ergibt sich:

i_a	i_b	i_c	
R_1	0	0	$u_5 - u_6$
0	$R_2 + R_3$	$-R_3$	u_5
0	$-R_3$	$R_3 + R_4$	$-u_6$

Bei der Umaufanalyse kann mit einem beliebigen vollständigen Baum gearbeitet werden. Die Wahl des vollständigen Baumes wird man unter dem Gesichtspunkt der Zweckmäßigkeit treffen; z. B. kann man darauf achten, daß sich möglichst einfache, übersichtliche Umläufe ergeben.

Anders ist es bei der Knotenanalyse: Mit der Wahl des Bezugspunktes ist der vollständige Baum festgelegt; er ist immer sternförmig. Wenn sich in einem Netzwerk mit den vorhandenen Zweigen ein sternförmiger Baum nicht bilden läßt, kann man sich Baumzweige mit dem Leitwert Null ergänzt denken.

Allgemein gilt für ein Netzwerk mit k Knoten und m Maschen, daß die Knotenanalyse zu $k - 1$ Gleichungen führt, die Umlaufanalyse zu m Gleichungen. Im betrachteten Beispiel sind daher (wenn alle Ströme und Spannungen berechnet werden sollen) beide Verfahren gleich günstig.

4.4   Der Überlagerungssatz

iperposition

Wenn mehrere Quellen in einem Netzwerk auftreten, kann man auch das Verfahren der *Superposition* benutzen: man läßt jeweils nur eine Quelle auf das Netzwerk einwirken und berechnet die zugehörige Stromverteilung (oder Spannungsverteilung). Um die gesamte Stromverteilung zu erhalten, überlagert man die von den Einzelquellen verursachten Ströme in jedem Zweig.

Beispiel 4.3

Die in Beispiel 4.1 beschriebene Aufgabe soll mit dem Verfahren der Superposition gelöst werden.

Lösung

Bevor die Beiträge der beiden Quellen zum Strom i_2 berechnet werden, zeichnet man zweckmäßigerweise die Schaltung um (Abbildung 4.5). Der Teilstrom i_2' ergibt sich, indem man den von der Spannungsquelle gelieferten Strom (erster Faktor auf der rechten Seite der folgenden Gleichung: Spannung durch Gesamtwiderstand) mit der Spannungsteilerformel (zweiter Faktor) multipliziert:

$$i_2' = \frac{u_5}{R_3 + \dfrac{(R_1 + R_4)\,R_2}{R_1 + R_2 + R_4}} \cdot \frac{R_1 + R_4}{R_1 + R_2 + R_4}$$

$$= \frac{(R_1 + R_4)\,u_5}{R_3\,(R_1 + R_2 + R_4) + (R_1 + R_4)\,R_2}$$

oder

$$i_2' = \frac{(R_1 + R_4)\,u_5}{(R_1 + R_4)(R_2 + R_3) + R_2\,R_3}\,.$$

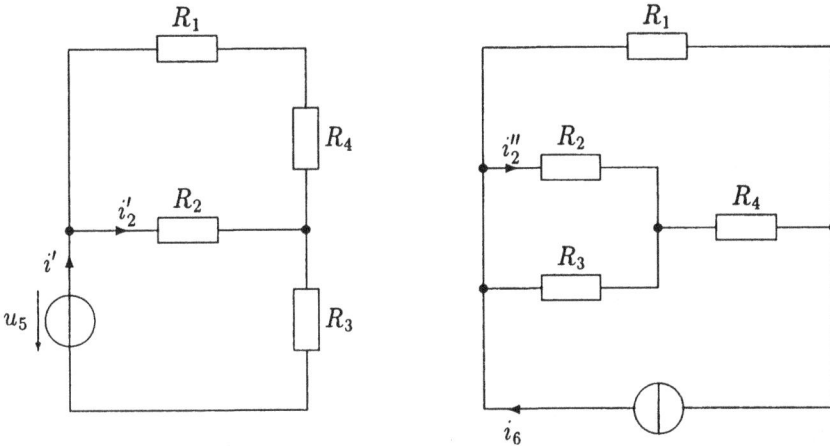

Abb. 4.5: Zur Lösung von Beispiel 4.1 mit dem Überlagerungssatz

Den Teilstrom i_2'' erhält man durch zweimaliges Anwenden der Stromteilerformel:

$$i_2'' = \frac{R_1}{R_1 + R_4 + \dfrac{R_2\,R_3}{R_2 + R_3}} \cdot \frac{R_3}{R_2 + R_3} \cdot i_6$$

oder

$$i_2'' = \frac{R_1\,R_3 \cdot i_6}{(R_1 + R_4)(R_2 + R_3) + R_2\,R_3}.$$

Die Summe $i_2 = i_2' + i_2''$ stimmt mit dem bereits mit dem anderen Verfahren gewonnenen Ergebnis überein: (4.7).

■

4.5   Die Methode der Ersatzquelle

Der Satz von der Ersatzquelle, der hier nicht bewiesen wird, gilt für lineare Netze und sagt folgendes aus: Schließt man an zwei beliebige Punkte eines Netzwerkes, z. B. die Knoten A und B, einen Widerstand R an, so kann zur Berechnung des Stromes in diesem Widerstand das gesamte Netzwerk durch eine Ersatzquelle nach Abbildung 3.12 ersetzt werden.

Ob man dabei eine Spannungsquelle oder eine Stromquelle verwendet, kann man davon abhängig machen, ob die Leerlaufspannung oder der Kurzschlußstrom sich leichter bestimmen läßt. Das ist jedoch wegen des Zusammenhangs (3.12) kein entscheidender Gesichtspunkt.

Beispiel 4.4

ückenschaltung

Gegeben ist die Brückenschaltung nach Abbildung 4.6. Mit Hilfe einer Ersatzspannungsquelle soll die Spannung u_5 berechnet werden.

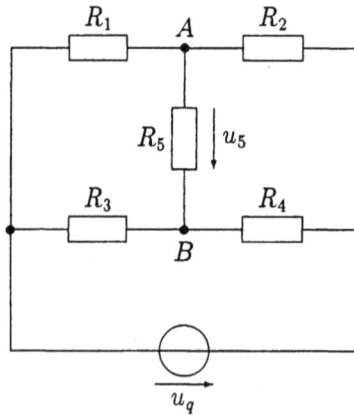

Abb. 4.6: Die Brückenschaltung

Lösung

nenwiderstand

Der Innenwiderstand R_i ergibt sich auf folgende Weise: Man betrachtet den Widerstand zwischen den Klemmen A und B, wobei alle in dem Netzwerk vorhandenen Quellenspannungen und Quellenströme auf Null gesetzt sein müssen (Abbildung 4.7b). Zu beachten ist dabei, daß ideale Spannungsquellen den Innenwiderstand Null haben, sie wirken also bei auf Null gesetzter Quellengröße wie eine widerstandslose Verbindung. Ideale Stromquellen dagegen haben einen unendlich großen Innenwiderstand. Sie wirken daher bei auf Null gesetzter Quellengröße wie eine Leitungsunterbrechung.

Man erhält im vorliegenden Fall:

$$R_i = (R_1 \parallel R_2) + (R_3 \parallel R_4) = \frac{R_1 R_2}{R_1 + R_2} + \frac{R_3 R_4}{R_3 + R_4}.$$

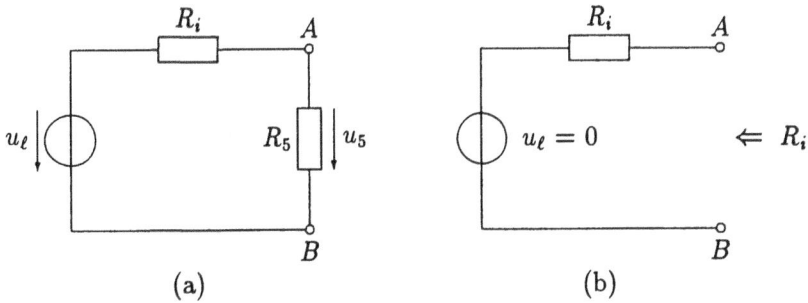

Abb. 4.7: Zur Lösung von Beispiel 4.4 mit der Methode der Ersatzspannungsquelle

Die Leerlaufspannung u_l ergibt sich als Differenz der Spannungen an R_3 und R_1. Diese gewinnt man mit der Spannungsteilerregel: Leerlaufspannung

$$u_l = \left(\frac{R_3}{R_3 + R_4} - \frac{R_1}{R_1 + R_2} \right) u_q \; .$$

Aus dem Ersatzschaltbild nach Abbildung 4.7a folgt

$$u_5 = \frac{R_5}{R_5 + R_i} \cdot u_l \; .$$

Durch Einsetzen von R_i und u_l entsteht

$$u_5 = R_5 \frac{\dfrac{R_3}{R_3 + R_4} - \dfrac{R_1}{R_1 + R_2}}{R_5 + \dfrac{R_1 R_2}{R_1 + R_2} + \dfrac{R_3 R_4}{R_3 + R_4}} \cdot u_q$$

oder

$$\frac{u_5}{u_q} = R_5 \frac{R_2 R_3 - R_1 R_4}{R_5(R_1+R_2)(R_3+R_4) + R_1 R_2(R_3+R_4) + R_3 R_4(R_1+R_2)} \; . \tag{4.8}$$

In dem Sonderfall

$$R_2 R_3 - R_1 R_4 = 0$$

57

oder

$$\frac{R_1}{R_2} = \frac{R_3}{R_4} \tag{4.9}$$

ist die Spannung u_5 gleich Null (ebenso der Strom i_5). Man sagt:
die Brücke ist abgeglichen.

■

Beispiel 4.5

Gegeben ist die Parallelschaltung von n Generatoren (jeweils mit Innenwiderstand) nach Abbildung 4.8a. Mit Hilfe einer Ersatzstromquelle soll u bestimmt werden.

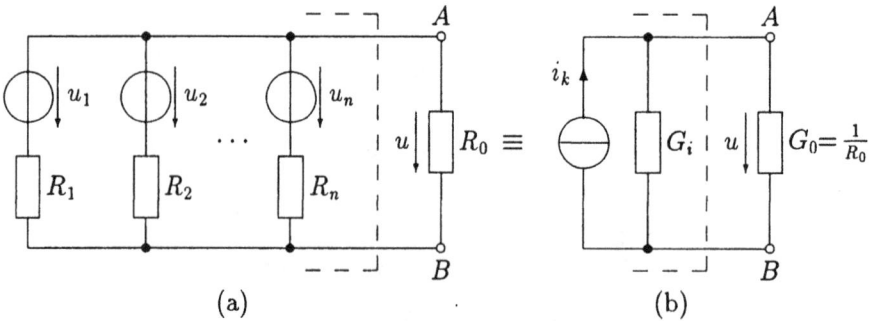

(a)   (b)

Abb. 4.8: Die Parallelschaltung von Generatoren und die zugehörige Ersatzstromquelle

Lösung

Der Innenwiderstand R_i wird wie im vorangehenden Beispiel ermittelt. Er ergibt sich als Parallelschaltung der Innenwiderstände R_1
bis R_n:

$$R_i = (R_1 \parallel R_2 \parallel \ldots \parallel R_n) \,.$$

Den Kurzschlußstrom i_k findet man durch Superposition der Kurz-
schlußströme der einzelnen Generatoren:

$$i_k = \frac{u_1}{R_1} + \frac{u_2}{R_2} + \ldots + \frac{u_n}{R_n} \,.$$

Bei Parallelschaltungen empfiehlt es sich oft, mit Leitwerten zu arbeiten:

$$G_i = \sum_{\lambda=1}^{n} G_\lambda, \qquad i_k = \sum_{\lambda=1}^{n} G_\lambda\, u_\lambda.$$

Auf Grund des Ersatzschaltbildes nach Abbildung 4.8b erhält man:

$$u = \frac{i_k}{G_i + G_0} = \frac{\sum\limits_{\lambda=1}^{n} G_\lambda\, u_\lambda}{\sum\limits_{\lambda=0}^{n} G_\lambda} \,. \tag{4.10}$$

∎

5. Die Wechselstromlehre

5.1 Einführung

5.1.1 Wechselgrößen

In der Elektrotechnik spielen zeitlich veränderliche Ströme und Spannungen eine große Rolle, bei denen sich nicht nur der Betrag ändert, sondern auch das Vorzeichen (die Richtung) wechselt. Eine solche Größe heißt Wechselgröße (Wechselstrom, Wechselspannung). Gegenstand der klassischen Wechselstromlehre sind jedoch nicht Wechselgrößen ganz allgemeiner Art; es sind vielmehr die folgenden Einschränkungen üblich:

1. Man betrachtet nur *periodische Wechselgrößen*; diese genügen der Gleichung Periodische Wechselgröße

$$x\,(t+T) = x(t).$$

Hier bedeutet T die kleinste Periode (oder Periodendauer); ihr Kehrwert heißt Frequenz f: Periode Frequenz

$$f = \frac{1}{T}\,.$$

Oft arbeitet man auch mit der Kreisfrequenz ω: Kreisfrequenz

$$\omega = 2\pi f = \frac{2\pi}{T}.$$

Als Einheit der Frequenz verwendet man 1 Hertz: Einheit der Frequenz

$$[f] = \frac{1}{s} = 1\ \text{Hertz} = 1\ \text{Hz}.$$

2. Wenn ein Wechselstrom $i(t)$ innerhalb einer Periode T gleiche Ladungsmengen in positiver wie in negativer Richtung (insgesamt also keine Ladung) transportiert, so liegt ein reiner Wechselstrom vor. Die *reine Wechselgröße* ist also definiert durch die Gleichung

$$\int_T x(t)\,dt = 0.$$

61

Das Symbol T soll ausdrücken, daß über eine volle Periode T zu integrieren ist, wobei der Anfangspunkt (die untere Grenze) willkürlich gewählt werden kann.

Der allgemeinere 1. Fall läßt sich zurückführen auf eine Überlagerung von Gleichanteil und reiner Wechselgröße.

3. Besonders häufig treten in der Elektrotechnik reine Wechselgrößen auf, deren zeitliche Abhängigkeit durch die Funktion Sinus (bzw. Cosinus) beschrieben wird. Der Augenblickswert der *sinusförmigen Wechselgröße* ist also durch den Ausdruck

$$x(t) = \hat{x} \cdot \cos(\omega t + \varphi) \tag{5.1}$$

gegeben. Nach dieser Gleichung ist die sinusförmige Wechselgröße durch drei Parameter festgelegt: die *Amplitude* (den Scheitelwert) $\hat{x}$, die *Kreisfrequenz* ω und den *Nullphasenwinkel* (die Nullphase) φ. Den Winkel $\omega t + \varphi$ nennt man *Phasenwinkel* oder Phase.

Durch Gleichung (5.1) beschrieben Vorgänge nennt man auch *harmonische Schwingungen*.

Es soll an dieser Stelle schon erwähnt werden, daß man beliebige periodische und nichtperiodische Vorgänge durch eine Überlagerung harmonischer Schwingungen beschreiben kann (Fourier-Reihe, Fourier-Integral: Kapitel 14 und 15). Das ist ein weiterer Grund, der für eine ausführliche Behandlung sinusförmiger Wechselgrößen spricht.

5.1.2 Die Netzwerkgesetze

Die beiden Sätze von Kirchhoff, nämlich (3.1) und (3.2), gelten unverändert; es ist jedoch daran zu denken, daß jetzt jeder Strom und jede Spannung von der Zeit abhängt:

$$\sum_k i_k(t) = 0 \quad \text{(für alle } t) \tag{5.2}$$

$$\sum_k u_k(t) = 0 \quad \text{(für alle } t). \tag{5.3}$$

Entsprechend gilt für einen konstanten Widerstand das Ohmsche Gesetz (3.3):

$$u(t) = R\,i(t) \quad \text{bzw.} \quad i(t) = G\,u(t) \quad \text{(für alle } t). \tag{5.4a,b}$$

62

Neben dem elektrischen Widerstand spielen in elektrischen Netzwerken zwei weitere Bauelemente eine große Rolle, nämlich der Kondensator und die Spule. Die Eigenschaften dieser Bauelemente werden in den Abschnitten 9.4 bzw. 11.2.1 genauer behandelt. Beide Bauelemente sind in Abbildung 5.1 durch ihre Symbole dargestellt. Kondensator Spule

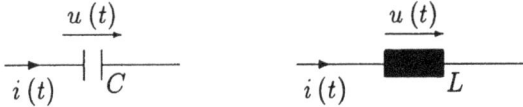

Abb. 5.1: Die Bauelemente Kondensator und Spule, dargestellt durch ihre Schaltsymbole

Für die weiteren Betrachtungen in diesem Kapitel genügt es zunächst, den Zusammenhang zwischen Strom und Spannung für die beiden Bauelemente anzugeben (dabei werden die in Abbildung 5.1 eingetragenen Zählrichtungen vorausgesetzt). Für den Kondensator hat man wegen (2.2) und (9.9) Kondensator

$$i(t) = C \frac{du}{dt}. \tag{5.5}$$

Für die Spule gilt nach (11.6): Spule

$$u(t) = L \frac{di}{dt}. \tag{5.6}$$

Die Proportionalitätsfaktoren C und L nennt man die Kapazität (des Kondensators) bzw. die Selbstinduktivität (der Spule).

Schreibt man die Umlaufgleichungen (5.3) für ein beliebiges Netzwerk auf, das neben Widerständen auch Kondensatoren und Spulen enthält, so ergeben sich für die Ströme – nach Einarbeiten von (5.5) und (5.6) – Integro-Differential-Gleichungen.

Legt man an ein beliebiges (lineares) passives Netzwerk eine oder mehrere Quellen mit sinusförmiger Quellengröße derselben Frequenz ω, so stellt sich nach Abklingen des Einschaltvorganges ein stationärer Zustand (eine Dauerlösung) ein, der dadurch gekennzeichnet ist, daß alle in dem Netzwerk auftretenden Ströme und Spannungen vom Typ der Anregung, also sinusförmige Wechselgrößen der Form (5.1) sind. Stationärer Zustand

Beispiel 5.1

An einer Reihenschaltung aus einem Widerstand R und einer Spule L liegt die Spannung

$$u_q(t) = \hat{u}\,\cos(\omega t + \varphi_u).$$

Gesucht ist der Strom $i(t)$ im stationären Zustand.

Lösung

Die Umlaufgleichung (5.3) liefert

$$u_L(t) + u_R(t) = u_q(t)$$

und mit (5.4a) und (5.6)

$$L\,\frac{di}{dt} + R < i(t) = \hat{u}\cos(\omega t + \varphi_u).$$

Es soll versucht werden, die Aufgabe mit dem Ansatz

$$i(t) = \hat{\imath}\cos(\omega t + \varphi_i)$$

zu lösen; die Unbekannten sind $\hat{\imath}$ und φ_i. Nach Einsetzen in die Differentialgleichung erhält man:

$$-\omega L\hat{\imath}\sin(\omega t + \varphi_i) + R\hat{\imath}\cos(\omega t + \varphi_i) = \hat{u}\cos(\omega t + \varphi_u).$$

Mit Hilfe der Additionstheoreme des Sinus und des Cosinus entsteht:

$$[-\omega L\hat{\imath}\sin\varphi_i + R\hat{\imath}\cos\varphi_i]\cos\omega t+$$

$$+[-\omega L\hat{\imath}\cos\varphi_i - R\hat{\imath}\sin\varphi_i]\sin\omega t =$$

$$= \hat{u}\cos\varphi_u \cdot \cos\omega t - \hat{u}\sin\varphi_u \cdot \sin\omega t\,.$$

Diese Gleichung gilt für alle t. Speziell für $\omega t = 0$ und $\omega t = \pi/2$ erhält man:

$$[-\omega L\sin\varphi_i + R\cos\varphi_i]\,\hat{\imath} = \hat{u}\cos\varphi_u \qquad (5.7a)$$

$$[\omega L\cos\varphi_i + R\sin\varphi_i]\,\hat{\imath} = \hat{u}\sin\varphi_u. \qquad (5.7b)$$

Durch Quadrieren und Addieren dieser beiden Gleichungen gewinnt man nach kurzer Zwischenrechnung:

$$\hat{u}^2 \cos^2 \varphi_u + \hat{u}^2 \sin^2 \varphi_u = \hat{\imath}^2 [R^2 + (\omega L)^2]$$

und

$$\hat{\imath} = \frac{\hat{u}}{\sqrt{R^2 + (\omega L)^2}} \, .$$

Bildet man den Quotienten aus (5.7b) und (5.7a), so folgt

$$\tan \varphi_u = \frac{\frac{\omega L}{R} + \tan \varphi_i}{1 - \frac{\omega L}{R} \tan \varphi_i} \, .$$

Die Phasenverschiebung zwischen Strom und Spannung, also die Größe $\varphi_u - \varphi_i = \varphi$, läßt sich auf folgende Weise bestimmen (unter Verwendung des Additionstheorems des Tangens):

$$\tan \varphi_u = \tan(\boxed{\varphi_u - \varphi_i} + \varphi_i) = \tan(\varphi + \varphi_i) =$$

$$= \frac{\tan \varphi + \tan \varphi_i}{1 - \tan \varphi \cdot \tan \varphi_i} \, .$$

Durch Vergleich mit dem obigen Ergebnis gewinnt man

$$\tan \varphi = \frac{\omega L}{R}$$

oder

$$\varphi = \arctan \frac{\omega L}{R} \, .$$

■

Das Beispiel zeigt, daß selbst in einem einfachen Fall eine recht aufwendige und unübersichtliche Berechnung durchzuführen ist. Die verwendeten Additionstheoreme sind kompliziert, beim Differenzieren geht die Funktion Cosinus in die Funktion Sinus über. Erhebliche Vereinfachungen lassen sich dagegen erzielen, wenn die trigonometrischen Funktionen durch Exponentialfunktionen ersetzt werden. Man arbeitet dann mit einem viel einfacheren Additionstheorem; außerdem bleibt die Exponentialfunktion beim Differenzieren (bis auf einen konstanten Vorfaktor) erhalten.

Bevor das spezielle Beispiel noch einmal durchgerechnet wird, sollen die eben genannten Möglichkeiten der Vereinfachung in allgemeingültiger Form entwickelt werden.

65

5.2 Die Darstellung sinusförmiger Wechselgrößen

5.2.1 Das Zeigerdiagramm

Den Augenblickswert $x(t)$ der sinusförmigen Wechselgröße kann man durch das in Abbildung 5.2 skizzierte *Zeigerdiagramm* veranschaulichen. Hier ist die Amplitude $\hat{x}$ durch eine Pfeil, den man *Zeiger* nennt, dargestellt. Zwischen diesem Pfeil und der waagerechten Achse tritt der Phasenwinkel $\omega t + \varphi$ auf. Die Projektion dieses Zeigers auf die waagerechte Achse ergibt den Wert $x(t)$.

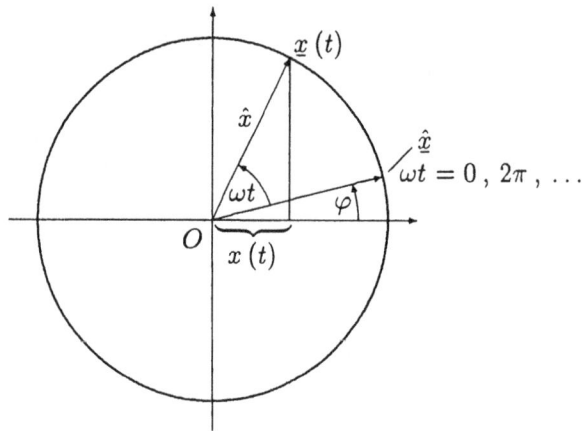

Abb. 5.2: Das Zeigerdiagramm für die sinusförmige Zeitfunktion $x(t)$

Einem gleichmäßigen Anwachsen der Zeit entspricht im Zeigerdiagramm eine Rotation des Zeigers um den Koordinatenursprung mit konstanter Winkelgeschwindigkeit. Zu einem Zeitzuwachs um eine volle Periode T gehört eine Drehung des Zeigers um den Winkel 2π. Meist interessiert man sich nur für die Amplituden des Wechselgrößen und die Phasenunterschiede. Dann zeichnet man üblicherweise die Zeiger für den Augenblick $t = 0$.

5.2.2 Die komplexen Amplituden

Die Achsen in Abbildung 5.2 lassen sich als reelle und imaginäre Achse einer Gaußschen Zahlenebene auffassen. Die Spitzen der beiden eingetragenen Zeiger entsprechen dann komplexen Zahlen: man bezeichnet $\underline{x}(t)$

als komplexe Zeitfunktion und $\underline{\hat{x}}$ als komplexe Amlitude der sinusförmigen Wechselgröße. Damit hat man

Komplexe Zeitfunktion

$$x(t) = \Re\left\{\underline{x}(t)\right\}$$

oder

$$x(t) = \Re\left\{\underline{\hat{x}}\, e^{j\omega t}\right\}. \tag{5.8}$$

Für den Betrag und den Winkel der komplexen Amplitude werden die Symbole $\hat{x}$ und φ verwendet:

Betrag und Wink

$$\underline{\hat{x}} = \hat{x}\, e^{j\varphi}.$$

Ersetzt man in (5.1) den Cosinus durch Exponentialfunktionen, so erhält man eine andere zweckmäßige Form:

$$x(t) = \tfrac{1}{2}\left[\hat{x}\, e^{j(\omega t+\varphi)} + \hat{x}\, e^{-j(\omega t+\varphi)}\right] = \tfrac{1}{2}\left[\hat{x}\, e^{j\varphi} \cdot e^{j\omega t} + \hat{x}\, e^{-j\varphi} \cdot e^{-j\omega t}\right]$$

oder

$$x(t) = \tfrac{1}{2}\left(\underline{\hat{x}}\, e^{j\omega t} + \underline{\hat{x}}^{*}\, e^{-j\omega t}\right). \tag{5.9}$$

($\underline{\hat{x}}^{*}$ ist die konjugiert-komplexe Amplitude.) Diese Form tritt in Kapitel 14 über die Fourier-Reihen wieder auf, jedoch ohne den Faktor 1/2.

5.3 Die Grundgesetze für sinusförmige Wechselgrößen

5.3.1 Die Kirchhoffschen Sätze

In dem einführenden Beispiel 5.1 wurde gezeigt, daß ein lineares passives Netz auf eine sinusförmige Quellenspannung der Frequenz ω mit einem Strom gleicher Kurvenform und gleicher Frequenz reagiert. Dieses Ergebnis läßt sich verallgemeinern: In einem linearen Netz, das von sinusförmigen Quellenströmen und -spannungen derselben Frequenz ω angeregt wird, treten ausschließlich sinusförmige Ströme und Spannungen der Frequenz ω auf. Die Kirchhoffschen Gleichungen (5.2) und (5.3) nehmen also mit (5.1) die Form

$$\sum_{k} \hat{x}_k \cos(\omega t + \varphi_k) = 0$$

an. Zunächst soll nur die Addition zweier Terme betrachtet werden; sie ist in Abbildung 5.3 dargestellt.

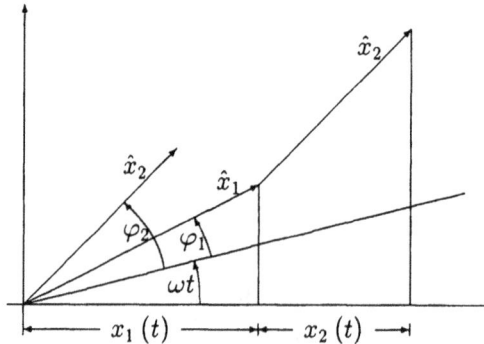

Abb. 5.3: Das Zeigerdiagramm für die Summe zweier sinusförmiger Wechselgrößen

Überlagerung sinusförmiger Wechselgrößen

Die Addition der beiden reellen Zeitfunktionen $x_1(t)$ und $x_2(t)$ entspricht im Zeigerdiagramm offenbar der geometrischen Addition der Zeiger bzw. der komplexen Amplituden. Das läßt sich besonders einfach zeigen, wenn man mit der Darstellung nach (5.8) arbeitet:

$$x_1(t) + x_2(t) = \Re e \left\{ \underline{\hat{x}}_1 \, e^{j\omega t} \right\} + \Re e \left\{ \underline{\hat{x}}_2 \, e^{j\omega t} \right\} =$$

$$= \Re e \left\{ (\underline{\hat{x}}_1 + \underline{\hat{x}}_2) \, e^{j\omega t} \right\}. \tag{5.10}$$

Hier ist $\underline{\hat{x}}_1 + \underline{\hat{x}}_2$ die komplexe Amplitude der Summe; bezeichnet man diese mit $\underline{\hat{x}}$, ihren Betrag mit $\hat{x}$ und ihren Winkel mit φ, so folgt:

$$x_1(t) + x_2(t) = \Re e \left\{ \hat{x} \, e^{j\varphi} \cdot e^{j\omega t} \right\} = \hat{x} \cos(\omega t + \varphi).$$

Dieses Ergebnis läßt sich leicht verallgemeinern: Bei der Überlagerung sinusförmiger Wechselgrößen derselben Kreisfrequenz ω entsteht wiederum eine sinusförmige Wechselgröße der Kreisfrequenz ω.

Geht man von der Darstellung nach (5.9) aus, so sieht die Herleitung wie folgt aus:

$$x_1(t) + x_2(t) = \tfrac{1}{2} \left[\hat{\underline{x}}_1 \, e^{j\omega t} + \hat{\underline{x}}_1^* \, e^{-j\omega t} \right] + \tfrac{1}{2} \left[\hat{\underline{x}}_2 \, e^{j\omega t} + \hat{\underline{x}}_2^* \, e^{-j\omega t} \right] =$$

$$= \tfrac{1}{2} \left[(\hat{\underline{x}}_1 + \hat{\underline{x}}_2) \, e^{j\omega t} + (\hat{\underline{x}}_1^* + \hat{\underline{x}}_2^*) \, e^{-j\omega t} \right]. \tag{5.11}$$

Verwendet man wieder die oben erklärten Abkürzungen, so entsteht

$$x_1(t) + x_2(t) = \tfrac{1}{2} \left(\hat{\underline{x}} \, e^{j\omega t} + \hat{\underline{x}}^* \, e^{-j\omega t} \right) = \hat{x} \cos(\omega t + \varphi).$$

Die Forderung der Kirchhoffschen Gleichungen, daß sich die Summanden auf der linken Seite zu Null ergänzen, führt mit (5.10) zu:

$$\sum_k x_k(t) = \Re \left\{ \left(\sum_k \hat{\underline{x}}_k \right) \cdot e^{j\omega t} \right\} = 0.$$

Bezeichnet man die Summe über die komplexen Amplituden mit $\underline{S}$, ihren Realteil mit S_1, ihren Imaginärteil mit S_2, so hat man

$$\Re \left\{ (S_1 + jS_2)(\cos \omega t + j \sin \omega t) \right\} = 0$$

oder

$$S_1 \cos \omega t - S_2 \sin \omega t = 0.$$

Diese Bedingung muß für alle Zeitpunkte erfüllt sein, z. B. auch für $\omega t = 0$ und $\omega t = \pi/2$. Damit folgt

$$S_1 = S_2 = 0 \quad \text{oder} \quad \underline{S} = 0.$$

Damit lauten die Kirchhoffschen Gleichungen für komplexe Amplituden:

Kirchhoffsche Gleichungen

$$\sum_k \hat{\underline{i}}_k = 0, \qquad \sum_k \hat{\underline{u}}_k = 0. \tag{5.12a,b}$$

(Eine entsprechende Herleitung, die von (5.11) ausgeht, ist dem Leser überlassen.) Diese Gleichungen unterscheiden sich von den entsprechenden Formeln (3.1) und (3.2) nur dadurch, daß anstelle der reellen Größen i und u jetzt komplexe Amplituden auftreten. Daraus ergibt sich, daß die in den Kapiteln 3 und 4 aus den Kirchhoffschen Sätzen gezogenen Folgerungen übernommen werden können (s. auch Abschnitt 5.3.2).

5.3.2 Lineare Bauelemente in Wechselstromkreisen

Für die drei Bauelemente Widerstand, Spule und Kondensator sind die wegen (5.4) und (5.6) bekannten Zusammenhänge zwischen Strom und Spannung noch einmal in Tabelle 5.1 zusammengestellt.

Widerstand	Spule	Kondensator
R	L	C
$u = R \cdot i$	$u = L \cdot \dfrac{di}{dt}$	$u = \dfrac{1}{C} \cdot \displaystyle\int i\,dt$
$i = G \cdot u$	$i = \dfrac{1}{L} \cdot \displaystyle\int u\,dt$	$i = C \cdot \dfrac{du}{dt}$

Tabelle 5.1: Die Beziehungen zwischen Strom und Spannung für die drei Bauelemente Widerstand, Spule und Kondensator

Um bei gegebenem Strom die Spannung zu bestimmen (oder umgekehrt) ist also mit einer reellen Konstanten zu multiplizieren oder zu differenzieren oder zu integrieren. Diese drei Operationen werden jetzt für sinusförmige Wechselgrößen nacheinander behandelt. Die gegebene Größe sei jeweils $x(t)$, die gesuchte $y(t)$.

Multiplikation mit einer reellen Konstanten

Es gilt:

$$K \cdot x(t) = K \cdot \Re\, \underline{\hat{x}}\, e^{j\omega t} = \Re\, \boxed{K\, \underline{\hat{x}}}\; e^{j\omega t}\,.$$

Durch Vergleich mit

$$y(t) = \Re\, \boxed{\underline{\hat{y}}}\; e^{j\omega t}$$

folgt

$$\underline{\hat{y}} = K \cdot \underline{\hat{x}}\,.$$

Differentiation nach der Zeit

Mit

$$\frac{d}{dt}\,x(t) = \frac{d}{dt}\left[\Re e\,\underline{\hat{x}}\,e^{j\omega t}\right] = \Re e\,\boxed{j\omega\underline{\hat{x}}}\,e^{j\omega t}$$

und durch Vergleich mit $y(t)$ erhält man

$$\underline{\hat{y}} = j\omega\underline{\hat{x}}\,.$$

Integration über die Zeit

Mit

$$\int x(t)\,dt = \int \Re e\,\underline{\hat{x}}\,e^{j\omega t}\,dt = \Re e\,\boxed{\frac{1}{j\omega}\,\underline{\hat{x}}}\,e^{j\omega t}$$

und durch Vergleich mit $y(t)$ erhält man

$$\underline{\hat{y}} = \frac{1}{j\omega}\,\underline{\hat{x}}\,.$$

Die Operationen Differenzieren und Integrieren gehen also in die viel einfacheren algebraischen Operationen Multiplizieren mit $j\omega$ bzw. Dividieren durch $j\omega$ über. (Die Integrationskonstante wurde Null gesetzt, da konstante Ströme oder Spannungen nicht Gegenstand der Wechselstromlehre sind.)

Widerstand	Spule	Kondensator
$\underline{\hat{u}} = R\,\underline{\hat{\imath}}$	$\underline{\hat{u}} = j\omega L\,\underline{\hat{\imath}}$	$\underline{\hat{u}} = \dfrac{1}{j\omega C}\,\underline{\hat{\imath}}$
$\underline{\hat{\imath}} = G\,\underline{\hat{u}}$	$\underline{\hat{\imath}} = \dfrac{1}{j\omega L}\,\underline{\hat{u}}$	$\underline{\hat{\imath}} = j\omega C\,\underline{\hat{u}}$

Tabelle 5.2: Die in Tabelle 5.1 enthaltenen Zusammenhänge, dargestellt mit komplexen Amplituden

Mit diesen Ergebnissen können die in Tabelle 5.2 enthaltenen Zusammenhänge zwischen komplexen Strom- und Spannungsamplituden hergeleitet werden.

Die Formeln sagen (unter anderem) folgendes aus: Da R eine reelle Größe ist, haben die komplexe Spannungsamplitude und die komplexe Stromamplitude am Ohmschen Widerstand den gleichen Winkel, die zugehörigen Zeitfunktionen sind also nicht gegeneinander verschoben. Man sagt: *Am Ohmschen Widerstand sind Spannung und Strom in Phase.* Im Fall der Spule wird die komplexe Amplitude des Stromes (außer mit dem reellen Faktor ωL) mit dem Drehfaktor j ($= \exp j(\pi/2)$) multipliziert, d. h. um den Winkel $\pi/2$ (im mathematisch-positiven Sinn) gedreht. Demnach gilt: *An der Spule eilt die Spannung dem Strom um 90° voraus.* Entsprechend ergibt sich: *Am Kondensator eilt die Spannung dem Strom um 90° nach.* Abbildung 5.4 enthält die zugehörigen Zeigerdiagramme.

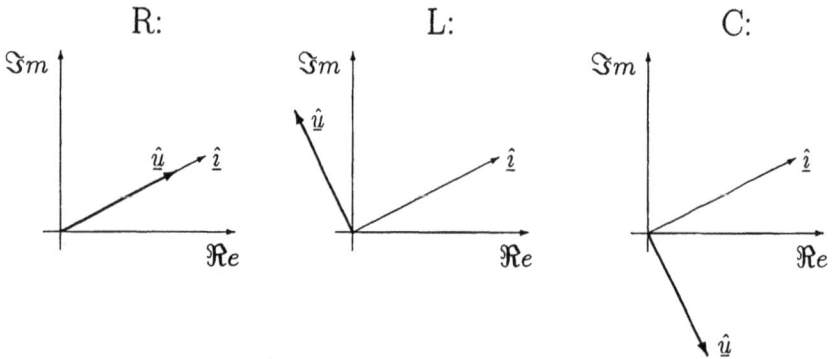

Abb. 5.4: Die in Tabelle 5.2 enthaltenen Zusammenhänge, dargestellt durch Zeigerdiagramme

In Analogie zu dem durch (2.6) definierten elektrischen Widerstand führt man den Quotienten aus komplexer Spannungsamplitude und komplexer Stromamplitude ein und nennt ihn den komplexen Scheinwiderstand oder die Impedanz $\underline{Z}$. Der Kehrwert heißt komplexer Scheinleitwert oder Admittanz $\underline{Y}$:

$$\underline{Z} = \frac{\hat{\underline{u}}}{\hat{\underline{i}}}, \qquad \underline{Y} = \frac{\hat{\underline{i}}}{\hat{\underline{u}}}.$$

$$(5.13a,b)$$

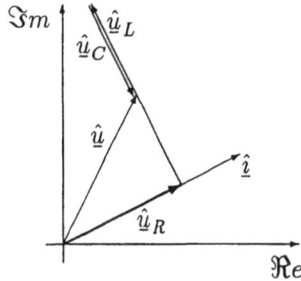

Abb. 5.5: Das Zeigerdiagramm für die Reihenschaltung aus Widerstand, Spule und Kondensator

Die im allgemeinen komplexen Größen $\underline{Z}$ und $\underline{Y}$ können jeweils durch Real- und Imaginärteil dargestellt werden. Für diese sind folgende Namen und Kurzzeichen üblich:

$$\underline{Z} = R + j\,X \qquad (5.14a)$$

$$\underline{Y} = G + j\,B \qquad (5.14b)$$

$R = \Re e\,\underline{Z} = $ Wirkwiderstand, Resistanz

$X = \Im m\,\underline{Z} = $ Blindwiderstand, Reaktanz

$G = \Re e\,\underline{Y} = $ Wirkleitwert, Konduktanz

$B = \Im m\,\underline{Y} = $ Blindleitwert, Suszeptanz

In linearen Netzen gilt – entsprechend (3.3) – das Ohmsche Gesetz für Wechselstromkreise: Ohmsches Gesetz

$$\hat{\underline{u}} = \underline{Z} \cdot \hat{\imath}, \qquad \hat{\imath} = \underline{Y} \cdot \hat{\underline{u}}\,. \qquad (5.15a,b)$$

Die in Abschnitt 3.3 für die reellen Größen u und i formulierten Grundgesetze von Kirchhoff und Ohm stimmen also formal mit den für komplexe Amplituden hergeleiteten Formeln (5.12) und (5.15) überein. Daher können (wie in Abschnitt 5.3.1 schon erwähnt) viele Schlußfolgerungen aus den Kapiteln 3 und 4 übernommen werden, z. B. die Stromteilerregel, die Spannungsteilerregel, die Formeln für das Zusammenschalten von Widerständen.

So hat man z. B. für die Reihenschaltung aus Widerstand, Spule und Kondensator

$$\hat{\underline{u}} = \hat{\underline{u}}_R + \hat{\underline{u}}_L + \hat{\underline{u}}_c$$

73

oder mit den Zusammenhängen nach Tabelle 5.2

$$\hat{\underline{u}} = R\,\hat{\underline{\imath}} + j\omega L\,\hat{\underline{\imath}} + \frac{1}{jwC}\,\hat{\underline{\imath}} = \left(R + j\omega L + \frac{1}{j\omega C}\right)\hat{\underline{\imath}}\,.$$

pedanz der
ihenschaltung

Der Ausdruck zwischen den Klammern ist der Gesamtwiderstand der Reihenschaltung:

$$\underline{Z}_{ges} = R + j\omega L + \frac{1}{j\omega C}\,. \tag{5.16}$$

Die Gesamtspannung und die drei Teilspannungen sind in Abbildung 5.5 (für einen willkürlich vorgegebenen Strom) als Zeigerdiagramm dargestellt.

Teilt man alle komplexen Spannungsamplituden durch die komplexe Stromamplitude, so entsteht das Diagramm für die komplexen Widerstände (vgl. Abbildung 5.6).

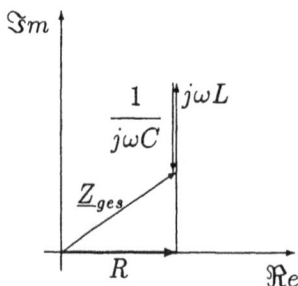

Abb. 5.6: Das Widerstandsdiagramm für die Reihenschaltung aus Widerstand, Spule und Kondensator

5.3.3   Die Effektivwerte

In der elektrotechnischen Praxis arbeitet man häufiger mit Effektivwerten als mit Scheitelwerten. Auch elektrische Meßinstrumente für Strom und Spannung sind in Effektivwerten geeicht. Zwischen den reellen Amplituden und den durch Großbuchstaben gekennzeichneten reellen Effektivwerten besteht der Zusammenhang

$$\hat{\imath} = \sqrt{2}\,I, \qquad \hat{u} = \sqrt{2}\,U. \tag{5.17}$$

Entsprechend gilt für die zugehörigen komplexen Werte

$$\hat{\imath} = \sqrt{2}\,\underline{I}, \qquad \hat{\underline{u}} = \sqrt{2}\,\underline{U}. \tag{5.17'}$$

Die Einführung der Effektivwerte wird erst in Abschnitt 5.8.1 begründet. Die Kirchhoffschen Sätze (5.12) lauten für komplexe Effektivwerte

$$\sum_k \underline{I}_k = 0, \qquad \sum_k \underline{U}_k = 0. \tag{5.18}$$

Bei längeren Rechnungen mit komplexen Größen ist das Unterstreichen lästig. Daher wird oft auf die Kennzeichnung des komplexen Charakters der Größe verzichtet und dann vorausgesetzt, daß alle Ströme, Spannungen, Impedanzen usw. komplex sind. Beträge müssen dann besonders gekennzeichnet werden. Diese vereinfachte Schreibweise wird in diesem Buch ab jetzt durchweg benutzt (Ausnahmen bilden nur die Abschnitte 5.5, 5.8, 12.2 und 12.3). Mit dieser Vereinfachung schreiben sich die Grundgleichungen (5.15) und (5.18):

$$\sum_k I_k = 0, \qquad \sum_k U_k = 0 \tag{5.19'} \qquad \text{Kirchhoffsche Sät}$$

$$U = Z \cdot I, \qquad I = Y \cdot U. \tag{5.20} \qquad \text{Ohmsches Gesetz}$$

5.4 Ortskurven

5.4.1 Einführung

Häufig liegt die Aufgabe vor, eine komplexe Größe (z. B. eine komplexe Amplitude oder eine Impedanz) als Funktion eines rellen Parameters (z. B. der Frequenz) darzustellen. Das kann auf verschiedene Arten geschehen und wird hier an dem Beispiel der Reihenschaltung aus Widerstand, Spule und Kondensator gezeigt. Es gilt nach (5.16)

(Komplexe Größe als Funktion eines rellen Parameters)

$$Z = R + j\left(\omega L - \frac{1}{\omega C}\right) = R + j\,X. \tag{5.16'}$$

Der Einfachheit halber soll Z nicht als Funktion der Kreisfrequenz sondern in Abhängigkeit von dem Parameter X dargestellt werden. Für den Realteil und den Imaginärteil von Z erhält man die in Abbildung 5.7 skizzierten Kurven. In vielen Fällen ist es interessanter, den Verlauf des Betrages und des Winkels zu kennen, also

(Real- und Imaginärteil, Betrag und Wink)

$$|Z| = \sqrt{R^2 + X^2} \qquad \text{und} \qquad \text{arc}\,Z = \arctan\frac{X}{R}$$

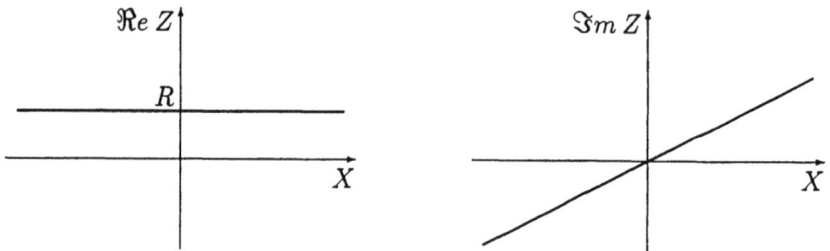

Abb. 5.7: Darstellung einer komplexen Größe, die von einem reellen Parameter abhängt, durch Realteil und Imaginärteil

aufzutragen (Abbildung 5.8). Beide Darstellungen haben den Nachteil, daß man gleichzeitig zwei Kurven betrachten muß, um sich ein vollständiges Bild vom Verhalten der komplexen Größe zu machen.

Vorteilhafter ist oft die Darstellung der komplexen Größe durch eine Ortskurve. Dabei geht man davon aus, daß jede komplexe Größe durch einen Pfeil in der komplexen Ebene charakterisiert werden kann. Durchläuft nun der Parameter (hier X) seinen zugelassenen Wertebereich (hier von $-\infty$ bis $+\infty$), so bewegt sich die Pfeilspitze auf einer Kurve, die man Ortskurve nennt (Abbildung 5.9).

·tskurve

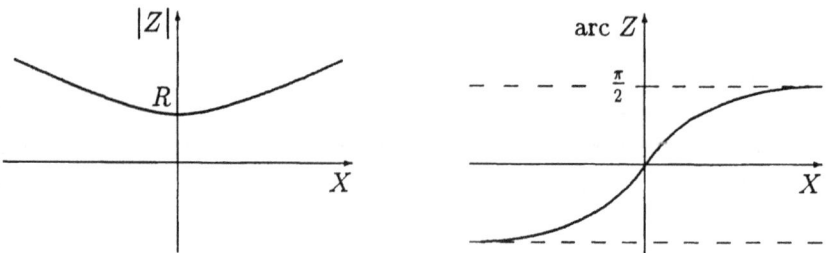

Abb. 5.8: Darstellung einer komplexen Funktion (eines reellen Parameters) durch Betrag und Winkel

5.4.2 Geraden als Ortskurven

Bei einfachen Problemen ergeben sich als Ortskurven oft Geraden. Ein erstes Beispiel dieser Art wurde im vorangehenden Abschnitt behandelt. Weitere Beispiele sind in Abbildung 5.10 zusammengestellt. Offenbar läßt

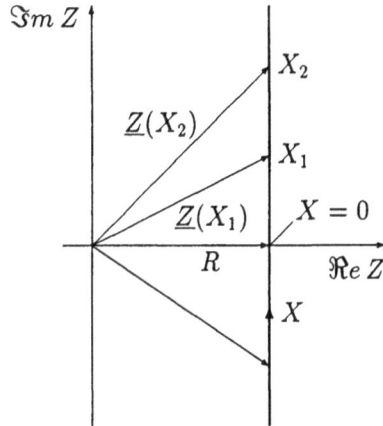

Abb. 5.9: Darstellung einer komplexen Funktion (eines reellen Parameters) durch eine Ortskurve

sich im Fall der Reihenschaltung die Z-Ortskurve besonders leicht konstruieren, im Fall der Parallelschaltung dagegen die Y-Ortskurve. Soll nun zu einer Parallelschaltung, deren Ortskurve bekannt ist, ein Bauelement in Reihe geschaltet werden, so empfiehlt es sich, zuerst die bereits bekannte Ortskurve zu invertieren, d. h. von der Y-Ebene in die Z-Ebene überzugehen. Aus einer Gerade (die nicht durch den Nullpunkt geht), wird bei diesem Übergang ein Kreis (Abschnitt 5.4.3).

Reihenschaltung

Parallelschaltung

Inversion von Geraden in allgemeiner Lage

5.4.3   Kreise als Ortskurven

Es soll wieder die durch (5.16') gegebene Impedanz mit der Variablen X betrachtet werden. Mit den Bezeichnungen nach (5.14) hat man:

$$Z = R + j\,X = \frac{1}{Y} = \frac{1}{G + j\,B} = \frac{G - j\,B}{G^2 + B^2}\,.$$

Durch Gleichsetzen der Realteile folgt

$$R = \frac{G}{G^2 + B^2} \qquad \text{oder} \qquad G^2 + B^2 - \frac{G}{R} = 0\,.$$

Offenbar liegt in der Y-Ebene (mit den Koordinaten G und B) ein Kreis vor, den man zweckmäßigerweise als

$$\left(G - \frac{1}{2R}\right)^2 + B^2 = \left(\frac{1}{2R}\right)^2$$

77

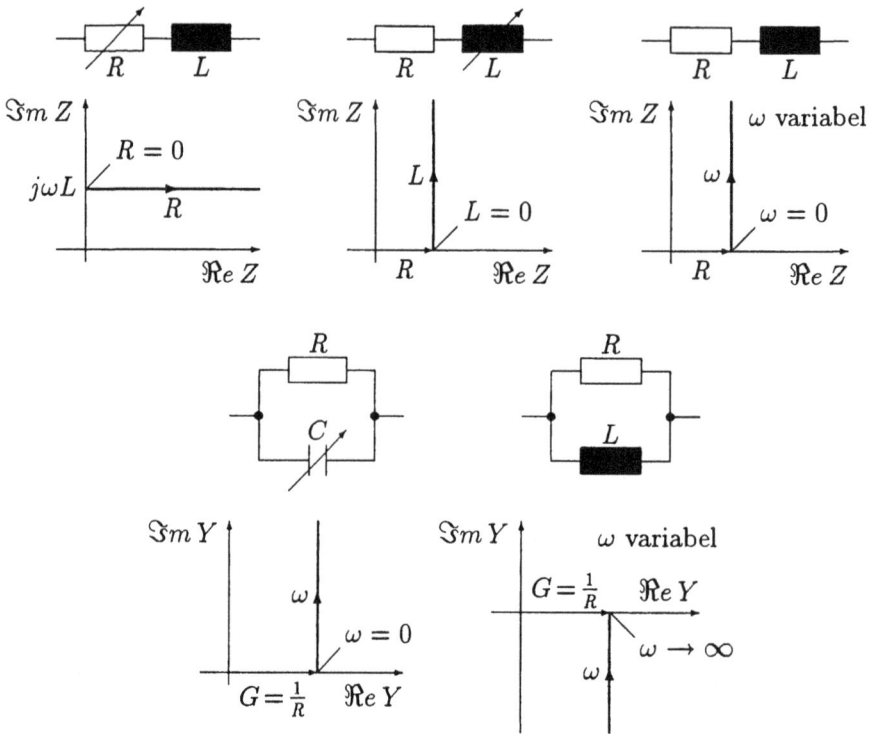

Abb. 5.10: Einige Beispiele für Geraden als Ortskurven

schreibt. Dieser Kreis, der durch den Nullpunkt geht, ist in Abbildung 5.11 zusammen mit der Z-Ortskurve dargestellt.

Eine beliebig orientierte Gerade (die nicht parallel zu einer der Achsen verläuft) erhält man durch Drehung der Geraden in Abbildung 5.11 um einen beliebigen Winkel φ. Die invertierte Kurve, also der Kreis in der Y-Ebene, wird dabei um $-\varphi$ gedreht.

Die beliebig orientierte Gerade stellt man am besten in der Form

$$Z = A\,p + B$$

dar (Abbildung 5.12). Hier sind A und B komplexe Konstanten, p ist der reelle Parameter. Der Kehrwert der Geradengleichung beschreibt nach den bisherigen Überlegungen einen Kreis durch den Ursprung:

$$Y = \frac{1}{A\,p + B}\,.$$

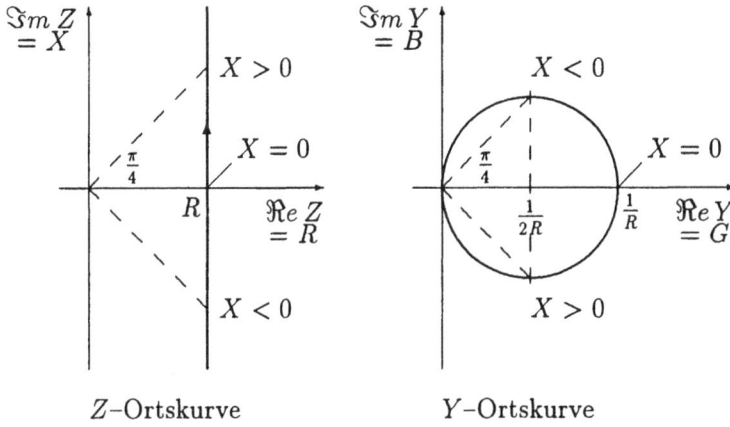

Z-Ortskurve   Y-Ortskurve

Abb. 5.11: Ortskurven der Reihenschaltung aus R, L und C

Ein Kreis in allgemeiner Lage entsteht hieraus durch Verschiebung um eine komplexe Konstante S:

Kreis in allgemeiner Lage

$$Y = \frac{1}{Ap+B} + S = \frac{1+BS+ASp}{Ap+B} \, .$$

Es ergibt sich eine gebrochen-lineare Funktion (Abbildung), die nach Um-

gebrochen-lineare Abbildung

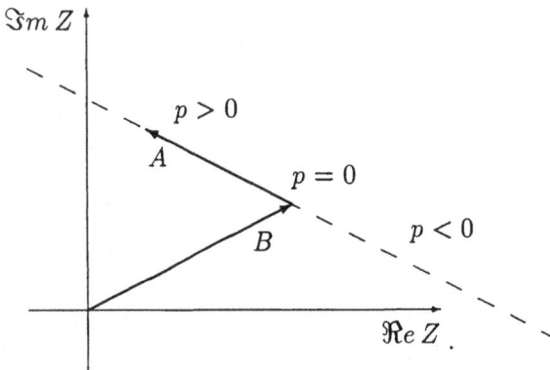

Abb. 5.12: Eine beliebige Gerade (die nicht durch den Ursprung geht)

benennung der Konstanten im Zähler als

$$Y = \frac{C\,p + D}{A\,p + B}$$

geschrieben werden kann. Der Kehrwert von Y, also Z, ist wieder eine gebrochen-lineare Funktion. Für die Inversion von Kreisen (in allgemeiner Lage) gilt also, daß wieder Kreise (in allgemeiner Lage) entstehen. In dieser Aussage ist der Fall der Inversion der Geraden (in allgemeiner Lage) enthalten: Man kann diese als Kreis mit unendlich großem Radius auffassen. Ein weiterer Sonderfall betrifft die Gerade durch den Ursprung: Aus ihr entsteht durch Invertieren wieder eine Gerade durch den Ursprung.

5.4.4   Kompliziertere Ortskurvenformen

Kompliziertere Ortskurven lassen sich vielfach mit Hilfe der besprochenen Regeln Schritt für Schritt konstruieren. Das soll hier für ein Beispiel gezeigt werden.

Beispiel 5.2

Gegeben ist die in Abbildung 5.13 skizzierte Schaltung. Die Eingangsimpedanz soll als Funktion der Frequenz durch eine Ortskurve dargestellt werden.

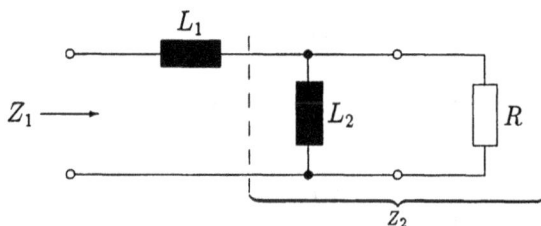

Abb. 5.13: Die Eingangsimpedanz eines verlustfreien Transformators

Lösung

Die Admittanz-Ortskurve der Parallelschaltung aus R und L_2 ist nach Abbildung 5.10 eine Halbgerade. Diese geht durch Inversion in einen Halbkreis über. Die gesuchte Ortskurve ergibt sich nach Addition der $j\omega L_1$-Pfeile, wie es in Abbildung 5.14 gezeigt wird.

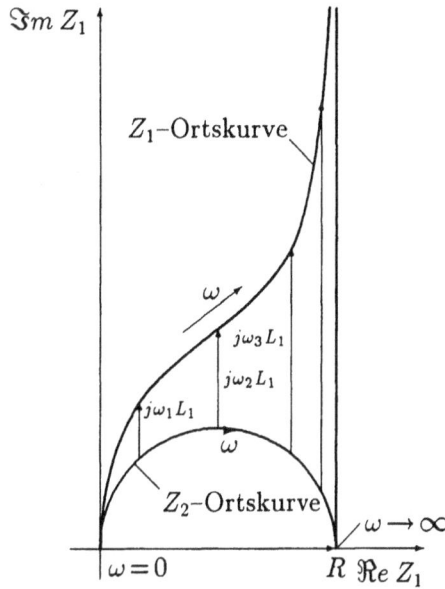

Abb. 5.14: Die Ortskurve der Eingangsimpedanz (Beispiel 5.2 bzw. Abbildung 5.13)

5.5 Methoden zur Behandlung von Netzwerkproblemen

Mit den in den vorangehenden Abschnitten behandelten Grundlagen lassen sich Netzwerkaufgaben unterschiedlichster Art bearbeiten. Die allgemeinste und leistungsfähigste Methode stellt das Rechnen mit komplexen Größen dar. Diese Methode – unter Einbeziehung der Umlaufanalyse und der Knotenanalyse – wird in diesem Buch bevorzugt. Daneben lassen sich manche Aufgaben auch grafisch (mit Hilfe des Zeigerdiagramms) lösen. Und schließlich lassen sich Zeichnung und Rechnung kombinieren, indem man aus einem Prinzipzeigerdiagramm die Zusammenhänge zwischen den Zeigern entnimmt, d. h. die Lösung wird auf Grund geometrischer Überlegungen berechnet. Diese Methoden werden an Hand des folgenden Beispiels erläutert.

Komplexe Rechnung

Zeigerdiagramm

Beispiel 5.3

Es soll Beispiel 5.1 noch einmal behandelt werden, jetzt jedoch mit Hilfe der komplexen Rechnung bzw. des Zeigerdiagramms.

Lösung

Methode 1 (komplexe Rechnung)

Die Umlaufgleichung liefert

$$\underline{\hat{u}}_L + \underline{\hat{u}}_R = \underline{\hat{u}}_q \qquad \text{oder} \qquad j\omega L\,\underline{\hat{\imath}} + R\,\underline{\hat{\imath}} = \underline{\hat{u}}_q \, .$$

Durch Auflösen nach dem gesuchten Strom (dargestellt durch seine komplexe Amplitude) folgt

$$\underline{\hat{\imath}} = \frac{\underline{\hat{u}}_q}{R + j\omega L}$$

oder

$$\hat{\imath}\, e^{j\varphi_i} = \frac{\hat{u}_q}{\sqrt{R^2 + (\omega L)^2}}\, e^{j(\varphi_u - \arctan\frac{\omega L}{R})} \, .$$

Betrag und Winkel des gesuchten Stromes sind also

$$\hat{\imath} = \frac{\hat{u}_q}{\sqrt{R^2 + (\omega L)^2}}, \qquad \varphi_i = \varphi_u - \arctan\frac{\omega L}{R} \, .$$

Für den Übergang zur Zeitfunktion $i(t)$, falls diese gesucht ist, stehen drei Möglichkeiten zur Verfügung: Man kann die soeben ermittelten Größen $\hat{\imath}$ und φ_i in

1) $i(t) = \hat{\imath}\, \cos(\omega t + \varphi_i)$

oder die komplexe Amplitude $\underline{\hat{\imath}}$ in

2) $i(t) = \dfrac{1}{2}\, (\underline{\hat{\imath}}\, e^{j\omega t} + \underline{\hat{\imath}}^{*}\, e^{-j\omega t})$

einsetzen. Oder man bildet

3) $i(t) = \Re\left[\underline{\hat{\imath}}\, e^{j\omega t}\right] \, .$

bergang zur
:itfunktion

82

Im letzten Fall erhält man

$$i(t) = \Re e\left[\frac{\hat{u}_q}{\sqrt{R^2 + (\omega L)^2}}\, e^{j(\varphi_u - \arctan\frac{\omega L}{R})} \cdot e^{j\omega t}\right] =$$

$$= \frac{\hat{u}_q}{\sqrt{R^2 + (\omega L)^2}}\, \cos\left[\omega t + \varphi_u - \arctan\frac{\omega L}{R}\right].$$

Methode 2 (Zeigerdiagramm)

Selbst in einem so einfachen Fall kann ein maßstabgerechtes Zeigerdiagramm nicht ohne weiteres gezeichnet werden. Wenn man aber für den gesuchten Strom einen Wert annimmt (z. B. $\hat{\imath} = 1$ A, $\varphi_i = 0$), kann man ein Diagramm konstruieren. Dabei wird sich im allgemeinen für die Quellenspannung ein Wert ergeben, der sich von dem richtigen Spannungswert um einen bestimmten Faktor unterscheidet. Um die richtige Lösung zu erhalten, muß man alle Ströme und Spannungen des Zeigerdiagramms mit diesem Faktor umrechnen.

Auf die Einzelheiten soll hier nicht eingegangen werden; denn im Zeitalter der Elektronenrechner haben die grafischen Methoden ihre Bedeutung verloren.

Methode 3 (Prinzipzeigerdiagramm und geometrische Überlegungen)

Das Zeigerdiagramm, mit dem auch bei Methode 2 gearbeitet wird, muß jetzt nur in seiner grundsätzlichen Form skizziert werden. Dabei wählt man den Zeiger des gesuchten Stromes ganz willkürlich (hinsichtlich des Betrages und des Winkels). Danach werden die beiden Teilspannungen eingetragen, und zwar $\hat{\underline{u}}_R$ in Phase mit $\hat{\underline{\imath}}$, $\hat{\underline{u}}_L$ um $\pi/2$ voreilend gegenüber $\hat{\underline{\imath}}$. Die geometrische Summe der Teilspannungen ist $\hat{\underline{u}}_q$ (Abbildung 5.15).

Aus dem rechtwinkligen Dreieck entnimmt man die folgenden Zusammenhänge zwischen den Beträgen der (komplexen) Amplituden:

$$\hat{u}_q^2 = \hat{u}_r^2 + \hat{u}_L^2$$

und

$$\tan(\varphi_u - \varphi_i) = \frac{\hat{u}_L}{\hat{u}_R}.$$

Mit $\hat{u}_L = \omega L \cdot \hat{\imath}$ und $\hat{u}_R = R \cdot \hat{\imath}$ folgt aus diesen Gleichungen:

$$\hat{u}_q^2 = \left[R^2 + (\omega L)^2\right]\hat{\imath}^2$$

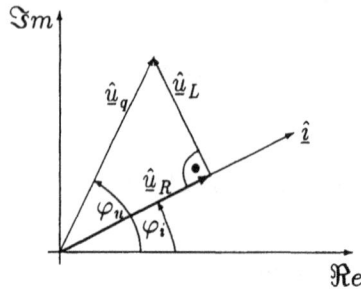

Abb. 5.15: Das zu Beispiel 5.1 gehörende Zeigerdiagramm

oder

$$\hat{\imath} = \frac{\hat{u}_q}{\sqrt{R^2 + (\omega L)^2}}$$

und

$$\tan(\varphi_u - \varphi_i) = \tan\varphi = \frac{\omega L}{R} \,.$$

■

Die der Wechselstromlehre zugrunde liegenden Überlegungen und der be-
nutzte Lösungsweg lassen sich zusammenfassend durch das in Abbildung
5.16 wiedergegebene Schema darstellen. Die Übergänge von den Zeitfunktionen zu den komplexen Amplituden und umgekehrt kann man als Transformation bzw. Rücktransformation auffassen.

Ein wesentlicher Punkt für den Anwender ist, daß er sich bei der Lösung
einer Aufgabe nicht mit dem Aufstellen der Differential- (oder Integro-
Differential-) Gleichungen befassen muß. Er kann vielmehr (wie gezeigt
wurde) die für die Lösung erforderlichen algebraischen Gleichungen unmittelbar im Frequenzbereich formulieren und nach den gesuchten Größen
auflösen. Die Rücktransformation in den Zeitbereich ist in vielen Fällen
nicht erforderlich.

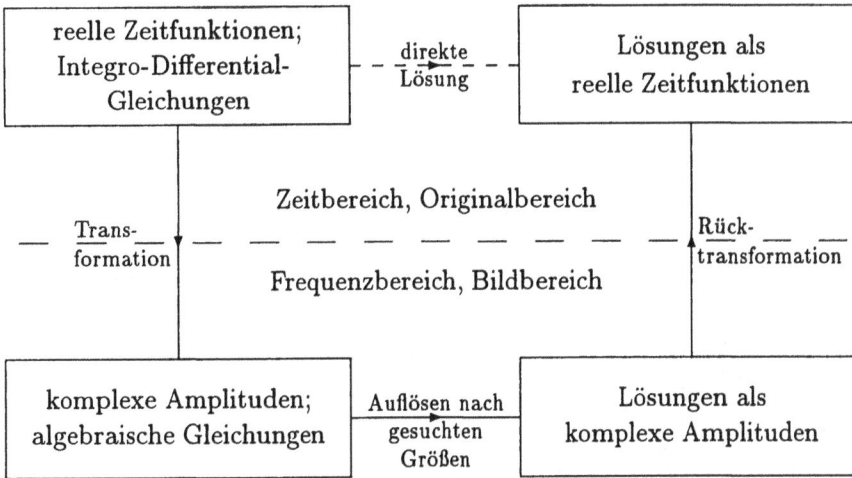

Abb. 5.16: Schema zum Lösen von Wechselstromaufgaben mit der komplexen Rechnung

5.6 Filterschaltungen

5.6.1 Tiefpässe

Die einfachsten Realisierungen eines Tiefpasses sind in Abbildung 5.17 dargestellt. Das Verhalten der Schaltungen kann durch die *Übertragungsfunktion* U_2/U_1 beschrieben werden. Diese ergibt sich mit der Spannungsteilerformel zu

$$\frac{U_2}{U_1} = \frac{\frac{1}{j\omega C}}{R + \frac{1}{j\omega C}} = \frac{1}{1 + j\omega C R} \quad \text{bzw.} \quad \frac{U_2}{U_1} = \frac{R}{R + j\omega L} = \frac{1}{1 + j\omega \frac{L}{R}}.$$

Führt man hier die normierte Frequenz

$$\Omega = \omega C R \quad \text{bzw.} \quad \Omega = \omega \frac{L}{R}$$

Übertragungs-
funktion

normierte Freque

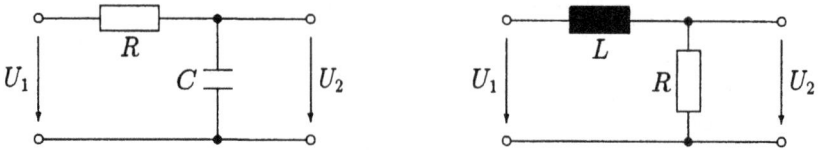

Abb. 5.17: Der Tiefpaß 1. Grades

ein und für die *Übertragungsfunktion* das übliche Symbol H, so erhält man (für beide Fälle) den Ausdruck:

$$H(j\Omega) = \frac{U_2}{U_1} = \frac{1}{1 + j\Omega} = \frac{1}{\sqrt{1 + \Omega^2}}\, e^{-j\arctan\Omega}\;.$$

Dieser läßt sich z. B. durch eine Ortskurve (Abbildung 5.18) oder durch Betrag und Winkel als Funktion der Frequenz darstellen (Abbildung 5.19).

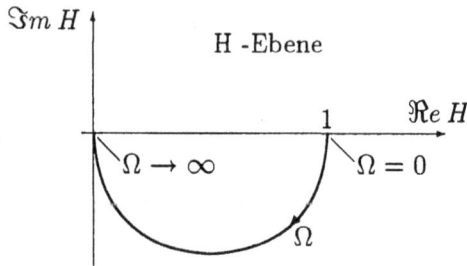

Abb. 5.18: Die Ortskurve der Übertragungsfunktion des Tiefpasses 1. Grades

enzfrequenz

Die Frequenz, bei der der Betrag der Übertragungsfunktion auf $1/\sqrt{2}$ abgefallen ist (3dB-Abfall; s. Abschnitt 5.6.4), nennt man die Grenzfrequenz Ω_g des Tiefpasses. Sie beträgt im vorliegenden Fall

$$\Omega_g = \omega_g\, C\, R = 1$$

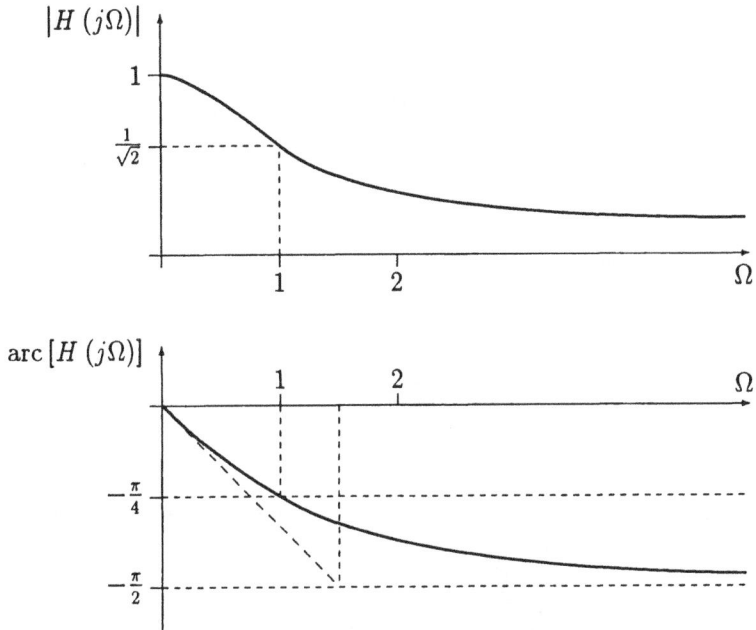

Abb. 5.19: Betrag und Winkel der Übertragungsfunktion des Tiefpasses 1. Grades

oder

$$\omega_g = \frac{1}{C\,R}\,.$$

Damit ist

$$\Omega = \frac{\omega}{\omega_g}\,.$$

Der Tiefpaß 2. Grades

Es liegt nahe, daß man eine bessere Tiefpaßfilterung erzielen kann, wenn
zwei Tiefpässe 1. Grades in Kette geschaltet werden (vgl. Abbildung 5.20).

ttenschaltung

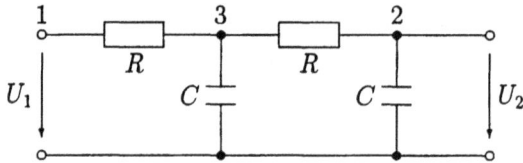

Abb. 5.20: Ein Tiefpaß 2. Grades

Die Spannung U_2 läßt sich z. B. mit der Knotenanalyse bestimmen (dabei
wird dem Knoten 3 die Knotenspannung U_3 zugeordnet):

$$
\begin{array}{ccc|c}
U_1 & U_3 & U_2 & \\
\hline
& \cdots & & \\
-G & 2G + j\omega C & -G & 0 \\
0 & -G & G + j\omega C & 0
\end{array}
$$

Die Knotengleichung für den Knoten 1 ist nicht erforderlich. Da U_1 als
gegeben anzusehen ist, hat man ein Gleichungssystem mit den beiden Unbekannten U_2 und U_3:

$$
\begin{array}{cc|c}
U_3 & U_2 & \\
\hline
2G + j\omega C & -G & G\,U_1 \\
-G & G + j\omega C & 0
\end{array}
$$

Durch Auflösen nach U_2 entsteht

$$
\frac{U_2}{U_1} = \frac{1}{1 + j\,3\,\omega\,C\,R - (\omega C R)^2}
$$

oder, wenn wieder die Normierung $\Omega = \omega C R$ verwendet wird:

$$H(j\Omega) = \frac{U_2}{U_1} = \frac{1}{1 + j\,3\,\Omega - \Omega^2} = \tag{5.21}$$

$$= \frac{1}{\sqrt{(1 - \Omega)^2 + (3\,\Omega)^2}}\, e^{j\,\arctan\frac{3\Omega}{\Omega^2-1}} .$$

Betrag und Winkel der Übertragungsfunktion, jeweils in Abhängigkeit von Ω, sind in Abbildung 5.21 dargestellt.

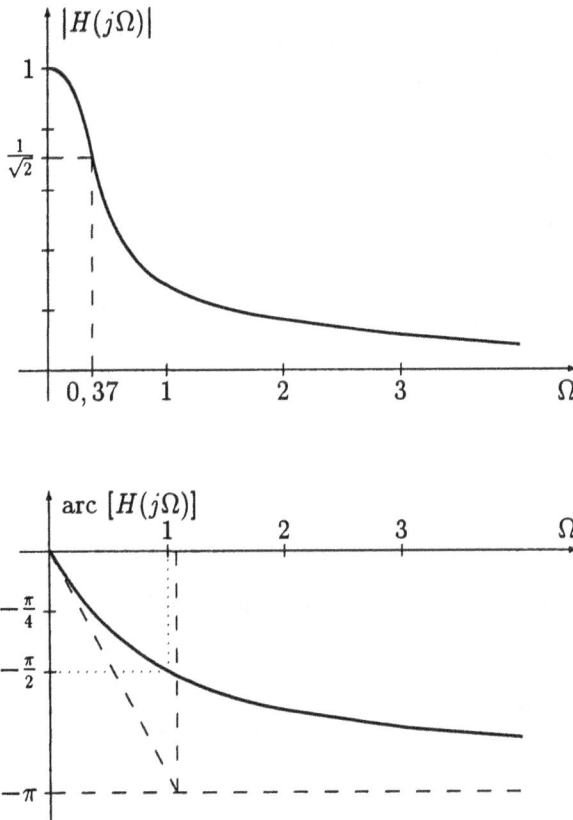

Abb. 5.21: Betrag und Winkel der Übertagungsfunktion des Tiefpasses nach Abbildung 5.20

Die beim Tiefpaß 1. Grades eingeführte Definition der Grenzfrequenz Ω_g liefert hier die Bedingung

$$(1 - \Omega_g^2)^2 + (3\Omega_g)^2 = 2,$$

d. h. eine quadratische Gleichung für Ω_g^2 mit der Lösung

$$\Omega_g^2 = -\frac{7}{2} + \frac{\sqrt{53}}{2} = \frac{0,2801}{2}$$

bzw.

$$\Omega_g = 0,3742.$$

(Die Wurzel mit negativem Vorzeichen ist aus physikalischen Gründen auszuschließen: Ω ist reell und positiv.)

5.6.2 Hochpässe

Der Hochpaß 1. Grades

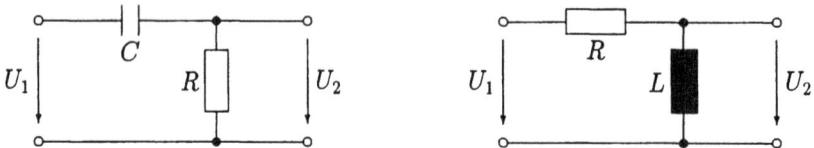

Abb. 5.22: Der Hochpaß 1. Grades

Die Übertragungsfunktion der in Abbildung 5.22 dargestellten Hochpässe lautet:

$$\frac{U_2}{U_1} = \frac{R}{R + \frac{1}{j\omega C}} = \frac{j\omega C R}{1 + j\omega C R} \quad \text{bzw.} \quad \frac{U_2}{U_1} = \frac{j\omega L}{R + j\omega L} = \frac{j\omega \frac{L}{R}}{1 + j\omega \frac{L}{R}}$$

oder mit der oben eingeführten normierten Frequenz Ω:

$$H(j\Omega) = \frac{U_2}{U_1} = \frac{j\Omega}{1 + j\Omega} = \frac{\Omega}{\sqrt{1 + \Omega^2}} e^{j(\frac{\pi}{2} - \arctan \Omega)} =$$

$$= \frac{\Omega}{\sqrt{1 + \Omega^2}} e^{j \arctan \frac{1}{\Omega}} .$$

Die Ortskurve erhält man am einfachsten nach folgender Umformung:

$$H(j\Omega) = \frac{j\Omega}{1 + j\Omega} = \frac{1 + j\Omega - 1}{1 + j\Omega} = 1 - \frac{1}{1 + j\Omega} .$$

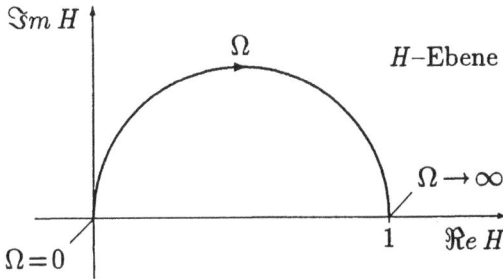

Abb. 5.23: Die Ortskurve der Übertragungsfunktion des Hochpasses 1. Grades

Es ist also die für den Tiefpaß 1. Grades angegebene Ortskurve an beiden Achsen zu spiegeln und dann um 1 nach rechts zu verschieben: Die Ortskurve ist in Abbildung 5.23 skizziert; Abbildung 5.24 enthält den Betrag und den Winkel der Übertragungsfunktion. Die Grenzfrequenz ist $\Omega_g = 1$.

Hoch- und Tiefpaß 1. Grades unterscheiden sich dadurch, daß die Bauelemente Widerstand und Kondensator (bzw. Spule und Widerstand) vertauscht sind, d. h. in den Formeln wird R durch $1/j\omega C$ ersetzt und umgekehrt. Damit entsteht aus der normierten Frequenz

$$\Omega = \omega C R = \frac{j\omega C \cdot R}{j}$$

der Ausdruck

$$\frac{\frac{1}{R} \cdot \frac{1}{j\omega C}}{j} = \frac{-1}{\omega C R} = -\frac{1}{\Omega} .$$

Das bedeutet, daß in den Formeln für den Tiefpaß Ω durch $-1/\Omega$ zu ersetzen ist oder $j\Omega$ durch $1/j\Omega$. Von dieser Transformation des Frequenzmaßstabes wird im folgenden Abschnitt Gebrauch gemacht. Frequenztransformation

91

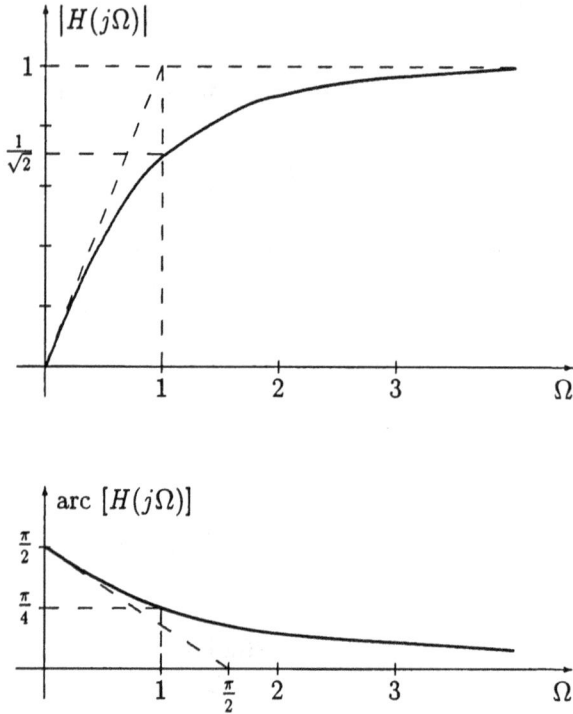

Abb. 5.24: Betrag und Winkel der Übertragungsfunktion des Hochpasses 1. Grades

---

Der Hochpaß 2. Grades

Mit der soeben erläuterten Transformation erhält man aus (5.21):

$$H(j\Omega) = \frac{1}{1 + \frac{3}{j\Omega} + \left(\frac{1}{j\Omega}\right)^2} = \frac{-\Omega^2}{1 + j3\Omega - \Omega^2}$$

und

$$H(j\Omega) = \frac{\Omega^2}{\sqrt{(1 - \Omega^2)^2 + (3\Omega)^2}}\, e^{j\left(\pi - \arctan\frac{3\Omega}{1-\Omega^2}\right)}\,.$$

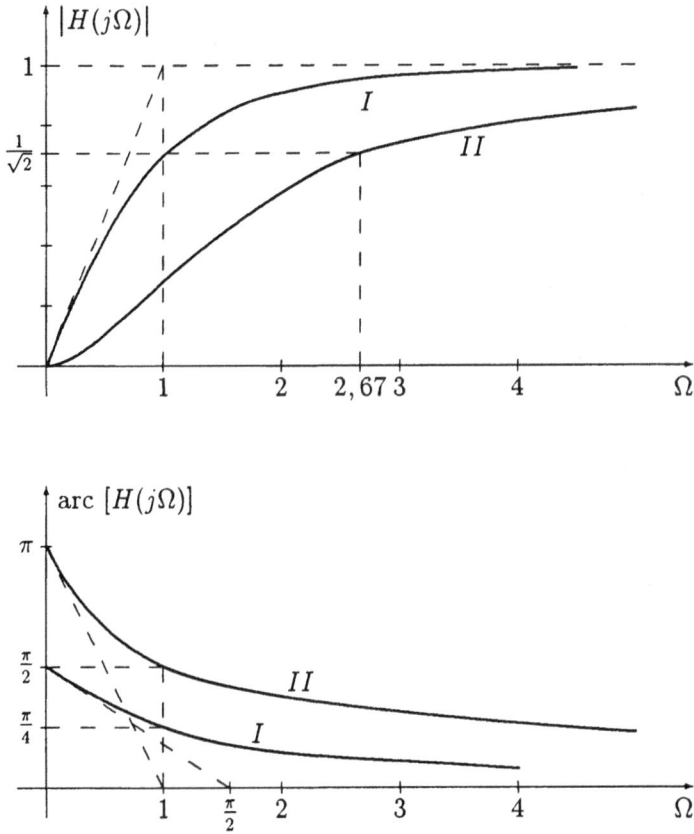

Abb. 5.25: Betrag und Winkel der Übertragungsfunktionen von Hochpässen (1. und 2. Grades)

Dieses Ergebnis ist in Abbildung 5.25 dargestellt. Die Grenzfrequenz beträgt

$$\Omega_g = 2,6721 \, .$$

5.6.3 Bandpässe

Ein Bandpaß läßt sich auf einfachste Weise als Kettenschaltung aus einem Tiefpaß und einem Hochpaß (jeweils 1. Grades) realisieren (vgl. Abbildung 5.26).

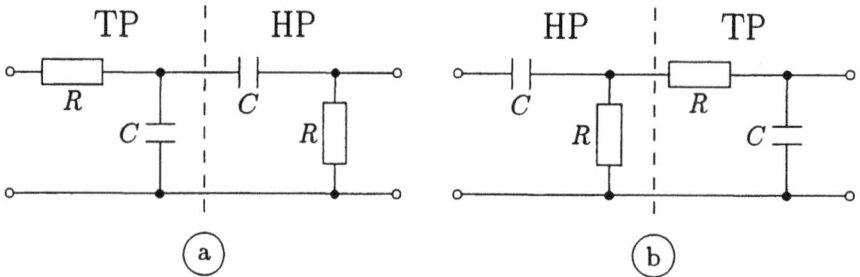

Abb. 5.26: Zwei Bandpässe, die jeweils aus einem Tiefpaß 1. Grades und einem Hochpaß 1. Grades aufgebaut sind.

Vergleicht man Schaltung (a) mit dem Tiefpaß 2. Grades (Abbildung 5.20), so sieht man, daß im rechten Zweig Widerstand und Kondensator vertauscht sind. Um die Spannung an R anstatt an C zu erhalten, braucht man nur U_2 (des Tiefpasses 2. Grades) zuerst mit dem Leitwert $j\omega C$ zu multiplizieren: damit hat man den Strom im rechten Zweig. Durch Multiplikation dieses Stromes mit dem Widerstand R entsteht die gesuchte Spannung am Widerstand. Insgesamt ist also Gleichung (5.21) mit $j\omega C R = j\Omega$ zu multiplizieren, um die Übertragungsfunktion des Bandpasses zu erhalten:

$$H(j\Omega) = \frac{j\Omega}{1 + j3\Omega - \Omega^2} = \frac{\Omega}{\sqrt{(1-\Omega^2)^2 + (3\Omega)^2}} \, e^{j(\frac{\pi}{2} - \arctan \frac{3\Omega}{1-\Omega^2})}$$

oder

$$H(j\Omega) = \frac{1}{\sqrt{(\Omega - \frac{1}{\Omega})^2 + 3^2}} \, e^{j \arctan \frac{1-\Omega^2}{3\Omega}} \; .$$

Offenbar hat der Betrag der Übertragungsfunktion sein Maximum bei
$\Omega = 1$, und er hat den Wert $1/3$. Definiert man die Grenzfrequenzen (wie

bei Hoch- und Tiefpaß) durch den Abfall um $1/\sqrt{2}$ gegenüber dem Maximalwert, so folgt als Bestimmungsgleichung für $\Omega_{g1,2}$:

$$|H(j\Omega)|_{\Omega_{g1,2}} = \frac{1}{\sqrt{2}} |H(j\Omega)|_{max} = \frac{1}{3\sqrt{2}}\,.$$

Es ergeben sich die Werte

$$\Omega_{g1} = 0,3028, \qquad \Omega_{g2} = 3,3028\,.$$

Betrag und Winkel der Übertragungsfunktion sind in Abbildung 5.27 dargestellt.

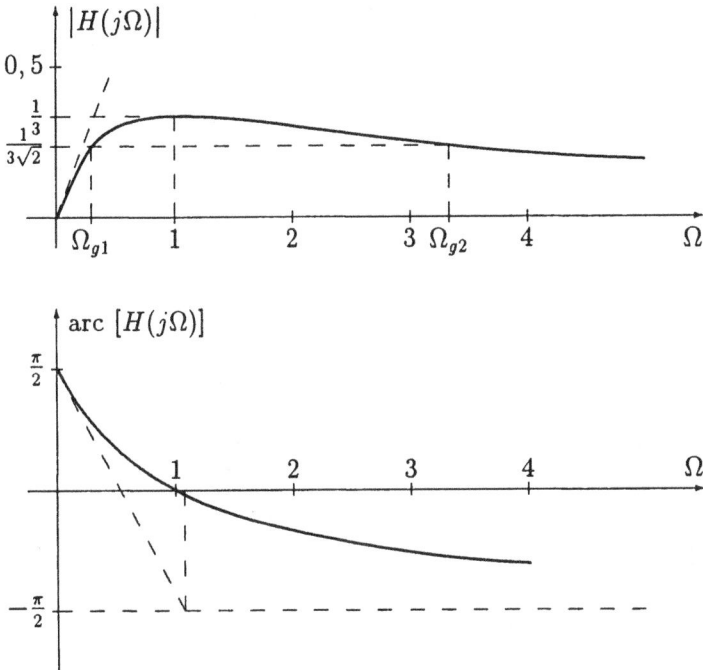

Abb. 5.27: Betrag und Winkel der Übertragungsfunktion des untersuchten Bandpasses

Schaltung (a) und (b) in Abbildung 5.26 unterscheiden sich dadurch, daß die Bauelemente Widerstand und Kondensator vertauscht sind. Das bedeutet (wie in Abschnitt 5.6.2 gezeigt wurde), daß sich der Fall (a) in den Fall (b) umrechnen läßt, indem man einfach $j\Omega$ durch $1/j\Omega$ ersetzt:

$$H(j\Omega) = \frac{\frac{1}{j\Omega}}{1 + 3\frac{1}{j\Omega} + (\frac{1}{j\Omega})^2} = \frac{j\Omega}{1 + j3\Omega - \Omega^2} \, .$$

Das heißt, beide Schaltungen zeigen gleiches Übertragungsverhalten.

5.6.4 Das Bode-Diagramm

garithmische
rstellung

Wenn die interessierenden Wertebereiche – z. B. der Übertragungsfunktion, der Frequenz – viele Zehnerpotenzen umfassen, ist eine logarithmische Darstellung vorteilhaft. Vor allem in der Informationstechnik gibt man das Verhältnis zweier Größen gleicher Dimension gern in einem logarithmischen Maß an und nennt dieses Pegel p.

Übliche Definitionen verwenden den Zehner- oder den natürlichen Logarithmus; so schreibt man das Leistungsverhältnis P_2/P_1 als:

$$p = \lg \frac{P_2}{P_1} \text{ Bel} \qquad \text{oder} \qquad p = \frac{1}{2} \ln \frac{P_2}{P_1} \text{ Neper} \, .$$

eudoeinheiten

Dabei sind *Bel* und *Neper* (Kurzzeichen: Np) keine Einheiten im üblichen Sinn, sondern *Pseudoeinheiten*, die nur auf den gewählten logarithmischen Maßstab hinweisen.

Wird die Leistung jeweils in dem Widerstand R umgesetzt, so gilt (wegen $P_i = U_i^2/R$):

$$p = 2 \lg \frac{U_2}{U_1} \text{ Bel} \qquad \text{oder} \qquad p = \ln \frac{U_2}{U_1} \text{ Neper} \, .$$

In vielen Fällen verwendet man statt Bel die kleinere Einheit Dezibel, abgekürzt dB:

$$p = 20 \lg \frac{U_2}{U_2} \text{ dB} \, .$$

rstärkung
impfung

Bei positiven Werten von p spricht man von Verstärkung, bei negativen (unter Weglassen des Vorzeichens) von Dämpfung.

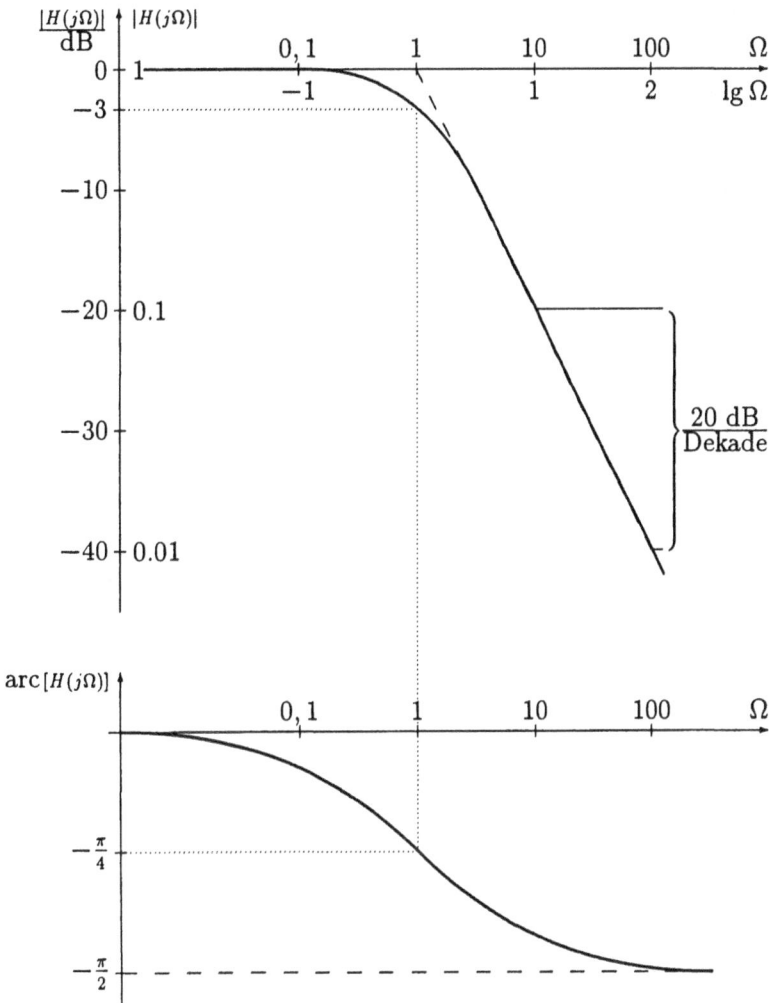

Abb. 5.28: Das Bode-Diagramm des Tiefpasses 1. Grades

Zwischen den Einheiten dB und Np besteht die Beziehung

$$10 \text{ dB} = 1,151 \text{ Np}.$$

Ein Spannungsabfall um $1/\sqrt{2}$ bzw. ein Leistungsabfall um $1/2$ ergibt einen Abfall um 3 dB (s. Abschnitt 5.6.1).

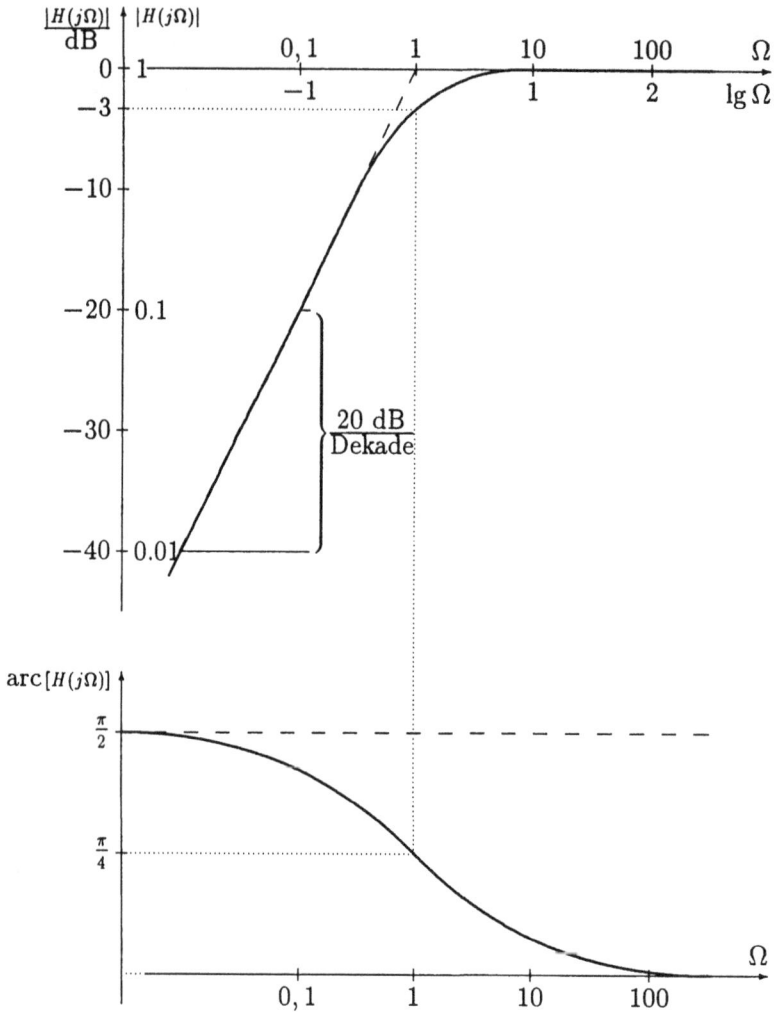

Abb. 5.29: Das Bode-Diagramm des Hochpasses 1. Grades

Für den Tiefpaß und den Hochpaß (jeweils 1. Grades) läßt sich der Betrag der Übertragungsfunktion so darstellen:

$$|H_{TP}| = -10 \lg (1 + \Omega^2) \text{ dB}, \qquad |H_{HP}| = -10 \lg (1 + \Omega^{-2}) \text{ dB}.$$

Die zugehörige Kurvendarstellung einschließlich des Winkels wird als *Bode-Diagramm* bezeichnet (vgl. Abbildungen 5.28 und 5.29).

de-Diagramm

Oberhalb bzw. unterhalb der Grenzfrequenz $\Omega_g = 1$ weisen die $|H|$-Kurven eine Steigung von 20 dB pro Dekade auf. Beim Tiefpaß und Hochpaß 2. Grades beträgt der entsprechende Wert 40 dB pro Dekade.   Flankensteilheit

5.7 Resonanzkreise

5.7.1 Reihen- und Parallelschwingkreise

Die Erscheinung der Resonanz hat vielfältige Anwendungen in der Elektrotechnik. Sie wird zunächst für die Reihen- und Parallelschaltung aus den Bauelementen Widerstand, Spule und Kondensator nebeneinander behandelt (Abbildung 5.30).

Reihen- oder Spannungsresonanz

Parallel- oder Stromresonanz

Es gilt

$$\frac{U}{I} = Z = R + j\left(\omega L - \frac{1}{\omega C}\right)$$
$$= R + j\,X(\omega)\,.$$

$$\frac{I}{U} = Y = G + j\left(\omega C - \frac{1}{\omega L}\right)$$
$$= G + j\,B(\omega)\,.$$

Der Sonderfall der *Phasenresonanz* liegt vor, wenn Strom und Spannung in Phase sind; dann ergibt sich: Phasenresonanz

$$U_C = -U_L$$
$$\Im m\,Z = X(\omega) = 0\,.$$

$$I_L = -I_C$$
$$\Im m\,Y = B(\omega) = 0\,.$$

Diese Bedingung ist erfüllt für

$$\omega_r = \frac{1}{\sqrt{CL}}\,.$$

Man nennt ω_r die *Resonanzfrequenz* des Schwingkreises (genauer: Phasenresonanzfrequenz).   Resonanzfrequen:

Von der *Betragsresonanz* spricht man, wenn der Betrag der Impedanz bzw. Admittanz ein Maximum oder Minimum erreicht. Im betrachteten Fall ist   Betragsresonanz

$$|Z| = \sqrt{R^2 + X^2(\omega)}$$

$$|Y| = \sqrt{G^2 + B^2(\omega)}$$

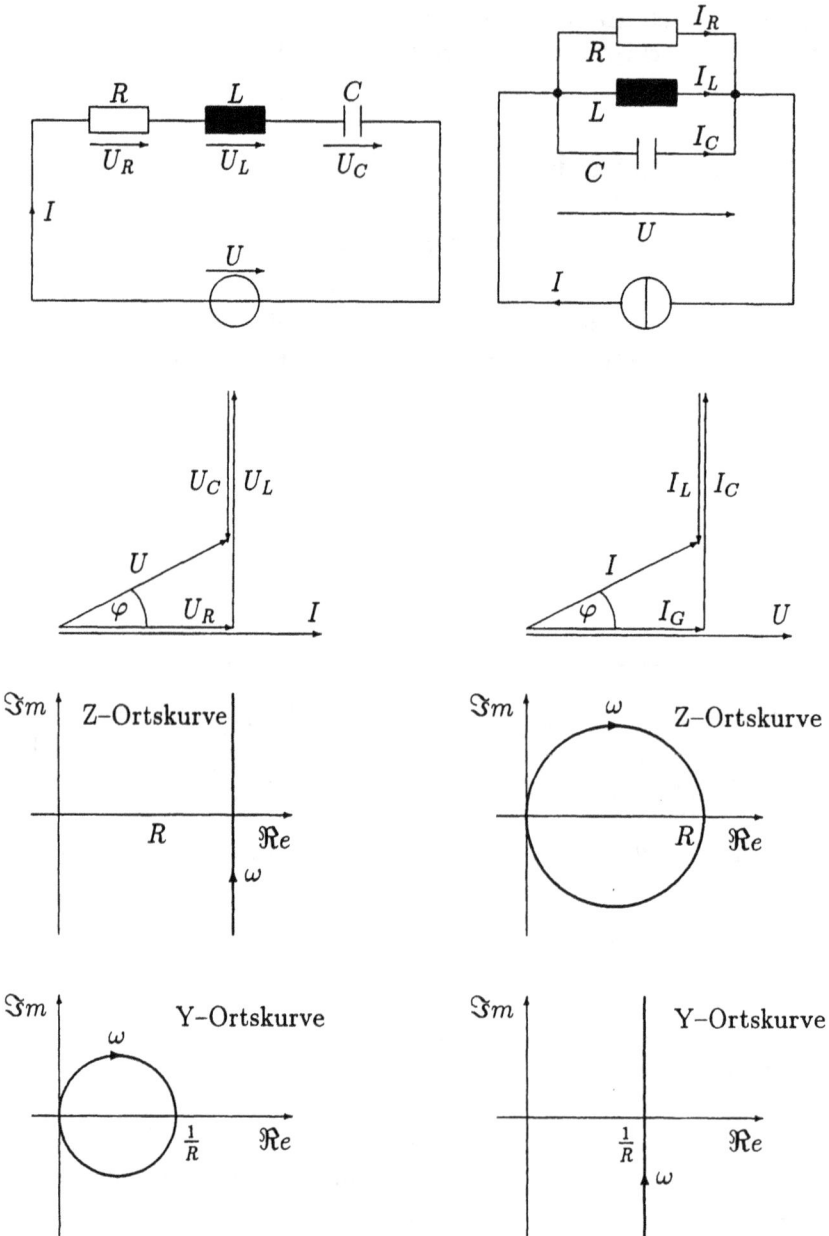

Abb. 5.30: Schaltbild, Zeigerdiagramm und Ortskurven für den Reihen-
und den Parallelschwingkreis

mit dem Minimum

$$|Z|_{min} = R \quad \text{für} \quad X(\omega) = 0;$$

$$|Y|_{min} = G \quad \text{für} \quad B(\omega) = 0;$$

das Betragsminimum tritt hier bei derselben Frequenz ω_r auf, die sich aus der Definition der Phasenresonanz ergeben hatte. In einfachen Fällen kann es also vorkommen, daß Phasenresonanzfrequenz und Betragsresonanzfrequenz übereinstimmen.

Die bis jetzt durchgeführte Betrachtung zeigt eine vollständige Analogie zwischen Reihen- und Parallelschwingkreis: Es sind nur jeweils U und I, Z und Y, R und G, L und C auszutauschen, um von den Aussagen der einen Spalte zu denen der anderen Spalte zu gelangen. Daher werden die folgenden Zusammenhänge nur noch für den Reihenschwingkreis angegeben.

Resonanzkurven

Die drei Teilspannungen U_R, U_L, U_C, jeweils bezogen auf die Gesamtspannung U, sind

Reihenschwingkr

$$\frac{U_R}{U} = \frac{R}{Z}, \quad \frac{U_L}{U} = \frac{j\omega L}{Z}, \quad \frac{U_C}{U} = \frac{\frac{1}{j\omega C}}{Z},$$

ihre Beträge ergeben sich mit

$$|Z| = \sqrt{R^2 + \left(\omega L - \frac{1}{\omega C}\right)^2}$$

zu

$$\left|\frac{U_R}{U}\right| = \frac{\omega C R}{\sqrt{(1 - \omega^2 C L)^2 + (\omega C R)^2}}$$

$$\left|\frac{U_L}{U}\right| = \frac{\omega^2 C L}{\sqrt{(1 - \omega^2 C L)^2 + (\omega C R)^2}}$$

$$\left|\frac{U_C}{U}\right| = \frac{1}{\sqrt{(1 - \omega^2 C L)^2 + (\omega C R)^2}} \; .$$

Diese drei Größen sind als Funktion der Frequenz für verschiedene Werte des Parameters R dargestellt (vgl. Abbildung 5.31). Diese sogenannten Resonanzkurven zeigen, daß die Resonanz umso stärker ausgeprägt ist, je kleiner R gewählt wird.

Resonanzkurven

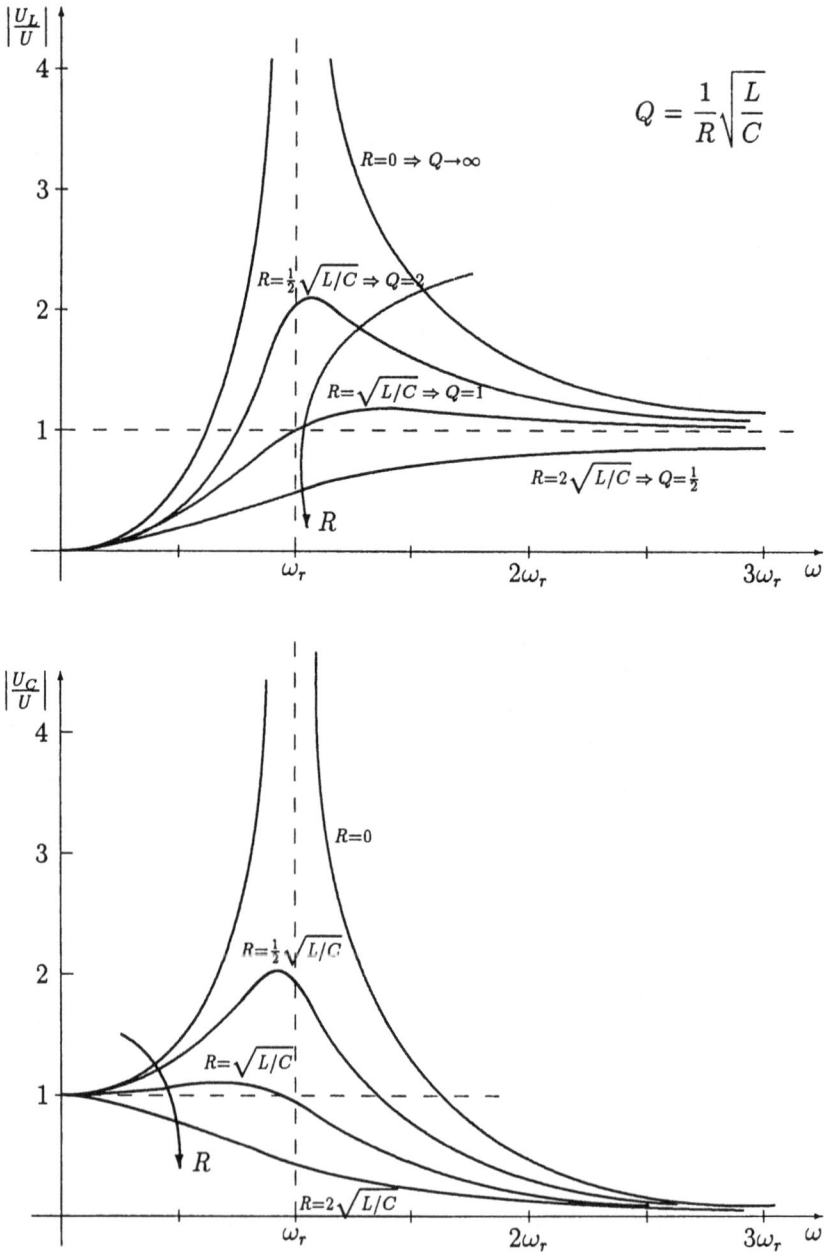

Abb. 5.31: Die Spannungsüberhöhung an der Induktivität und der Kapazität des Reihenschwingkreises

Die Teilspannungen $|U_L|$ und $|U_C|$ können sehr viel größer als die angelegte Spannung U werden. Man bezeichnet den Quotienten $|U_L/U|_{\omega=\omega_r}$ bzw. $|U_C/U|_{\omega=\omega_r}$ als *Resonanzüberhöhung*. Es ergibt sich:

Resonanz-
überhöhung

$$\left.\begin{array}{l} \left|\dfrac{U_L}{U}\right|_{\omega_r} = \dfrac{\omega_r L}{R} \\[3mm] \left|\dfrac{U_C}{U}\right|_{\omega_r} = \dfrac{\frac{1}{\omega_r C}}{R} \end{array}\right\} = \left.\dfrac{\text{Blindwiderstand}}{\text{Wirkwiderstand}}\right|_{\omega_r} = \left.\dfrac{\text{Blindleistung}}{\text{Wirkleistung}}\right|_{\omega_r}.$$

(Den Quotienten ganz rechts erhält man nach Erweitern mit $|I|^2$.) Durch Einsetzen von $\omega_r = 1/\sqrt{CL}$ folgt andererseits

$$\left|\frac{U_L}{U}\right|_{\omega_r} = \left|\frac{U_C}{U}\right|_{\omega_r} = \frac{1}{R}\sqrt{\frac{L}{C}}.$$

Da dieser Ausdruck ein Maß für die Resonanzschärfe (und damit die „Qualität" des Schwingkreises) darstellt, wird er als Güte Q (und sein Kehrwert als Verlustfaktor d) bezeichnet:

Güte
Verlustfaktor

$$Q = \frac{1}{d} = \frac{1}{R}\sqrt{\frac{L}{C}}.$$

Wie Abbildung 5.32 erkennen läßt, besitzt ein Schwingkreis hoher Güte eine „schmale" Resonanzkurve $|U_r/U|$. Der Zusammenhang zwischen dieser Eigenschaft und der Güte wird jetzt genauer betrachtet.

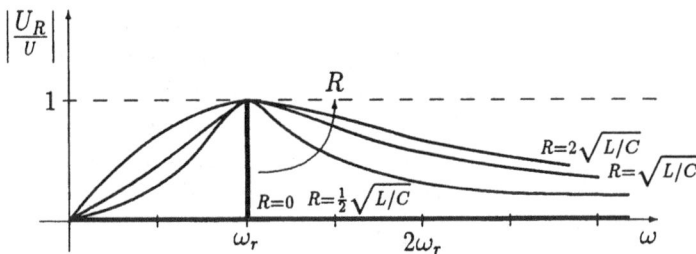

Abb. 5.32: Die Spannung an dem Widerstand des Reihenschwingkreises

Zunächst formt man U_R/U so um, daß an Stelle der Bauelemente R, L, C die Größen Güte Q und Resonanzfrequenz ω_r auftreten:

$$\frac{U_R}{U} = \frac{R}{R + j\left(\omega L - \frac{1}{\omega C}\right)} = \frac{1}{1 + \frac{1}{R}\sqrt{\frac{L}{C}}\left(\omega\sqrt{CL} - \frac{1}{\omega\sqrt{CL}}\right)} =$$

$$= \frac{1}{1 + Q\left(\frac{\omega}{\omega_r} - \frac{\omega_r}{\omega}\right)} .$$

lative
rstimmung

Der Ausdruck $\omega/\omega_r - \omega_r/\omega$ ist ein Maß für die Abweichung der Frequenz von der Resonanzfrequenz ω_r; man bezeichnet ihn als die *relative Verstimmung v*:

$$v = \frac{\omega}{\omega_r} - \frac{\omega_r}{\omega} .$$

rmierte
rstimmung

Das Produkt $v \cdot Q$ nennt man die *normierte Verstimmung V*:

$$V = v \cdot Q = v\left(\frac{\omega}{\omega_r} - \frac{\omega_r}{\omega}\right) .$$

Damit hat man

$$\frac{U_R}{U} = \frac{1}{1 + jV} = \frac{1}{\sqrt{1 + V^2}}\, e^{-j\arctan V} .$$

enzfrequenzen

$|U_R/U|$ und arc U_R/U sind in Abbildung 5.33 skizziert. Offenbar ergeben sich besonders einfache Verhältnisse, wenn man die Grenzfrequenzen so wie bei Tief- und Hochpässen definiert, nämlich durch den 3-dB-Abfall. Damit erhält man jetzt Grenzfrequenzen, die durch die normierten Verstimmungen $V = -1$ und $V = +1$ festgelegt sind. Da zu diesen Werten

°-Frequenzen

die Winkel $+45°$ und $-45°$ gehören, nennt man die Grenzfrequenzen auch $45°$-Frequenzen:

untere Grenzfrequenz $\omega_1 = \omega_{+45}$

obere Grenzfrequenz $\omega_2 = \omega_{-45}$.

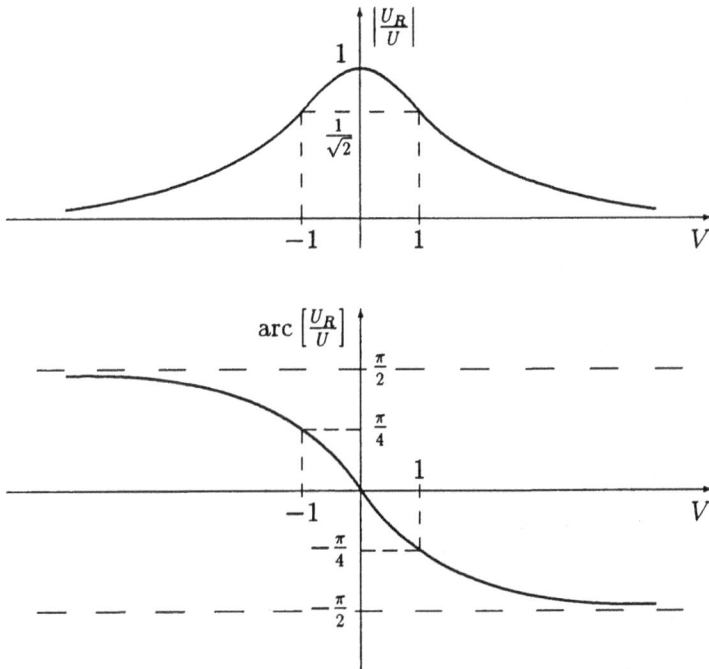

Abb. 5.33: Die Spannung an dem Widerstand des Reihenschwingkreises als Funktion der normierten Verstimmung

Um den Zusammenhang mit Q und ω_r herzustellen, kehrt man zur Definitionsgleichung von V zurück: Aus

$$
V = \begin{cases} -1 = Q \left(\dfrac{\omega_1}{\omega_r} - \dfrac{\omega_r}{\omega_1} \right) \\[3mm] +1 = Q \left(\dfrac{\omega_2}{\omega_r} - \dfrac{\omega_r}{\omega_2} \right) \end{cases}
$$

folgt

$$
\omega_r^2 = \omega_1 \omega_2 \qquad \text{oder} \qquad \omega_r = \sqrt{\omega_1 \omega_2}\,.
$$

Die Resonanzfrequenz ist also das geometrische Mittel aus den beiden Grenzfrequenzen. Weiter ergibt sich für die Bandbreite $\Delta\omega = \omega_2 - \omega_1$:   Bandbreite

105

$$\Delta\omega = \frac{\omega_r}{Q} = \frac{1}{\sqrt{CL}}\frac{R\sqrt{C}}{\sqrt{L}} = \frac{R}{L}\,.$$

Die Güte ist also umgekehrt proportional der Bandbreite:

$$Q = \frac{\omega_r}{\Delta\omega}\,.$$

Die Grenzfrequenzen folgen durch Auflösen einer quadratischen Gleichung:

$$\omega_{1,2} = \mp\frac{\omega_r}{2Q} + \sqrt{\left(\frac{\omega_r}{2Q}\right)^2 + \omega_r^2}\,.$$

Anwendungen

indstrom-
mpensation

Zwei Anwendungen werden noch genauer betrachtet. Die erste betrifft die *Blindstromkompensation*: Zu einem Verbraucher $Z_V = R + j\omega L$ wird ein Kondensator C parallel geschaltet, dessen Kapazität so zu bemessen ist, daß sich für den Betrag des Stromes I ein Minimum ergibt (Abbildung 5.34). Die Frequenz ist konstant.

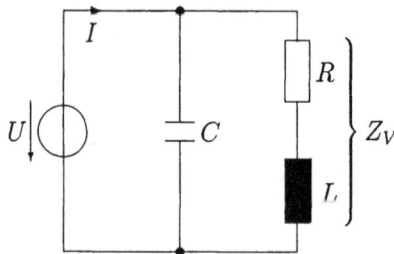

Abb. 5.34: Zur Blindstromkompensation; Phasen- und Betragsresonanz

Es gilt

$$I = U\,Y_{ges} = U\left(j\omega C + \frac{1}{R + j\omega L}\right) =$$

$$= U\left[\frac{R}{R^2 + (\omega L)^2} + j\left(\omega C - \frac{\omega L}{R^2 + (\omega L)^2}\right)\right]\,.$$

Der Realteil von Y_{ges} hängt nicht von C ab, der Imaginärteil kann durch geeignete Wahl von C zu Null gemacht werden. Dann wird $|Y_{ges}|$ minimal und damit auch $|I|$; man erhält:

$$C = \frac{L}{R^2 + (\omega L)^2} \cdot$$

Bei der zweiten Anwendung wird dieselbe Schaltung als Parallelresonanz- **Parallel-** kreis aufgefaßt. Die Frequenz ist veränderlich. Jetzt ergeben sich für die **resonanzkreis** Phasen- und die Betragsresonanz unterschiedliche Frequenzen:

Der Imaginärteil von Y_{ges} ist Null für (s. o.):

$$R^2 + (\omega L)^2 = \frac{L}{C} \cdot$$

Die *Phasenresonanzfrequenz* ω_p ist demnach **Phasenresonanz**

$$\omega_p = \frac{1}{L}\sqrt{\frac{L}{C} - R^2} = \omega_r \sqrt{1 - \frac{CR^2}{L}}$$

mit

$$\omega_r = \frac{1}{\sqrt{CL}} \cdot$$

Für den Betrag von Y_{ges} erhält man

$$|Y_{ges}| = \sqrt{\frac{(1 - \omega^2 CL)^2 + (\omega CR)^2}{R^2 + (\omega L)^2}} \cdot$$

Das Minimum folgt durch Nullstellen der 1. Ableitung; nach längerer Zwischenrechnung hat man die *Betragsresonanzfrequenz* **Betragsresonanz.**

$$\omega_b = \omega_r \sqrt{\sqrt{1 + \frac{2CR^2}{L}} - \frac{CR^2}{L}} \cdot$$

Offenbar ist

$$\omega_r > \omega_b > \omega_p \, .$$

Die Voraussetzung für das Auftreten der Phasenresonanz ist $CR^2/L < 1$. Im Grenzfall $CR^2/L = 1$ ergibt sich $\omega_p = 0$, d. h. die Y-Ortskurve schneidet die reelle Achse an keiner anderen Stelle. Ähnliche Überlegungen gelten für das Auftreten der Betragsresonanz: es muß $CR^2/L < 1 + \sqrt{2}$ vorausgesetzt werden. In Abbildung 5.35 ist $Y(\omega)$ als Ortskurve dargestellt.

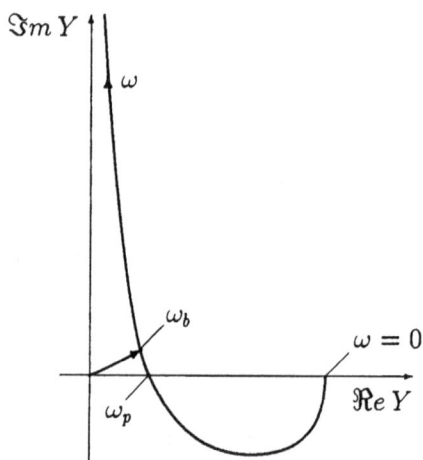

Abb. 5.35: Die $Y(\omega)$-Ortskurve des Resonanzkreises nach Abbildung 5.34

5.7.2 Reaktanzzweitore

Filterschaltungen (Abschnitt 5.6) mit günstigeren Eigenschaften bezüglich der Flankensteilheit lassen sich aufbauen, wenn ausschließlich Reaktanzen verwendet werden. Die einfachsten Anordnungen sind in Abbildung 5.36 skizziert.

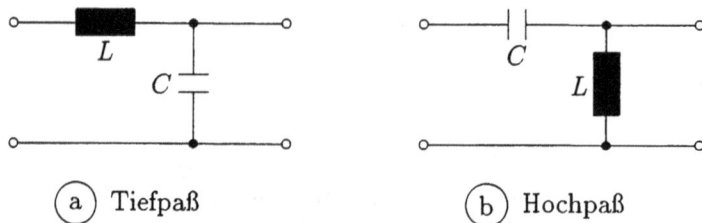

a) Tiefpaß

b) Hochpaß

Abb. 5.36: Reaktanzzweitore

Die Übertragungsfunktion lautet für den

Tiefpaß	Hochpaß

$$H(j\omega) = \frac{\frac{1}{j\omega C}}{j\omega L + \frac{1}{j\omega C}} =$$

$$= \frac{1}{1 - \omega^2 C L}$$

$$H(j\omega) = \frac{j\omega L}{\frac{1}{j\omega C} + j\omega L} =$$

$$= \frac{-\omega^2 C L}{1 - \omega^2 C L}$$

oder mit der normierten Frequenz $\Omega^2 = \omega^2 C L$:

$$H(j\Omega) = \frac{1}{1 - \Omega^2}$$

$$H(j\Omega) = \frac{-\Omega^2}{1 - \Omega^2}.$$

Beide Übertragungsfunktionen sind reell. Der Verlauf des Betrages ist in Abbildung 5.37 dargestellt. Gegenüber den entsprechenden Schaltungen aus Widerstand und Kondensator ist die Flankensteilheit hier 40 statt 20 dB pro Dekade.

Flankensteilheit

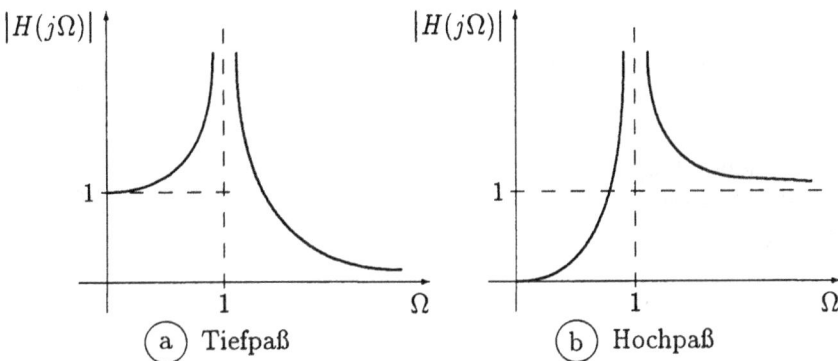

Abb. 5.37: Der Betrag der Übertragungsfunktion für die Reaktanzzweitore nach Abbildung 5.36

109

5.8 Die Leistung

5.8.1 Wirk-, Blind-, und Scheinleistung

istungsumsatz
llgemein)

Zuerst soll der Augenblickswert der Leistung betrachtet werden, die ein beliebiger Verbraucher aufnimmt. (Für die von einer Quelle abgegebene Leistung gelten ganz analoge Überlegungen.) Es fließe der Strom

$$i(t) = \hat{\imath} \cos \omega t$$

bei einer anliegenden Spannung

$$u(t) = \hat{u} \cos(\omega t + \varphi) \, .$$

Nach (2.13) nimmt der Verbraucher dann die Leistung auf:

$$p(t) = \hat{u} \, \hat{\imath} \cos(\omega t + \varphi) \cdot \cos \omega t =$$

$$= \hat{u} \, \hat{\imath} \left[\cos^2 \omega t \cdot \cos \varphi - \sin \omega t \cdot \cos \omega t \cdot \sin \varphi \right] \qquad (5.22a)$$

oder

$$p(t) = \frac{\hat{u} \, \hat{\imath}}{2} \left[(1 + \cos 2\omega t) \cos \varphi - \sin 2\omega t \cdot \sin \varphi \right] \qquad (5.22b)$$

oder

$$p(t) = \frac{\hat{u} \, \hat{\imath}}{2} \cos \varphi + \frac{\hat{u} \, \hat{\imath}}{2} \cos(\omega t + \varphi) \, . \qquad (5.22c)$$

istungsumsatz in
, L, C

Für die Sonderfälle Widerstand, Spule und Kondensator ergeben sich mit $\varphi = 0$, $\pi/2$ bzw. $-\pi/2$ (s. Abschnitt 5.3.2) aus (5.22a) und (5.22b) die Leistungen

$$p_R(t) = \hat{u} \, \hat{\imath} \cos^2 \omega t \, ,$$

$$p_L(t) = -\frac{\hat{u} \, \hat{\imath}}{2} \sin 2\omega t \, ,$$

$$p_C(t) = \frac{\hat{u} \, \hat{\imath}}{2} \sin 2\omega t \, .$$

Nur im ersten Fall wird im zeitlichen Mittel eine Leistung umgesetzt. Diesen Mittelwert bezeichnet man als Wirkleistung P: Wirkleistung

$$P = \frac{\hat{u}\,\hat{\imath}}{2}\,.$$

Führt man hier noch die gemäß (5.17) definierten Effektivwerte ein, so erhält man

$$P = U\,I\,, \tag{5.23}$$

also denselben Ausdruck wie im Gleichstromfall (2.12). In den beiden anderen Fällen – bei der Spule und beim Kondensator – sind dagegen die zeitlichen Mittelwerte der Leistung Null. Die Leistung pendelt zwischen dem Generator und dem Verbraucher. Man sagt, daß nur Blindleistung Blindleistung umgesetzt wird.

Im allgemeinen Fall ($-\pi/2 < \varphi < \pi/2$ und $\varphi \neq 0$) bezeichnet man den ersten Summanden in (5.22c), d. h. den Mittelwert der Leistung, als Wirk- Wirkleistung leistung P, der mit Effektivwerten als (allgemein)

$$P = U\,I\,\cos\varphi \tag{5.24}$$

geschrieben wird. (Für $\varphi = 0$ geht dieser Ausdruck in (5.23) über.) Den Faktor $\cos\varphi$ nennt man Leistungsfaktor. Als Maß für die zwischen dem Leistungsfaktor Generator und dem Verbraucher pendelnde Leistung sieht man den dritten Term in (5.22b) an. Seinen Scheitelwert bezeichnet man als Blindleistung Blindleistung (im allgemeinen Fall), die mit Effektivwerten als (allgemein)

$$Q = U\,I\,\sin\varphi \tag{5.25}$$

geschrieben wird. Das Produkt $U \cdot I$ nennt man die Scheinleistung S. Of- Scheinleistung fenbar gilt

$$S = \sqrt{P^2 + Q^2} \tag{5.26}$$

und

$$P = S \cdot \cos\varphi\,, \qquad Q = S \cdot \sin\varphi\,. \tag{5.27}$$

Wirk- und Blindleistung können zu der komplexen Scheinleistung $\underline{S}$ zu- Komplexe Scheinleistung sammengefaßt werden:

$$\underline{S} = P + j\,Q = S\,(\cos\varphi + j\,\sin\varphi) = S\,e^{j\varphi}\,. \tag{5.28}$$

Wenn Strom und Spannung als komplexe Effektivwerte

$$\underline{I} = I\,e^{j\varphi_i}\,, \qquad \underline{U} = U\,e^{j\varphi_u}$$

vorliegen, ergibt sich $\underline{S}$ folgendermaßen:

$$\underline{S} = \underline{U}\,\underline{I}^{*} = U\,I\,e^{j(\varphi_u - \varphi_i)} = U\,I\,e^{j\varphi}\,.$$

Damit hat man statt (5.27):

$$P = \Re e\,\{\underline{U}\,\underline{I}^{*}\}\,, \qquad Q = \Im m\,\{\underline{U}\,\underline{I}^{*}\}\,. \tag{5.29}$$

5.8.2 Die Leistungsanpassung

Im Gegensatz zu dem in Abschnitt 3.6.2 betrachteten Fall sind jetzt der innere und der äußere Widerstand komplex, d. h. statt mit R_i und R ist mit den Größen $\underline{Z}_i = R_i + j\,X_i$ und $\underline{Z} = R + j\,X$ zu rechnen. Die in $\underline{Z}$ umgesetzte Wirkleistung ist wegen (5.29)

$$P = \Re e\,\{\underline{U}\,\underline{I}^{*}\} = \Re e\,\{\underline{Z}\,\underline{I}\,\underline{I}^{*}\} = R \cdot |\underline{I}|^{2}$$

$$= R\left|\frac{\underline{U}_l}{\underline{Z}_i + \underline{Z}}\right|^{2} = \frac{R \cdot |\underline{U}_l|^{2}}{(R_i + R)^2 + (X_i + X)^2}\,. \tag{5.30}$$

Das Maximum ergibt sich aus den Bedingungen

$$\frac{\partial P}{\partial R} = 0 \qquad \text{und} \qquad \frac{\partial P}{\partial X} = 0\,.$$

Die erste Bedingung liefert nach kurzer Zwischenrechnung

$$R = \sqrt{R_i^2 + (X_i + X)^2}\,. \tag{5.31}$$

Die zweite Bedingung führt zu

$$X = -X_i\,, \tag{5.32}$$

was man auch ohne zu differenzieren aus (5.30) folgern kann. Wenn (5.32) erfüllt ist, vereinfacht sich (5.31) zu

$$R = R_i \, .$$

Die beiden letzten Gleichungen lassen sich zu einer komplexen Anpassungs-bedingung zusammenfassen:

Komplexe
Anpassungs-
bedingung

$$\underline{Z} = \underline{Z}_i^* \, . \tag{5.33}$$

6. Mehrphasensysteme

6.1 Einführung

Elektrische Systeme mit Generatorspannungen gleicher Frequenz, aber unterschiedlicher Phase, nennt man Mehrphasensysteme. Haben die induzierten Spannungen in den Wicklungen des Generators die gleiche Amplitude $\hat{u}$ und sind die Phasenunterschiede zwischen den Spannungen gleich, so liegt ein symmetrisches Mehrphasensystem vor. Für ein N-Phasen-System gilt

Symmetrisches Mehrphasensystei

$$u_k(t) = \hat{u}\,\cos[\omega t - (k-1)\cdot 2\pi/N]\,, \qquad k = 1, 2, \ldots, N\,. \qquad (6.1)$$

Dabei wurde der Spannung $u_1(t)$ willkürlich der Nullphasenwinkel Null zugeordnet.

6.2 Das symmetrische Drehstromsystem

6.2.1 Ströme und Spannungen

Besonders häufig wird das Drehstromsystem ($N=3$) verwendet (Abbildung 6.1), bei dem die Phasenverschiebung zwischen den drei Spannungen jeweils $2\pi/3 = 120°$ beträgt. Nach (6.1) ist

Dreiphasensysterr

$$
\begin{aligned}
u_1(t) &= \hat{u}\,\cos\omega t \\
u_2(t) &= \hat{u}\,\cos(\omega t - 2\pi/3) \\
u_3(t) &= \hat{u}\,\cos(\omega t - 4\pi/3) = \hat{u}\,\cos(\omega t + 2\pi/3)\,.
\end{aligned}
\qquad (6.2)
$$

Mit dem Drehfaktor

Drehfaktor

$$a = e^{j\,2\pi/3} = -\frac{1}{2} + \frac{1}{2}\sqrt{3} \qquad (6.3)$$

lassen sich die zu (6.2) gehörenden komplexen Effektivwerte als

$$
\begin{aligned}
U_1 &= \hat{u}/\sqrt{2}, \\
U_2 &= a^{-1} U_1 = a^* U_1 = a^2 U_1\,, \\
U_3 &= a\,U_1
\end{aligned}
\qquad (6.4)
$$

schreiben.

(a)   (b)

(c)

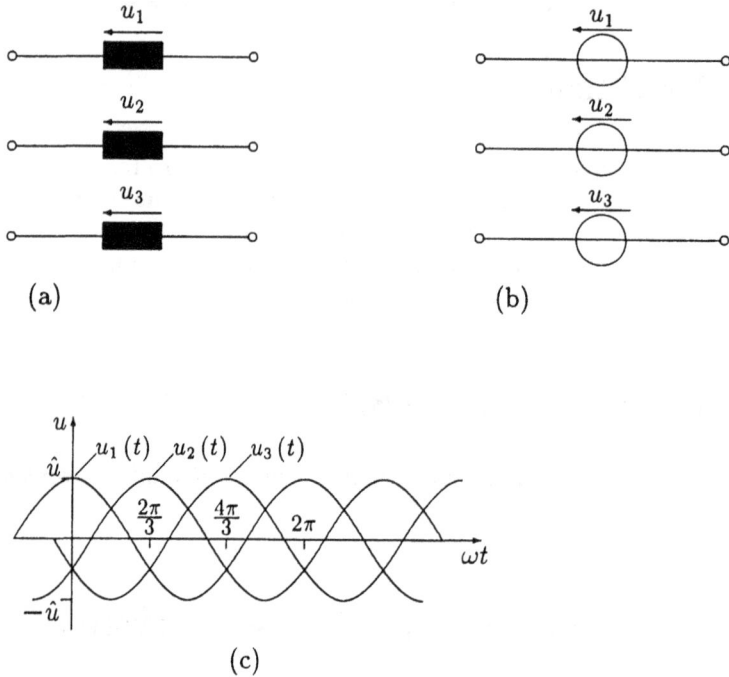

Abb. 6.1: Der Drehstromgenerator, dargestellt (a) durch seine Wicklungen und (b) durch drei Spannungsquellen; (c) das Liniendiagramm der Spannungen

Man überzeugt sich leicht davon, daß

$$U_1 + U_2 + U_3 = 0 \qquad (6.5)$$

ist. Damit lassen sich die drei in Abbildung 6.1 dargestellten Wicklungen zu einer Ring- oder Dreieckschaltung zusammenschalten. Daneben wird häufig die Sternschaltung verwendet. Beide Schaltungen sind in Abbildung 6.2 skizziert, wobei anstelle der Generatorwicklungen jetzt Spannungsquellen gezeichnet sind. Man nennt U_1, U_2, U_3 die Strangspannungen, U_{12}, U_{23}, U_{31} die Leiterspannungen oder verketteten Spannungen. Entsprechend heißen I_{S1}, I_{S2}, I_{S3} die Strangströme und I_1, I_2, I_3 die Leiterströme.

Wenn eine symmetrische Belastung vorliegt, z. B. in Form einer Dreieck- oder Sternschaltung aus drei gleichen Impedanzen, dann ergeben sich für

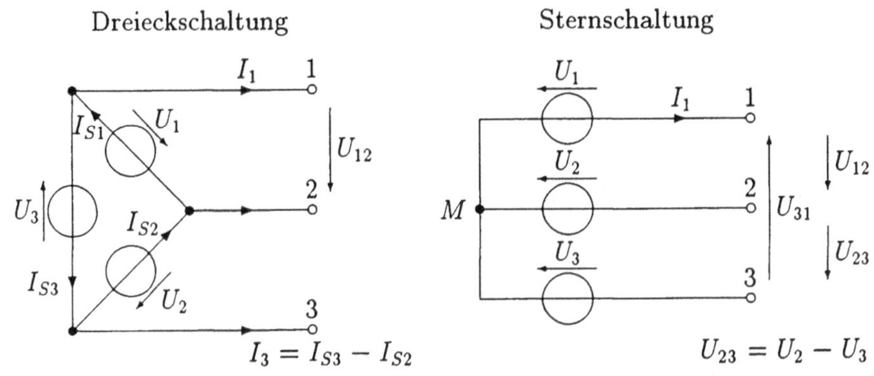

Dreieckschaltung   Sternschaltung

Abb. 6.2: Der Drehstromgenerator in Dreieck- und in Sternschaltung

die Ströme die gleichen Symmetrieverhältnisse wie für die Spannungen (Abbildung 6.3).

Man erkennt leicht, daß folgende Zusammenhänge zwischen den Beträgen der Leiter- und Stranggrößen bestehen:

Dreieckschaltung	**Sternschaltung**
Leiterstrom $= \sqrt{3}$ Strangstrom	Leiterstrom $=$ Strangstrom
Leiterspannung $=$ Strangspannung	Leiterspannung $= \sqrt{3}$ Strangspannung

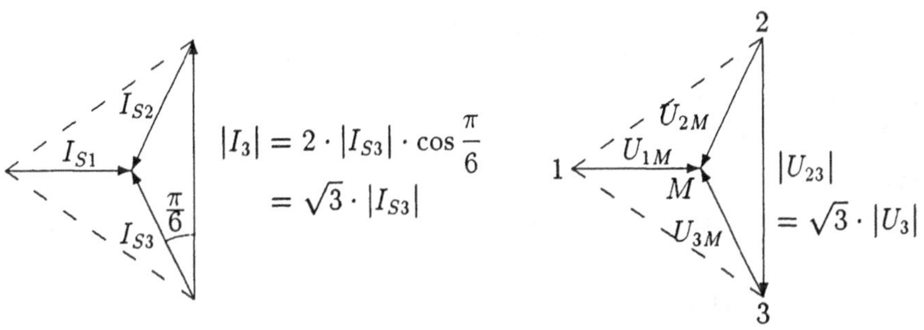

$$|I_3| = 2 \cdot |I_{S3}| \cdot \cos\frac{\pi}{6} = \sqrt{3} \cdot |I_{S3}|$$

$$|U_{23}| = \sqrt{3} \cdot |U_3|$$

Abb. 6.3: Die Ströme bei der Dreieckschaltung (Voraussetzung: symmetrische Belastung) und die Spannungen bei der Sternschaltung

6.2.2 Die Gesamtleistung

Treten an den Impedanzen des symmetrischen Verbrauchers die Spannungen (6.2) auf und fließen in den Impedanzen die Ströme

$$
\begin{aligned}
i_1(t) &= \hat{\imath}\,\cos(\omega t - \varphi) \\
i_2(t) &= \hat{\imath}\,\cos(\omega t - \varphi - 2\pi/3) \\
i_3(t) &= \hat{\imath}\,\cos(\omega t - \varphi + 2\pi/3)\,,
\end{aligned}
\tag{6.6}
$$

so ergibt sich mit

$$
p(t) = \sum_{k=1}^{3} u_k(t)\, i_k(t)
$$

nach einigen Zwischenrechnungen

$$
p(t) = 3\,\frac{\hat{u}\,\hat{\imath}}{2}\,\cos\varphi = \text{konst.}
$$

Der Augenblickswert ist also konstant und damit gleich dem Mittelwert P. Wenn komplexe Effektivwerte verwendet werden, hat man:

$$
P = 3\,|U_S|\,|I_S|\,\cos\varphi\,.
\tag{6.7}
$$

(Der Index S soll daran erinnern, daß Stranggrößen vorausgesetzt wurden.)

Anstelle der in den Impedanzen umgesetzten Leistung kann auch die von den Wicklungssträngen des Generators abgegebene Gesamtleistung betrachtet werden. An der Herleitung der Gleichungen ändert sich dabei nichts.

itkonstanz In der Zeitkonstanz der Gesamtleistung liegt ein ganz wesentlicher Vorteil des Drehstromsystems: So gibt ein Drehstrommotor ein zeitlich konstantes rehmoment Drehmoment ab, während dieses beim Wechselstrommotor näherungsweise proportional $\cos^2 \omega t$ ist.

Will man die Gesamtleistung durch die Leitergrößen $|U_L|$ und $|I_L|$ darstellen, so hat man in (6.7) nach Abschnitt 6.2.1 für die Dreieckschaltung

$$
|I_L| = \sqrt{3}\,|I_S|, \qquad |U_L| = |U_S|
$$

zu setzen und für die Sternschaltung

$$
|I_L| = |I_S|, \qquad |U_L| = \sqrt{3}\,|U_S|\,.
$$

Damit folgt für beide Fälle dieselbe Gleichung

$$P = \sqrt{3}\,|U_L|\,|I_L|\cos\varphi\,. \tag{6.8}$$

Hinweis:

Werden drei gleiche Impedanzen einmal als Stern und einmal als Dreieck an das-   Stern-Dreieck-
selbe Netz geschaltet, so nehmen sie unterschiedliche Leistungen auf: Bei der Drei-   Umschaltung
eckschaltung liegt an jeder Impedanz eine (im Vergleich zur Sternschaltung) um
$\sqrt{3}$ höhere Spannung, gleichzeitig fließt nach dem Ohmschen Gesetz ein um $\sqrt{3}$
größerer Strom; d. h. die Leistung wächst um den Faktor 3.

6.3   Das nichsymmetrische Drehstromsystem

Üblicherweise wird der Generator in Stern oder Dreieck geschaltet, das
gleiche gilt für den Verbraucher. Damit hat man vier verschiedene Kom-
binationen. Hier soll beispielhaft nur der häufige Fall betrachtet werden,
daß Generator und Verbraucher in Stern geschaltet sind. Zusätzlich ist eine
Verbindung zwischen beiden Sternpunkten – der Sternpunktsleiter – vor-   Sternpunktsleiter
handen (Abbildung 6.4). Bei gegebenem Generator lassen sich die Ströme
und die Spannungen an den Impedanzen sofort hinschreiben, wenn die
Spannung U_{NM} bekannt ist. Diese findet man am einfachsten mit der Methode der Ersatzstromquelle (Abbildung 6.5).

Es ergibt sich für den Kurzschlußstrom

$$I_k = \frac{U_1}{Z_1} + \frac{U_2}{Z_2} + \frac{U_3}{Z_3} = \sum_{\nu=1}^{3} Y_\nu U_\nu$$

und für den Innenleitwert

$$Y_i = \sum_{\nu=1}^{3} Y_\nu\,.$$

Die Spannung U_{NM} ist also

$$U_{NM} = \frac{I_k}{Y_{ges}} = \frac{I_k}{Y_0 + Y_i} = \frac{\sum\limits_{\nu=1}^{3} Y_\nu U_\nu}{\sum\limits_{\nu=0}^{3} Y_\nu}\,. \tag{6.9}$$

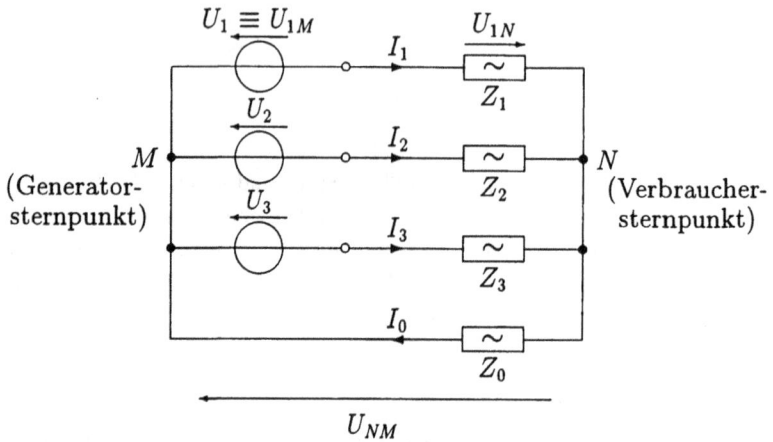

Abb. 6.4: Generator und Verbraucher in Sternschaltung

Für die Ströme folgt

$$I_\nu = \frac{U_{\nu N}}{Z_\nu} = Y_\nu \left(U_\nu - U_{NM} \right), \qquad \nu = 1, 2, 3 \tag{6.10a}$$

$$I_0 = Y_0 U_{NM} . \tag{6.10b}$$

Sonderfall der
Symmetrie

Bei Symmetrie (des Generators und des Verbrauchers) liefern (6.9) und

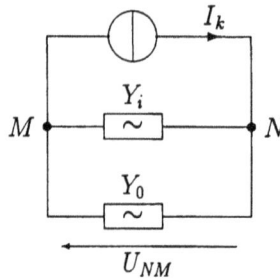

Abb. 6.5: Zur Bestimmung der Spannung U_{NM} mit der Methode der Ersatzstromquelle

(6.10b):

$$U_{NM} = 0, \qquad I_0 = 0 \,.$$

Im Sternpunktsleiter fließt kein Strom; er kann also weggelassen (eingespart) werden.

6.4 Die Wirkleistungsmessung mit der Aronschaltung

In einem beliebigen Drehstromsystem ohne Sternpunktsleiter kann die gesamte umgesetzte Wirkleistung mit zwei Leistungsmessern bestimmt werden. Das läßt sich besonders leicht zeigen, wenn der Verbraucher in Stern geschaltet ist. Dann gilt nämlich

Zwei-Leistungsmesser-Methode

$$p(t) = u_{1N}\,i_1 + u_{2N}\,i_2 + u_{3N}\,i_3$$

oder mit $i_2 = -(i_1 + i_3)$:

$$p(t) = (u_{1N} - u_{2N})\,i_1 + (u_{3N} - u_{2N})\,i_3 = u_{12} \cdot i_1 + u_{31} \cdot i_3 \,.$$

Demnach kann die Gesamtleistung mit der in Abbildung 6.6 angegebenen Schaltung gemessen werden.

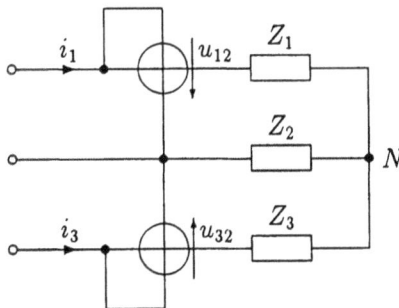

Abb. 6.6: Die Aronschaltung

7. Zweitore

7.1 Einführung

Es ist eine der Grundaufgaben der Elektrotechnik, Energie von einem Erzeuger (Generator) zu einem Verbraucher zu übertragen. In der Energietechnik handelt es sich dabei um die Übertragung relativ großer Energien; in der Informationstechnik werden dagegen mit relativ kleinen Energien Nachrichten z. B. über eine Leitung oder ein Kabel von einem Sender zu einem Empfänger geleitet.

Vielfach interessiert man sich nicht für die Vorgänge auf dem Übertragungsweg, sondern nur für die Beziehungen zwischen den Strömen und Spannungen am Anfang und am Ende der Leitung. Somit liegt es nahe, die Betrachtung völlig auf das äußere Verhalten (das Klemmenverhalten) des Übertragungsgliedes zu beschränken und den Zusammenhang zwischen Ein- und Ausgangsgrößen auf möglichst einfache Weise zu beschreiben. Mit dieser Aufgabe befaßt sich die Zweitortheorie.

Klemmenverhalte

Übertragungsglie

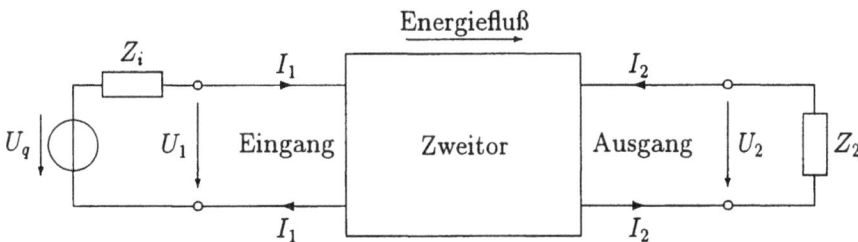

Abb. 7.1: Zweitor mit symmetrischen Strom- und Spannungspfeilen

Unter einem Zweitor versteht man eine Schaltung mit vier Anschlußklemmen (Vierpol), wobei ein Klemmenpaar als Eingang der Schaltung anzusehen ist, das andere Klemmenpaar als Ausgang (Abbildung 7.1). Charakteristisch für ein Klemmenpaar oder Tor ist also, daß der über die eine Klemme eintretende Strom über die andere Klemme herausfließt (Torbedingung). Aus formalen Gründen verwendet man in der Zweitortheorie die in die Abbildung eingetragene symmetrische „Bepfeilung".

Vierpol

Torbedingung

Die in den folgenden Abschnitten dargestellte Zweitortheorie geht von den folgenden Voraussetzungen aus:

1. Die Parameter der Bauelemente im Inneren des Zweitores sollen unabhängig von den Strömen und Spannungen und auch von der Zeit sein. Solche Zweitore nennt man linear und zeitinvariant.

2. Im Innern des Zweitors soll es keine unabhängigen Quellen geben. Zugelassen sind dagegen gesteuerte Quellen, d. h. Quellen, die jeweils von einer steuernden Größe abhängen (siehe Abschnitt 7.5).

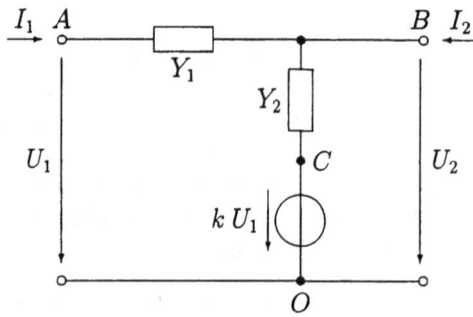

Abb. 7.2: Zweitor mit gesteuerter Quelle

Als einführendes Beispiel wird die Schaltung nach Abbildung 7.2 mit der gesteuerten Quelle $k\,U_1$ betrachtet. Mit der Knotenanalyse erhält man für die Knoten A und B die Gleichungen

U_1	U_2	$k\,U_1$	
Y_1	$-Y_1$	0	I_1
$-Y_1$	Y_1+Y_2	$-Y_2$	I_2

oder

$$\begin{bmatrix} I_1 \\ I_2 \end{bmatrix} = \begin{bmatrix} Y_1 & -Y_1 \\ -(Y_1+k\,Y_2) & Y_1+Y_2 \end{bmatrix} \cdot \begin{bmatrix} U_1 \\ U_2 \end{bmatrix} . \qquad (7.1)$$

124

7.2 Die verschiedenen Formen der Zweitorgleichungen

7.2.1 Die Leitwertform

Ein erstes Beispiel für Zweitorgleichungen in der Leitwertform stellt (7.1) dar. Im allgemeinen Fall schreibt man

$$\begin{bmatrix} I_1 \\ I_2 \end{bmatrix} = \begin{bmatrix} Y_{11} & Y_{12} \\ Y_{21} & Y_{22} \end{bmatrix} \cdot \begin{bmatrix} U_1 \\ U_2 \end{bmatrix} \quad \text{oder} \quad \boldsymbol{I} = \boldsymbol{Y} \cdot \boldsymbol{U} \quad (7.2)$$

und nennt

$\boldsymbol{I}$ die Spaltenmatrix der Ströme,

$\boldsymbol{Y}$ die Leitwertmatrix,

$\boldsymbol{U}$ die Spaltenmatrix der Spannungen.

Die physikalische Bedeutung der Parameter Y_{ik} ergibt sich aus (7.2):

$$Y_{11} = \left.\frac{I_1}{U_1}\right|_{U_2=0} \qquad \text{Eingangs-Kurzschlußadmittanz}$$

$$Y_{12} = \left.\frac{I_1}{U_2}\right|_{U_1=0} \qquad \text{Kurzschluß-Kernadmittanz rückwärts}$$

$$Y_{21} = \left.\frac{I_2}{U_1}\right|_{U_2=0} \qquad \text{Kurzschluß-Kernadmittanz vorwärts}$$

$$(7.3)$$

$$Y_{22} = \left.\frac{I_2}{U_2}\right|_{U_1=0} \qquad \text{Ausgangs-Kurzschlußadmittanz}$$

Ein Maß für die Kopplung zwischen Ein- und Ausgang sind die Parameter Y_{12} und Y_{21}. Stimmen diese beiden Parameter überein, so spricht man von einem übertragungssymmetrischen Zweitor.

Kopplung

Übertragungssymmetrie

Auf Grund der Beziehungen (7.3) lassen sich die Y-Parameter meßtechnisch bestimmen. Dieselben Beziehungen könen auch verwendet werden, um die Parameter zu berechnen. Für das Zweitor nach Abbildung 7.3 ergibt sich so:

$$Y_{11} = Y_1 + Y_2 \qquad Y_{12} = -Y_2$$
$$Y_{21} = -Y_2 \qquad Y_{22} = Y_2 + Y_3 \,.$$

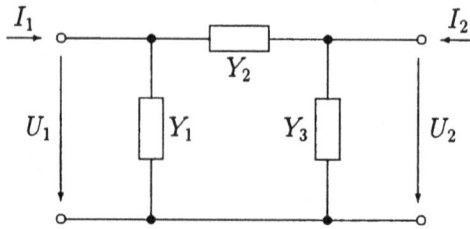

Abb. 7.3: Dreieck- oder Π-Schaltung

(Dasselbe Ergebnis erhält man schneller mit der Knotenanalyse.)

7.2.2   Die Widerstandsform

Durch Auflösen des Gleichungssystems (7.2) nach den Spannungen entstehen die Zweitorgleichungen in der Widerstandsform:

$$\begin{bmatrix} U_1 \\ U_2 \end{bmatrix} = \begin{bmatrix} Z_{11} & Z_{12} \\ Z_{21} & Z_{22} \end{bmatrix} \cdot \begin{bmatrix} I_1 \\ I_2 \end{bmatrix} \quad \text{oder} \quad \boldsymbol{U} = \boldsymbol{Z} \cdot \boldsymbol{I} \tag{7.4}$$

mit der Widerstandsmatrix

$$\boldsymbol{Z} = \boldsymbol{Y}^{-1} = \frac{1}{\det \boldsymbol{Y}} \begin{bmatrix} Y_{22} & -Y_{12} \\ -Y_{21} & Y_{11} \end{bmatrix} . \tag{7.5}$$

Die Kehrmatrix einer Matrix läßt sich nur bilden, wenn ihre Determinante von Null verschieden ist. So kann z. B. zu der Leitwertmatrix

$$\boldsymbol{Y} = \begin{bmatrix} Y_2 & -Y_2 \\ -Y_2 & Y_2 \end{bmatrix} ,$$

die dem Zweitor nach Abbildung 7.3 mit $Y_1 = Y_3 = 0$ entspricht, keine Widerstandsmatrix angegeben werden.

Beispiel 7.1

Die Widerstandsmatrix des in Abbildung 7.4 dargestellten Zweitors soll bestimmt werden.

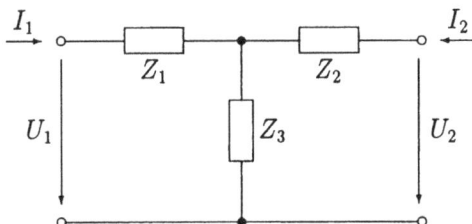

Abb. 7.4: Stern- oder T-Schaltung

Lösung

Mit der Umlaufanalyse findet man

$$Z = \begin{bmatrix} Z_1 + Z_3 & Z_3 \\ Z_3 & Z_2 + Z_3 \end{bmatrix} .$$

∎

7.2.3 Die übrigen Formen der Zweitorgleichungen

Die bisher betrachteten Gleichungssysteme (7.2) und (7.4) lassen sich auch nach U_1, I_1; U_2, I_2; U_1, I_2; U_2, I_1 auflösen. Damit können insgesamt sechs Formen der Zweitorgleichungen angegeben werden. Diese sind in Tabelle 7.1 zusammengestellt. Wie die Parameter einer Form in die anderen Formen umgerechnet werden, findet man in Tabelle 7.2.

Alle sechs Zweitormatrizen beschreiben (sofern sie angegeben werden können) gleichwertig die Eigenschaften eines Zweitors. Mit welcher Form man arbeitet, hängt von der Aufgabenstellung ab. Das ist ähnlich wie bei Zweipolen (Eintoren): Hier rechnet man bei Parallelschaltungen bequemer mit Leitwerten, bei Reihenschaltungen dagegen mit Widerständen.

Bei der Kettenform arbeitet man mit $-I_2$, weil dann bei der Kettenschaltung der Ausgangsstrom des ersten Zweitors gleich dem Eingangsstrom des zweiten Zweitors wird. Auf die physikalische Bedeutung der Parameter A_{11} und A_{22} der Kettenform soll ausdrücklich hingewiesen werden:

$$A_{11} = \left. \frac{U_1}{U_2} \right|_{I_2=0} \qquad \text{Leerlauf-Spannungsübersetzung}$$

$$A_{22} = \left. -\frac{I_1}{I_2} \right|_{U_2=0} \qquad \text{Kurschluß-Stromübersetzung}$$

Widerstandsmatrix
Z

$$\begin{bmatrix} U_1 \\ U_2 \end{bmatrix} = \begin{bmatrix} Z \end{bmatrix} \cdot \begin{bmatrix} I_1 \\ I_2 \end{bmatrix}$$

Leitwertmatrix
Y

$$\begin{bmatrix} I_1 \\ I_2 \end{bmatrix} = \begin{bmatrix} Y \end{bmatrix} \cdot \begin{bmatrix} U_1 \\ U_2 \end{bmatrix}$$

Reihen-Parallel-Matrix
H

$$\begin{bmatrix} U_1 \\ I_2 \end{bmatrix} = \begin{bmatrix} H \end{bmatrix} \cdot \begin{bmatrix} I_1 \\ U_2 \end{bmatrix}$$

Parallel-Reihen-Matrix
P

$$\begin{bmatrix} I_1 \\ U_2 \end{bmatrix} = \begin{bmatrix} P \end{bmatrix} \cdot \begin{bmatrix} U_1 \\ I_2 \end{bmatrix}$$

Kettenmatrix
A

$$\begin{bmatrix} U_1 \\ I_1 \end{bmatrix} = \begin{bmatrix} A \end{bmatrix} \cdot \begin{bmatrix} U_2 \\ -I_2 \end{bmatrix}$$

Inverse Kettenmatrix
A^{-1}

$$\begin{bmatrix} U_2 \\ -I_2 \end{bmatrix} = \begin{bmatrix} A \end{bmatrix}^{-1} \cdot \begin{bmatrix} U_1 \\ I_1 \end{bmatrix}$$

Tabelle 7.1: Die Zweitorgleichungen

7.3 Die Zusammenschaltung von Zweitoren

:ihen-Parallel-
haltung

In Abbildung 7.5 sind zwei Zweitore auf der Eingangsseite in Reihe, auf der Ausgangsseite parallel geschaltet (Reihen-Parallel-Schaltung). Es gelten also für die Zusammenschaltung die Bedingungen

$$\begin{bmatrix} U_1 \\ I_2 \end{bmatrix} = \begin{bmatrix} U_{A1} \\ I_{A2} \end{bmatrix} + \begin{bmatrix} U_{B1} \\ I_{B2} \end{bmatrix} , \tag{7.6a}$$

$$\begin{bmatrix} I_1 \\ U_2 \end{bmatrix} = \begin{bmatrix} I_{A1} \\ U_{A2} \end{bmatrix} = \begin{bmatrix} I_{B1} \\ U_{B2} \end{bmatrix} . \tag{7.6b}$$

	Z	**Y**	**H**	**P**	**A**
Z	$Z_{11}\quad Z_{12}$	$\frac{Y_{22}}{\det[Y]}\quad \frac{-Y_{12}}{\det[Y]}$	$\frac{\det[H]}{H_{22}}\quad \frac{H_{12}}{H_{22}}$	$\frac{1}{P_{11}}\quad \frac{-P_{12}}{P_{11}}$	$\frac{A_{11}}{A_{21}}\quad \frac{\det[A]}{A_{21}}$
	$Z_{21}\quad Z_{22}$	$\frac{-Y_{21}}{\det[Y]}\quad \frac{Y_{11}}{\det[Y]}$	$\frac{-H_{21}}{H_{22}}\quad \frac{1}{H_{22}}$	$\frac{P_{21}}{P_{11}}\quad \frac{\det[P]}{P_{11}}$	$\frac{1}{A_{21}}\quad \frac{A_{22}}{A_{21}}$
Y	$\frac{Z_{22}}{\det[Z]}\quad \frac{-Z_{12}}{\det[Z]}$	$Y_{11}\quad Y_{12}$	$\frac{1}{H_{11}}\quad \frac{-H_{12}}{H_{11}}$	$\frac{\det[P]}{P_{22}}\quad \frac{P_{12}}{P_{22}}$	$\frac{A_{22}}{A_{12}}\quad \frac{-\det[A]}{A_{12}}$
	$\frac{-Z_{21}}{\det[Z]}\quad \frac{Z_{11}}{\det[Z]}$	$Y_{21}\quad Y_{22}$	$\frac{H_{21}}{H_{11}}\quad \frac{\det[H]}{H_{11}}$	$\frac{-P_{21}}{P_{22}}\quad \frac{1}{P_{22}}$	$\frac{-1}{A_{12}}\quad \frac{A_{11}}{A_{12}}$
H	$\frac{\det[Z]}{Z_{22}}\quad \frac{Z_{12}}{Z_{22}}$	$\frac{1}{Y_{11}}\quad \frac{-Y_{12}}{Y_{11}}$	$H_{11}\quad H_{12}$	$\frac{P_{22}}{\det[P]}\quad \frac{-P_{12}}{\det[P]}$	$\frac{A_{12}}{A_{22}}\quad \frac{\det[A]}{A_{22}}$
	$\frac{-Z_{21}}{Z_{22}}\quad \frac{1}{Z_{22}}$	$\frac{Y_{21}}{Y_{11}}\quad \frac{\det[Y]}{Y_{11}}$	$H_{21}\quad H_{22}$	$\frac{-P_{21}}{\det[P]}\quad \frac{P_{11}}{\det[P]}$	$\frac{-1}{A_{22}}\quad \frac{A_{21}}{A_{22}}$
P	$\frac{1}{Z_{11}}\quad \frac{-Z_{12}}{Z_{11}}$	$\frac{\det[Y]}{Y_{22}}\quad \frac{Y_{12}}{Y_{22}}$	$\frac{H_{22}}{\det[H]}\quad \frac{-H_{12}}{\det[H]}$	$P_{11}\quad P_{12}$	$\frac{A_{21}}{A_{11}}\quad \frac{-\det[A]}{A_{11}}$
	$\frac{Z_{21}}{Z_{11}}\quad \frac{\det[Z]}{Z_{11}}$	$\frac{-Y_{21}}{Y_{22}}\quad \frac{1}{Y_{22}}$	$\frac{-H_{21}}{\det[H]}\quad \frac{H_{11}}{\det[H]}$	$P_{21}\quad P_{22}$	$\frac{1}{A_{11}}\quad \frac{A_{12}}{A_{11}}$
A	$\frac{Z_{11}}{Z_{21}}\quad \frac{\det[Z]}{Z_{21}}$	$\frac{-Y_{22}}{Y_{21}}\quad \frac{-1}{Y_{21}}$	$\frac{-\det[H]}{H_{21}}\quad \frac{-H_{11}}{H_{21}}$	$\frac{1}{P_{21}}\quad \frac{P_{22}}{P_{21}}$	$A_{11}\quad A_{12}$
	$\frac{1}{Z_{21}}\quad \frac{Z_{22}}{Z_{21}}$	$\frac{-\det[Y]}{Y_{21}}\quad \frac{-Y_{11}}{Y_{21}}$	$\frac{-H_{22}}{H_{21}}\quad \frac{-1}{H_{21}}$	$\frac{P_{11}}{P_{21}}\quad \frac{\det[P]}{P_{21}}$	$A_{21}\quad A_{22}$

Tabelle 7.2: Umrechnung der Zweitormatrizen

Für die beiden Zweitore hat man

$$\begin{bmatrix} U_{A1} \\ I_{A2} \end{bmatrix} = \begin{bmatrix} H_A \end{bmatrix} \cdot \begin{bmatrix} I_{A1} \\ U_{A2} \end{bmatrix} , \qquad\qquad (7.7a)$$

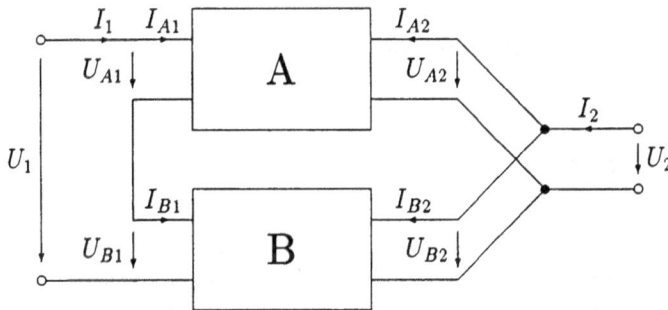

Abb. 7.5: Die Reihen-Parallel-Schaltung der Zweitore A und B

$$\left[\begin{array}{c} U_{B1} \\ I_{B2} \end{array}\right] = \left[\ H_B\ \right] \cdot \left[\begin{array}{c} I_{B1} \\ U_{B2} \end{array}\right]\ . \tag{7.7b}$$

Durch Addition der linken Seiten von (7.7a,b) folgt bei Beachtung von (7.6a,b):

$$\left[\begin{array}{c} U_1 \\ I_2 \end{array}\right] = \left[\left[\ H_A\ \right] + \left[\ H_B\ \right]\right] \cdot \left[\begin{array}{c} I_1 \\ U_2 \end{array}\right]\ .$$

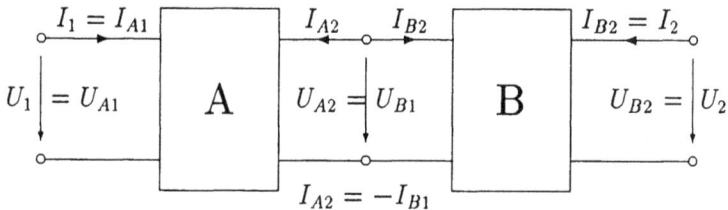

Abb. 7.6: Die Kettenschaltung der Zweitore A und B

Auf entsprechende Weise zeigt man, daß bei einer Parallelschaltung zweier Zweitore die Leitwertmatrizen zu addieren sind, bei einer Reihenschaltung die Widerstandsmatrizen. Im Fall der Kettenschaltung zweier Zweitore (Abbildung 7.6) ergibt sich die Kettenmatrix der Gesamtschaltung durch Multiplikation der Kettenmatrizen beider Zweitore. Dabei ist die Reihenfolge zu beachten. Die Ergebnisse der drei zuletzt betrachteten Fälle sind in Abbildung 7.7 dargestellt. Bei der Parallelschaltung und der Reihenschaltung muß die Torbedingung erfüllt sein.

7.4 Passive Zweitore

In der klassischen Zweitortheorie spielen die passiven Zweitore, die nur aus Kondensatoren, Spulen und Widerständen aufgebaut sind, eine besondere Rolle. Hier sind die Leitwertmatrix und die Widerstandsmatrix symmetrisch, d. h. es gilt $Y_{12} = Y_{21}$ und $Z_{12} = Z_{21}$. Ein passives Zweitor besitzt also grundsätzlich die in Abschnitt 7.2.1 schon erwähnte Eigenschaft der Übertragungssymmetrie und ist daher durch drei Parameter vollständig

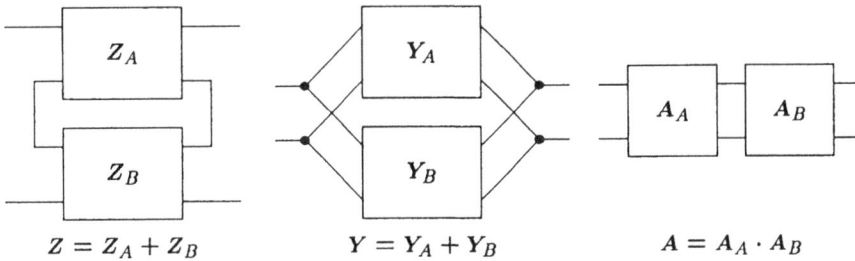

$$Z = Z_A + Z_B \qquad Y = Y_A + Y_B \qquad A = A_A \cdot A_B$$

Abb. 7.7: Reihen-, Parallel- und Kettenschaltung der Zweitore A und B

bestimmt. Formuliert man dieselbe Bedingung mit (7.3) als

$$\left.\frac{I_1}{U_2}\right|_{U_1=0} = \left.\frac{I_2}{U_1}\right|_{U_2=0}$$

und drückt diese Bedingung dann durch die Parameter der Kettenmatrix aus, so erhält man

$$A_{21} - \frac{A_{11}\,A_{22}}{A_{12}} = -\frac{1}{A_{12}} \qquad \text{oder} \qquad A_{11}\,A_{22} - A_{12}\,A_{21} = 1 \; .$$

Die Systemdeterminante der Kettenmatrix ist also gleich eins. Dieses Ergebnis kann auch unmittelbar aus Tabelle 7.2 entnommen werden.

Besitzt das Zweitor zusätzlich die Eigenschaft, daß man Eingang und Ausgang vertauschen darf, ohne daß sich an den Strömen und Spannungen etwas ändert, so nennt man das Zweitor längssymmetrisch. In diesem Fall ist außerdem $Y_{11} = Y_{22}$, $Z_{11} = Z_{22}$, $A_{11} = A_{22}$. Das längssymmetrische passive Zweitor ist also durch zwei Parameter vollständig bestimmt. Längssymmetrie

7.5 Gesteuerte Quellen

Die bisher betrachteten Quellen (Abschnitt 3.5) treten meist als Eingangsgrößen von Schaltungen oder Netzwerken auf. Man bezeichnet solche Quellen auch als *unabhängige Quellen*. Daneben werden im Hinblick auf viele Anwendungen (z. B. Verstärkerschaltungen) *gesteuerte Quellen* eingeführt.

131

Hier hängt im Fall der gesteuerten Spannungsquelle die Quellenspannung u_q und im Fall der gesteuerten Stromquelle der Quellenstrom i_q von einer steuernden Größe ab. Diese Größe kann eine steuernde Spannung u_{st} oder ein steuernder Strom i_{st} sein. Insgesamt lassen sich also vier Arten gesteuerter Quellen unterscheiden:

1. u_{st} steuert u_q: spannungsgesteuerte Spannungsquelle

2. u_{st} steuert i_q: spannungsgesteuerte Stromquelle

3. i_{st} steuert u_q: stromgesteuerte Spannungsquelle

4. i_{st} steuert i_q: stromgesteuerte Stromquelle.

Diese vier Fälle sind in Abbildung 7.8 dargestellt. Bei den beiden spannungsgesteuerten Quellen wird der Eingangswiderstand R_1 als unendlich groß angenommen, bei den beiden stromgesteuerten Quellen dagegen soll der Eingangswiderstand R_1 Null sein.

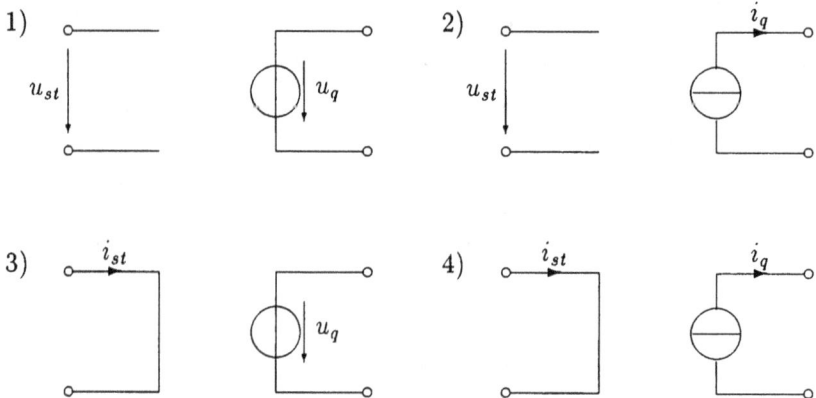

Abb. 7.8: Die vier Arten gesteuerter Quellen

Oft ist die Quellengröße der Steuergröße proportional: Steuerfaktoren

1. $u_q = v\, u_{st}$ ($v =$ Spannungsverstärkung)

2. $i_q = S\, u_{st}$ ($S =$ Steilheit)

3. $u_q = R_{\ddot{u}}\, i_{st}$ ($R_{\ddot{u}} =$ Übertragungswiderstand)

4. $i_q = \beta\, i_{st}$ ($\beta =$ Stromverstärkung).

Die Konstanten v, S, $R_{\ddot{u}}$, β heißen Steuerfaktoren und sind stets positiv.

7.6 Der Transformator

7.6.1 Allgemeine Beziehungen

Zu den wichtigsten Bauelementen der Wechselstromtechnik gehört der Transformator oder Übertrager. Mit ihm kann man Spannungen (und Ströme) auf einen höheren oder niedrigeren Wert übersetzen und eine Impedanztransformation durchführen. Weiterhin lassen sich Umläufe eines Netzwerkes miteinander koppeln, ohne daß sie leitend miteinander verbunden werden müssen.

Der grundsätzliche Aufbau eines Transformators, die Kenngrößen zu seiner Aufbau, Charakterisierung (L_1, L_2, M) und die Gleichungen, die sein Klemmenver- Kenngrößen halten beschreiben, sind in Abschnitt 11.2.2 enthalten und werden hier teilweise vorausgesetzt.

Das Tor des Transformators, an dem die Spannungsquelle liegt, wird als Primärseite (Index 1) bezeichnet, das Tor, das mit dem Verbraucher verbunden ist, heißt Sekundärseite (Index 2).

Die beiden Spulen des Transformators befinden sich üblicherweise – im Gegensatz zu der in Abbildung 11.3 skizzierten Anordnung – auf einem geschlossenen Eisenkern (Abbildung 7.9). Dieser sorgt dafür, daß der magnetische Fluß fast vollständig die beiden Wicklungen durchsetzt. Die Teilflüsse, die nicht durch die jeweils andere Spule gehen, heißen Streuflüsse. In Streufluß Abbildung 7.9 sind der primäre Streufluß $\Phi_{\sigma 1}$ und der sekundäre Streufluß $\Phi_{\sigma 2}$ durch je eine schematisierte Feldlinie veranschaulicht. Der Fluß, der die magnetische Kopplung der beiden Spulen bewirkt, ist der Hauptfluß Hauptfluß Φ_h, der durch eine ganz im Eisenkern verlaufende Feldlinie symbolisiert wird.

Die Punkte über den Spulen in Abbildung 7.9b haben folgende Bedeutung: Wird – etwa beim Aufstellen der Umlaufgleichungen – die Spule jeweils von dem angegebenen Punkt aus durchlaufen, so wird in beiden Fällen der

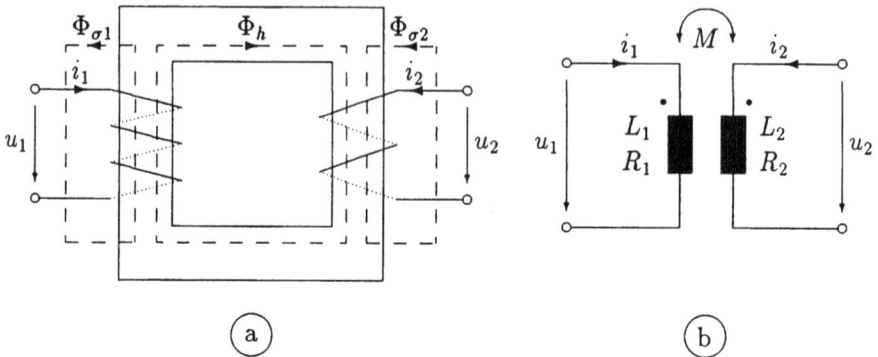

Abb. 7.9: Der Aufbau des Transformators und sein Schaltsymbol

Hauptfluß im gleichen Sinn umfaßt (z. B. im Sinn der Rechtsschraubenregel).

7.6.2 Der ideale Transformator

Man nennt einen Transformator ideal, wenn folgende Voraussetzungen erfüllt sind: Es treten keine Verluste auf (weder in den beiden Wicklungen noch im Eisenkern) und es gibt keine Streuflüsse. Außerdem muß der Eisenkern eine so hohe Permeabilität aufweisen, daß man die magnetische Spannung (s. Abschnitt 10.4), die den Fluß im Eisenkern erzeugt, vernachlässigen kann.

Unter diesen Voraussetzungen wird das Verhalten des Transformators durch

$$\frac{u_1}{u_2} = \frac{N_1}{N_1} = \ddot{u}, \qquad \frac{i_1}{i_2} = -\frac{N_2}{N_1} = -\frac{1}{\ddot{u}} \qquad (7.8\text{a,b})$$

ersetzungs-
hältnis

beschrieben; man nennt ü das Übersetzungsverhältnis. Die erste Beziehung folgt aus dem Induktionsgesetz (11.4), das für die Primärseite und für die Sekundärseite lautet:

$$u_1 = -N_1 \frac{d\Phi_h}{dt}, \qquad u_2 = -N_2 \frac{d\Phi_h}{dt}.$$

In beiden Wicklungen tritt wegen der zweiten Voraussetzung der gleiche Fluß Φ_h auf. Durch Division entsteht (7.8a). Im Durchflutungsgesetz (10.9) ist wegen der dritten Voraussetzung die linke Seite Null:

$$0 = N_1 i_1 + N_2 i_2 \, ,$$

woraus sich (7.8b) ergibt.

Aus (7.8a,b) folgen die Zweitorgleichungen in der Kettenform: Zweitorgleichunge

$$\begin{bmatrix} u_1 \\ i_1 \end{bmatrix} = \begin{bmatrix} \ddot{u} & 0 \\ 0 & \frac{1}{\ddot{u}} \end{bmatrix} \cdot \begin{bmatrix} u_2 \\ -i_2 \end{bmatrix} \, . \tag{7.9}$$

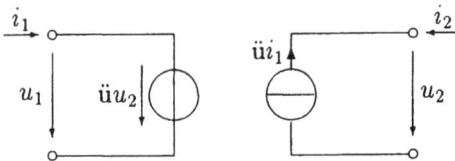

Abb. 7.10: Eine Ersatzschaltung des idealen Transformators mit zwei gesteuerten Quellen

Unter Verwendung der in Abschnitt 7.5 eingeführten gesteuerten Quellen läßt sich für diesen Zusammenhang die Ersatzschaltung nach Abbildung 7.10 angeben.

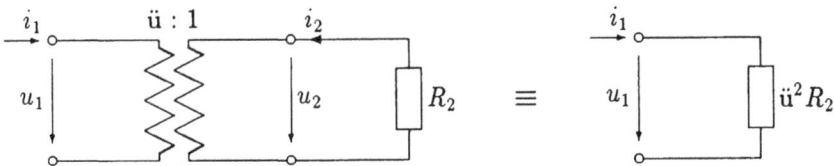

Abb. 7.11: Der ideale Transformator mit dem Abschlußwiderstand R_2

Abbildung 7.11 zeigt einen idealen Transformator (dargestellt durch sein übliches Schaltsymbol), an dessen Ausgangsklemmen der Widerstand R_2 liegt. Der Eingangswiderstand R_1 ergibt sich mit (7.8a,b) zu   Eingangswidersta

$$R_1 = \frac{u_1}{i_1} = \frac{\ddot{u}\, u_2}{-i_2/\ddot{u}} = \ddot{u}^2 \left(-\frac{u_2}{i_2} \right) = \ddot{u}^2\, R_2 \, .$$

135

Im Ohmschen Gesetz – aufgeschrieben für R_2 – tritt hier aufgrund der Zählrichtungen von u_2 und i_2 ein Minuszeichen auf.

Führt man dieselbe Überlegung unter Verwendung komplexer Effektivwerte durch, so erhält man

$$Z_1 = \ddot{u}^2 \, Z_2 \,. \tag{7.10}$$

ansformation
· Ausgangs-
pedanz

Der ideale Übertrager transformiert also die Ausgangsimpedanz mit $\ddot{u}^2$ auf die Primärseite. Diese Eigenschaft kann man benutzen, um die in Abschnitt 5.8.2 behandelte Leistungsanpassung zu erreichen.

7.6.3 Die Zweitorgleichungen des realen Transformators

Die in Abschnitt 11.2.2 für zwei magnetisch gekoppelte Spulen hergeleiteten Formeln (11.12) lauten für komplexe Effektivwerte

$$U_1 = (R_1 + j\omega L_1)\, I_1 + j\omega M \cdot I_2,$$

$$U_2 = (R_2 + j\omega L_2)\, I_2 + j\omega M \cdot I_1 \,.$$

Damit hat man die Zweitorgleichungen in der Widerstandsform (7.4) gefunden:

$$\begin{bmatrix} U_1 \\ U_2 \end{bmatrix} = \begin{bmatrix} R_1 + j\omega L_1 & j\omega M \\ j\omega M & R_2 + j\omega L_2 \end{bmatrix} \cdot \begin{bmatrix} I_1 \\ I_2 \end{bmatrix} \,. \tag{7.11}$$

Eine gleichartige Widerstandsmatrix hatte sich in Beispiel 7.1 für ein T-förmiges Zweitor ergeben. Durch Gleichsetzen der entsprechenden Matrixelemente findet man

$$Z_1 + Z_3 = R_1 + j\omega L_1, \quad Z_2 + Z_3 = R_2 + j\omega L_2, \quad Z_3 = j\omega M$$

oder

$$Z_1 = R_1 + j\omega(L_1 - M), \quad Z_2 = R_2 + j\omega(L_2 - M), \quad Z_3 = j\omega M \,.$$

Somit wird die Schaltung nach Abbildung 11.4 bestätigt. Sie ist unter

pplungs-
satzschaltbild

der Bezeichnung Kopplungs-Ersatzschaltbild des Transformators bekannt. Die hier auftretenden Induktivitäten $L_1 - M$ und $L_2 - M$ haben keine physikalisch-anschauliche Bedeutung (außer im Fall $\ddot{u} = N_1/N_2 = 1$).

136

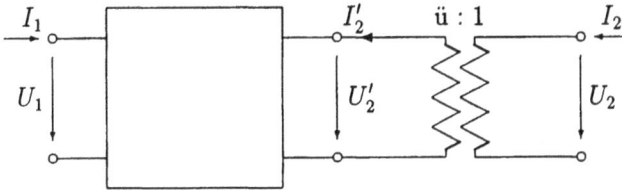

Abb. 7.12: Der reale Transformator als Kettenschaltung aus idealem Transformator und „Abweichung"

In einem anderen wichtigen Ersatzschaltbild wird der Transformator als Kettenschaltung aus einem idealen Transformator und einem Zweitor dargestellt, das die Abweichung des realen vom idealen Transformator beschreibt (Abbildung 7.12). Die „gestrichenen" Größen sind die mit (7.8) „auf die Primärseite umgerechneten" Ausgangsgrößen:

Abweichung vom idealen Transformator

$$U_2' = ü\, U_2, \qquad I_2' = \frac{1}{ü} I_2 \,.$$

Durch Multiplizieren und Erweitern bringt man (7.11) auf die Form

$$\begin{bmatrix} U_1 \\ U_2' \end{bmatrix} = \begin{bmatrix} R_1 + j\omega L_1 & j\omega ü M \\ j\omega ü M & ü^2 R_2 + j\omega ü^2 L_2 \end{bmatrix} \cdot \begin{bmatrix} I_1 \\ I_2' \end{bmatrix} \,. \qquad (7.12)$$

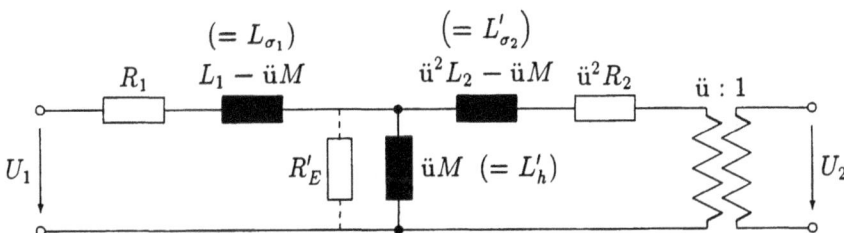

Abb. 7.13: Das Streuungs-Ersatzschaltbild des Transformators

Die im Anschluß an (7.11) gezogenen Schlußfolgerungen führen hier zu dem Ersatzschaltbild nach Abbildung 7.13. Die jetzt auftretenden Ersatzgrößen $L_1 - ü M$ und $ü^2 L_2 - ü M$ sind ein Maß für die primäre bzw. sekundäre

137

Streuung. Daher spricht man vom Streuungs-Ersatzschaltbild des Transformators.

reuungs-
satzschaltbild

Anmerkung:

Das Übersetzungsverhältnis ü des idealen Transformators in Abbildung 7.12 braucht nicht mit dem Verhältnis der Windungszahlen N_1/N_2 des realen Transformators übereinzustimmen. Es kann beliebig gewählt werden, z. B. so, daß die Induktivität $L_1 - üM$ Null wird und die Schaltung sich damit vereinfacht.

rluste

Die Verluste im Eisenkern setzen sich aus zwei Anteilen zusammen: aus den Hystereseverlusten (Abschnitt 11.3), die der Frequenz proportional sind, und den Wirbelstromverlusten, die vom Quadrat der Frequenz abhängen. Beide Verluste lassen sich näherungsweise (für eine feste Frequenz) durch einen konstanten Widerstand R'_E berücksichtigen, der in Abbildung 7.13 eingezeichnet ist.

pplungsfaktor

Die Kopplung zwischen Primär- und Sekundärwicklung wird häufig durch den (totalen) Kopplungsfaktor k gekennzeichnet, der nicht größer als eins werden kann und so definiert ist:

$$k^2 = \frac{M^2}{L_1 L_2} \leq 1 .$$

reufaktor

Die Abweichung von der festen Kopplung (k=1; es treten keine Streuflüsse auf) bringt der Streufaktor σ zum Ausdruck:

$$\sigma = 1 - k^2 \qquad \text{oder} \qquad k^2 = 1 - \sigma .$$

Teil II

Felder und Wellen

8. Elektrische Strömungsfelder

8.1 Skalare und vektorielle Feldgrößen

Die bisher betrachteten Größen wie Strom und Spannung nennt man integrale Größen. Bei diesen ist immer an einen endlichen Querschnitt zu denken, der durchströmt wird, bzw. an eine endliche Länge, auf der die Spannung abfällt. Feldgrößen dagegen sind Funktionen des Ortes im Raum; sie charakterisieren den Raumzustand, den man als Feld bezeichnet. Feldgrößen können ungerichtet oder gerichtet sein: im ersten Fall ist die Feldgröße ein Skalar, im zweiten ein Vektor. Beispiele für diese beiden Fälle sind der Luftdruck und die Windgeschwindigkeit.

Integrale Größen

Feldgrößen

Wenn die Feldgröße nicht vom Ort im Raum abhängt, nennt man das Feld homogen, andernfalls inhomogen. Bei einem Quellenfeld haben alle Feldlinien Anfang und Ende, bei einem Wirbelfeld sind die Feldlinien in sich geschlossen.

Homogen, Inhomogen

Quellenfeld, Wirbelfeld

8.2 Die Feldgrößen des Strömungsfeldes

8.2.1 Die Stromdichte

In Abbildung 8.1 ist eine räumlich verteilte Strömung durch einige Stromlinien dargestellt; das Feld ist offenbar homogen. Dividiert man den in das abgegrenzte Volumen eintretenden Strom Δi durch den Querschnitt ΔA, so gelangt man zur Stromdichte J:

$$J = \frac{\Delta i}{\Delta A} \, . \tag{8.1}$$

Man ordnet ihr eine Richtung zu, die mit der der Strömung übereinstimmt. (8.1) setzt voraus, daß der Strom senkrecht durch den Querschnitt hindurchtritt. Ist das Feld nicht homogen, so liefert (8.1) den Mittelwert der Stromdichte auf dem Flächenelement. Den Wert der Stromdichte in einem Punkt erhält man durch den Übergang zum Differentialquotienten:

$$J(P) = \lim_{\Delta A \to 0} \frac{\Delta i}{\Delta A} = \frac{di}{dA} \, . \tag{8.2}$$

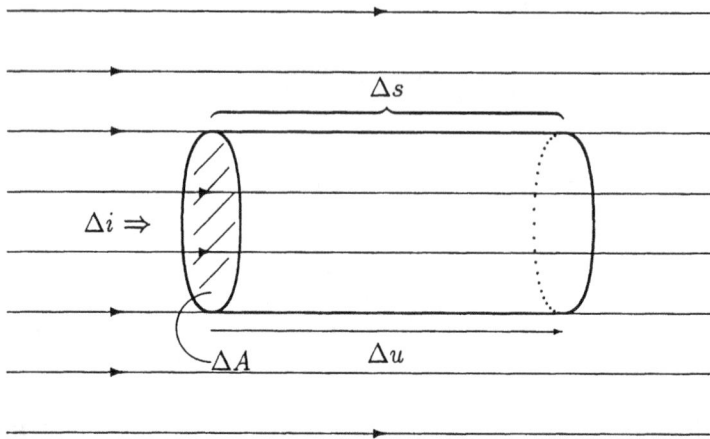

Abb. 8.1: Zur Einführung der Begriffe Stromdichte und elektrische Feldstärke

Umgekehrt ergibt sich der Strom bei gegebener Stromdichte durch Integration über den Querschnitt:

$$i = \int_A J\, dA \,. \tag{8.3}$$

Dabei wird weiterhin vorausgesetzt, daß die Stromdichte auf dem zugehörigen Flächenelement senkrecht steht. Bei beliebig gewählter Fläche faßt man J als Vektor auf und nimmt in (8.3) jeweils die Komponente, die auf dem betreffenden Flächenelement senkrecht steht. Diese Forderung läßt sich am einfachsten formulieren, wenn man auch dem Flächenelement einen Vektor zuordnet (dieser steht senkrecht auf der Fläche) und dann das Punktprodukt verwendet: Mit

$$J \perp \cdot dA = |\vec{J}|\, |d\vec{A}|\, \cos(\vec{J}, d\vec{A}) = \vec{J} \cdot d\vec{A}$$

ergibt sich statt (8.3):

$$i = \int_A \vec{J} \cdot d\vec{A} \,. \tag{8.4}$$

ächenelement
; Vektor

8.2.2 Die elektrische Feldstärke

Zwischen den beiden Deckflächen des in Abbildung 8.1 abgegrenzten Zylinders soll die Spannung Δu auftreten. Den Quotienten aus dieser Spannung und dem Abstand Δs nennt man die elektrische Feldstärke E:

$$E = \frac{\Delta u}{\Delta s} \,. \tag{8.5}$$

Man ordnet ihr die gleiche Richtung zu wie der Stromdichte. (8.5) setzt voraus, daß das Wegelement auf einer Stromlinie liegt. Im Fall eines inhomogenen Feldes liefert (8.5) einen Mittelwert. Den Wert der Feldstärke in einem Punkt erhält man durch den Übergang zum Differentialquotienten:

$$E(P) = \lim_{\Delta s \to 0} \frac{\Delta u}{\Delta s} = \frac{du}{ds} \,. \tag{8.6}$$

Umgekehrt ergibt sich die Spannung zwischen zwei Punkten (z. B. A und B) durch Integration über den Weg zwischen diesen Punkten:

$$u = u_{AB} = \int_A^B E \, ds \,. \tag{8.7}$$

Verläuft der Integrationsweg nicht entlang einer Stromlinie bzw. elektrischen Feldlinie, so faßt man E als Vektor auf und wählt in (8.7) jeweils die Komponente, die in die Richtung des Weges weist. Damit ergibt sich, wenn auch das Längenelement als Vektor betrachtet wird, mit Hilfe des Längenelement Punktproduktes statt (8.7) das Linienintegral Vektor

$$u_{AB} = \int_A^B \vec{E} \cdot d\vec{s} \,. \tag{8.8}$$

8.3 Die Grundgesetze des Strömungsfeldes

8.3.1 Die Knotengleichung

Drückt man in (3.1) jeden Strom durch das Integral (8.4) aus, so entsteht:

$$\sum_k \int_{A_k} \vec{J} \cdot d\vec{A} = 0 \,.$$

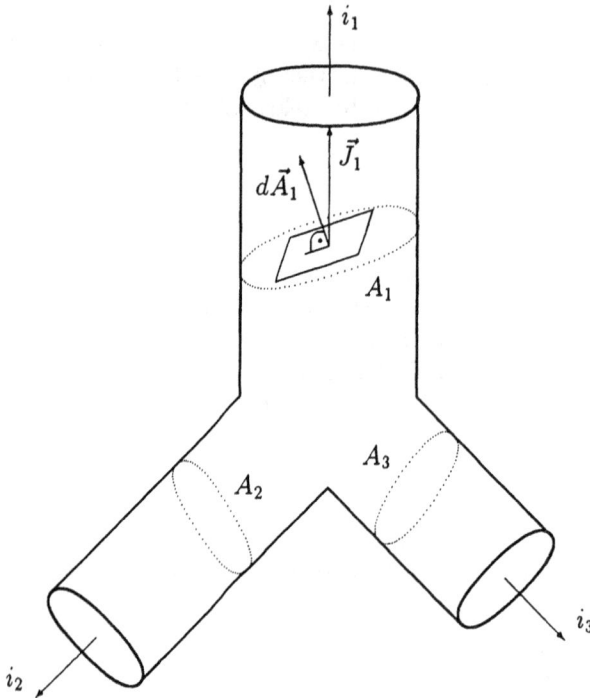

Abb. 8.2: Zur Knotengleichung

Die Flächen A_k in Abbildung 8.2 lassen sich durch eine nicht durchströmte Fläche (das Integral über die Stromdichte wird auf dieser Fläche also Null) zu einer geschlossenen Fläche (Hüllfläche A) ergänzen. Damit kann die Knotengleichung als Hüllenintegral geschrieben werden:

$$\oint_A \vec{J} \cdot d\vec{A} = 0 . \tag{8.9}$$

Quellenfreiheit

Ein Feld, für das (8.9) gilt, nennt man quellenfrei.

8.3.2 Die Umlaufgleichung

Stellt man in (3.2) jede Spannung durch das Integral (8.8) dar, so folgt:

$$\sum_k \int_{L_k} \vec{E} \cdot d\vec{s} = 0$$

144

oder (da es sich um einen geschlossenen Weg handelt):

$$\oint\limits_{L} \vec{E} \cdot d\vec{s} = 0 \,. \tag{8.10}$$

Ein Feld, das der Bedingung (8.10) genügt, heißt wirbelfrei.   Wirbelfreiheit

8.3.3 Das Ohmsche Gesetz

Der Zusammenhang zwischen den Feldgrößen $\vec{J}$ und $\vec{E}$ läßt sich herleiten, indem man das Ohmsche Gesetz auf den in Abbildung 8.1 eingezeichneten Zylinder anwendet. Es gilt mit (3.3a) und (2.8)

$$\Delta u = \Delta R \cdot \Delta i = \frac{\Delta s}{\gamma \, \Delta A} \cdot \Delta i$$

oder

$$\frac{\Delta u}{\Delta s} = \frac{1}{\gamma} \frac{\Delta i}{\Delta A} \,.$$

Die hier auftretenden Differenzenquotienten sind nach (8.1) und (8.5) die Feldgrößen E und J:

$$E = \frac{1}{\gamma} J \,.$$

Nach Ergänzen der Vektorpfeile hat man (mit $1/\gamma = \varrho$) in Analogie zu (3.3):

$$\vec{E} = \varrho \vec{J}, \qquad \vec{J} = \gamma \vec{E} \,. \tag{8.11a,b}$$

In Tabelle 8.1 sind die Grundgesetze des Strömungsfeldes denen der Netzwerke gegenübergestellt.

145

Netze	Strömungsfelder
$\sum i = 0$	$\oint\limits_{A} \vec{J}\, d\vec{A} = 0$
$\sum u = 0$	$\oint\limits_{L} \vec{E}\, d\vec{s} = 0$
$i = G\,u$	$\vec{J} = \gamma\, \vec{E}$
$u = R\,i$	$\vec{E} = \varrho\, \vec{J}$

Tabelle 8.1: Die Grundgesetze des Strömungsfeldes und die ihnen entsprechenden Netzwerkgesetze

8.4 Die Potentialfunktion

Es läßt sich zeigen, daß in einem wirbelfreien Feld das Integral (8.8) nur von der Lage der Punkte A und B abhängt, nicht aber vom Verlauf des Weges zwischen A und B. Für ein solches Integral, das man wegunabhägig nennt, kann geschrieben werden:

$$\int\limits_{A}^{B} \vec{E} \cdot d\vec{s} = \Phi(A) - \Phi(B) = -\int\limits_{A}^{B} d\Phi \ .$$

Die hier eingeführte Hilfsfunktion $\Phi(P)$ oder $\Phi(x, y, z)$ heißt *Potentialfunktion*. Es gilt offenbar

$$\vec{E} \cdot d\vec{s} - -d\Phi \tag{8.12}$$

und

$$\Phi(P) = -\int \vec{E} \cdot d\vec{s} + K \ . \tag{8.13}$$

Mit (8.13) läßt sich die zu einem bekannten elektrischen Vektorfeld gehörende Potenialfunktion bestimmen. (Dabei sollte der Integrationsweg so gewählt werden, daß die Integration leicht auszuführen ist.) Umgekehrt findet man bei gegebener Potentialfunktion die elektrische Feldstärke durch Bilden des Gradienten:

$$\vec{E} = -\operatorname{grad} \Phi \ . \tag{8.14}$$

146

In kartesischen Koordinaten ist

$$\text{grad}\,\Phi = \vec{e}_x\,\frac{\partial\Phi}{\partial x} + \vec{e}_y\,\frac{\partial\Phi}{\partial y} + \vec{e}_z\,\frac{\partial\Phi}{\partial z}\,.$$

8.5 Bedingungen an Grenzflächen

An der Grenzfläche zwischen zwei Materialien mit unterschiedlichen Leit-
fähigkeiten verhalten sich die beiden Feldgrößen $\vec{J}$ und $\vec{E}$ unterschiedlich.
Eine Aussage über das Verhalten der Normalkomponenten der Stromdichte Normalkomponen
erhält man durch Anwenden von (8.9) auf den in Abbildung 8.3 dargestellten flachen Zylinder. Dessen Höhe soll dabei so klein sein im Vergleich
zum Durchmesser, daß der Beitrag des Zylindermantels zum Integral vernachlässigt werden kann. Dann ergibt sich:

$$\vec{J}_2 \cdot \Delta\vec{A}_2 + \vec{J}_1 \cdot \Delta\vec{A}_1 = (\vec{J}_2 - \vec{J}_1)\,\vec{n}\,\Delta A = (J_{2n} - J_{1n})\,\Delta A = 0\,.$$

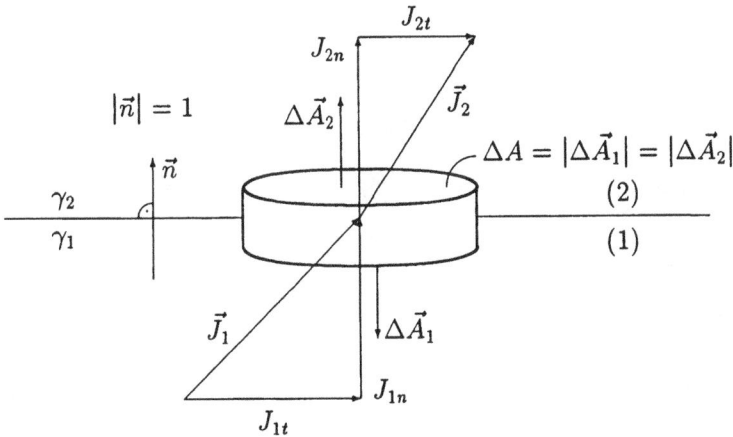

Abb. 8.3: Zur Herleitung der Stetigkeit der Normalkomponenten der
Stromdichte

Es ist also

$$J_{2n} = J_{1n} \, . \tag{8.15}$$

ngential-
mponenten

Mit (8.10), aufgeschrieben für den in Abbildung 8.4 skizzierten Umlauf, erhält man, wenn die Beiträge der beiden senkrechten Teilwege gegenüber denen der waagerechten vernachlässigt werden:

$$\vec{E}_2 \cdot \Delta \vec{s}_2 + \vec{E}_1 \cdot \Delta \vec{s}_1 = (\vec{E}_2 - \vec{E}_1) \, \vec{t} \Delta s = (E_{2t} - E_{1t}) \, \Delta s = 0 \, .$$

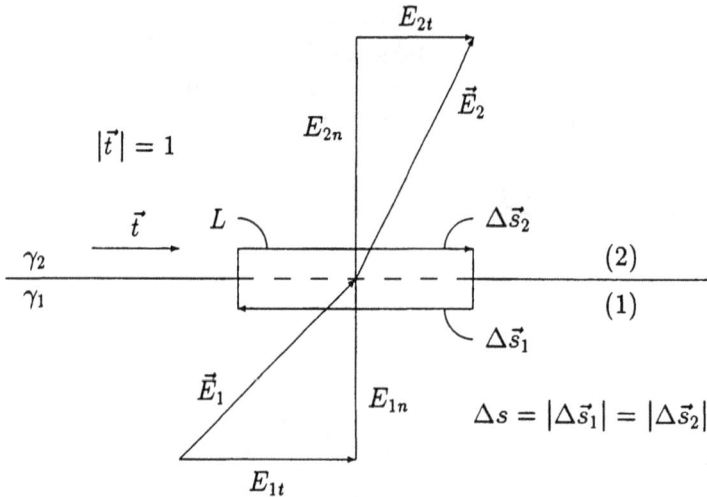

Abb. 8.4: Zur Herleitung der Stetigkeit der Tangentialkomponenten der elektrischen Feldstärke

Also wird

$$E_{2t} = E_{1t} \, . \tag{8.16}$$

echungsgesetz

Aus (8.15) und (8.16) folgt das Brechungsgesetz für die Feldlinien im Strömungsfeld. Der Abbildung 8.5 entnimmt man, wobei (8.11b) zu berücksichtigen ist:

$$\tan \alpha_1 = \frac{E_{1t}}{E_{1n}} = \frac{\gamma_1 \, E_{1t}}{J_{1n}} \, ,$$

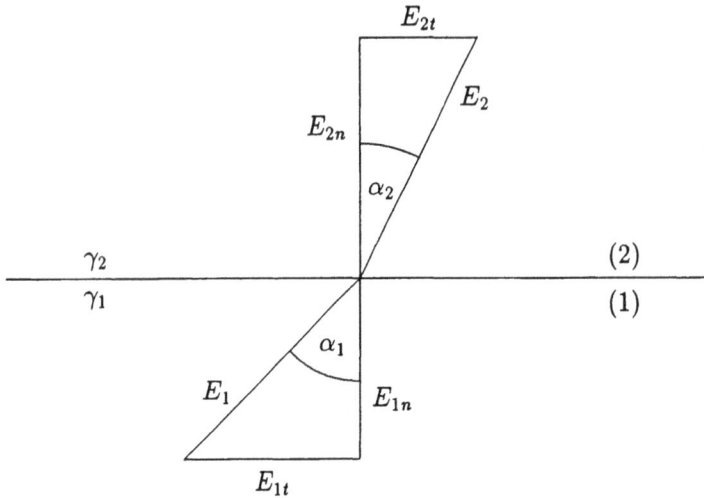

Abb. 8.5: Zum Brechungsgesetz für elektrische Feldlinien

$$\tan \alpha_2 = \frac{E_{2t}}{E_{2n}} = \frac{\gamma_2 \, E_{2t}}{J_{2n}} \, ,$$

woraus sich durch Division wegen (8.15) und (8.16) ergibt:

$$\frac{\tan \alpha_1}{\tan \alpha_2} = \frac{\gamma_1}{\gamma_2} \, . \tag{8.17}$$

8.6 Methoden zur Berechnung elektrischer Widerstände

Elektrische Widerstände können mit (2.6) grundsätzlich auf zwei Arten berechnet werden:

Im ersten Fall gibt man sich den elektrischen Strom vor und berechnet mit (8.8) die zwischen den Anschlüssen auftretende Spannung: Strom gegeben

$$R = \frac{\int_A^B \vec{E} \cdot d\vec{s}}{i} \, . \tag{8.18}$$

149

Ist die Potentialfunktion der Anordnung bekannt, hat man

$$R = \frac{\Phi(A) - \Phi(B)}{i} = \frac{\Phi_+ - \Phi_-}{i} \, , \qquad (8.18')$$

wobei Φ_+ und Φ_- die Potentiale der positiven bzw. der negativen Anschlußklemme sind.

annung gegeben Im zweiten Fall betrachtet man die Spannung als bekannt und bestimmt mit (8.4) den Strom:

$$R = \frac{u}{\int_A \vec{J} \cdot d\vec{A}} \, . \qquad (8.19)$$

Für den in Abschnitt 2.4 betrachteten Leiter konstanten Querschnitts erhält man mit der ersten Methode

$$J = \frac{i}{A} \;\Rightarrow\; E = \frac{i}{\gamma A} \;\Rightarrow\; u = \boxed{\frac{l}{\gamma A}} \, i = R \, i$$

und mit der zweiten Methode

$$E = \frac{u}{l} \;\Rightarrow\; J = \frac{u \, \gamma}{l} \;\Rightarrow\; i = \boxed{\frac{\gamma A}{l}} \, u = G \, u \, ,$$

also Ergebnis (2.8).

8.7 Die Leistungsdichte

Die in einem Volumenelement (Abbildung 8.1) umgesetzte Leistung kann mit (2.13) berechnet werden. Berücksichtigt man dabei (8.1) und (8.5), so entsteht:

$$\Delta P = \Delta u \cdot \Delta i = E \cdot \Delta s \cdot J \cdot \Delta A \, .$$

Als Leistung pro Volumen (Leistungsdichte) ergibt sich also $E \cdot J$. Mit (8.11) kann E durch J ausgedrückt werden (und umgekehrt), so daß man insgesamt die folgenden Darstellungsmöglichkeiten erhält:

$$\frac{\Delta P}{\Delta V} = p_V = E J = \varrho \, J^2 = \gamma \, E^2 \, . \qquad (8.20)$$

9. Elektrostatik

Die Elektrostatik beschäftigt sich mit elektrischen Feldern, die von ruhenden Ladungen verursacht werden. Alle auftretenden Größen hängen also nicht von der Zeit ab.

9.1 Die Feldgrößen des elektrischen Feldes

9.1.1 Das Coulombsche Gesetz und die elektrische Feldstärke

Die in Abschnitt 2.1 schon erwähnte Kraftwirkung zwischen Ladungen wird quantitativ beschrieben durch das experimentell gefundene Coulombsche Gesetz. Es besagt, daß die Kraft zwischen zwei Punktladungen q und Q, die voneinander den Abstand r haben, durch den Ausdruck

Kraft zwischen Punktladungen

$$F = \frac{q\,Q}{4\pi\varepsilon r^2} \qquad (9.1)$$

gegeben ist. Bei Ladungen ungleichen Vorzeichens ziehen sich beide Ladungen an, andernfalls stoßen sie sich ab. Die Größe ε heißt Dielektrizitätskonstante (Permittivität). Sie charakterisiert die elektrischen Eigenschaften des Raumes, in dem sich die beiden Ladungen befinden. (9.1) setzt voraus, daß ε im ganzen Raum denselben Wert hat.

Dielektrizitätskonstante

Die von einer Punktladung verursachte elektrische Feldstärke kann durch eine Energiebetrachtung gefunden werden. Bewegt sich z. B. die Ladung q (unter dem Einfluß von Q) um Δs, so wird wegen (9.1) die mechanische Energie

$$\Delta W = F \cdot \Delta s = q\,\frac{Q}{4\pi\varepsilon r^2}\,\Delta s$$

gewonnen. Andererseits ist die Abnahme der potentiellen Energie nach (2.5) als Produkt aus Ladung und durchlaufener Spannung darstellbar:

$$\Delta W = q \cdot \Delta u\,.$$

Durch Gleichsetzen beider Energieänderungen und Auflösen nach dem Quotienten $\Delta u/\Delta s$, der nach (8.5) als elektrische Feldstärke bezeichnet wird, ergibt sich also für das elektrische Feld in der Umgebung der Punktladung Q:

$$E = \frac{Q}{4\pi\varepsilon r^2} \cdot \qquad (9.2)$$

Damit läßt sich die Kraft auf die Ladung q wegen (9.1) auch in der Form

$$F = q \cdot E \qquad \text{bzw.} \qquad \vec{F} = q \cdot \vec{E} \qquad (9.3)$$

darstellen. Diese Gleichung gilt auch, wenn das elektrische Feld $\vec{E}$ nicht von einer einzigen Punktladung verursacht wird. Entscheidend ist, daß in $\vec{E}$ nicht das von q verursachte Feld enthalten ist. Deshalb bezeichnet man $\vec{E}$ oft als Fremdfeld.

emdfeld

9.1.2 Die elektrische Flußdichte

Neben der elektrischen Feldstärke verwendet man zur Beschreibung des elektrischen Feldes die elektrische Flußdichte $\vec{D}$, die durch

$$\vec{D} = \varepsilon \vec{E} \qquad (9.4)$$

definiert ist. Die Richtungen von $\vec{D}$ und $\vec{E}$ stimmen bei den meisten Materialien überein. Materialien mit dieser Eigenschaft nennt man isotrop.

Die Flußdichte in der Umgebung einer Punktladung ist wegen (9.2) und (9.4)

$$D = \frac{Q}{4\pi r^2} , \qquad (9.5)$$

also unabhängig von der Permittivität.

elektrizitäts-
nstante des
kuums

Die Dielektrizitätskonstante des Vakuums (und praktisch auch des Luftraums) beträgt

$$\varepsilon_0 = 8,854 \cdot 10^{-12} \frac{\text{As}}{\text{Vm}} \cdot$$

lative
elektrizitäts-
nstante

Die dielektrischen Eigenschaften der Materialien werden üblicherweise durch die relative Dielektrizitätskonstante ε_r charakterisiert, die durch

$$\varepsilon_r = \frac{\varepsilon}{\varepsilon_0} \qquad (9.6)$$

definiert ist. Tabelle 9.1 enthält einige Zahlenwerte.

Material	ε_r
Bakelit	6
Bariumtitanat	1000 ... 4000
Bernstein	2,8
Epoxidharz	3,7
Fernsprechkabelisolation (Papier, Luft)	1,6 ... 2
Glas	10
Glimmer	8
Gummi	2,6
Kautschuk	2,4
Luft, Gase	1
Mineralöl	2,2
Papier, chlorphen.	5,4
Papier, paraffin.	4
Pertinax	5
Polyäthylen	2,3
Polystrol	2,5
Polyvinylchlorid	3,1
Porzellan	5,5
Starkstromkabelisolation (Papier, Öl)	3 ... 4,5
Transformatoröl	2,5
Wasser	80

Tabelle 9.1: Relative Dielektrizitätskonstanten ε_r

9.2 Die Grundgesetze der Elektrostatik

9.2.1 Der Gaußsche Satz der Elektrostatik

Man bezeichnet die insgesamt von einer Ladung ausgehende Wirkung als   Elektrischer Fluß
elektrischen Fluß ψ_{ges} und setzt

$$\psi_{ges} = Q .$$

Dann läßt sich die aus (9.5) folgende Beziehung

$$Q = 4\pi r^2 D$$

so interpretieren: Die insgesamt von Q ausgehende Wirkung erhält man, indem man die vom Fluß durchsetzte Fläche (hier ist es die Kugeloberfläche) mit der Flußdichte auf dieser Fläche multipliziert. Diese Aussage läßt sich verallgemeinern: Für beliebige Ladungsverteilungen und eine beliebig gewählte Hüllfläche A gilt der Gaußsche Satz der Elektrostatik:

ıußscher Satz

$$\oint_A \vec{D}\, d\vec{A} = Q \, . \tag{9.7}$$

Das Flächenelement muß nach außen positiv gezählt werden. Q ist die insgesamt von A umschlossene Ladung.

9.2.2 Die Wirbelfreiheit des elektrostatischen Feldes

Bewegt sich eine Ladung q auf einem geschlossenen Weg in dem elektrischen Feld $\vec{E}$, so muß

$$q \oint_L \vec{E}\, d\vec{s}$$

den Wert Null ergeben. Andernfalls müßte die Ladung bei jedem Durchlaufen des Weges L eine Energieänderung erfahren. Das ist aber in einem geschlossenen System, das sich im Gleichgewichtszustand befindet, nicht möglich. Somit hat man (wie in Abschnitt 8.3.2)

$$\oint_L \vec{E}\, d\vec{s} = 0 \, . \tag{9.8}$$

ıtentialfunktion

Das elektrostatische Feld ist wirbelfrei und kann aus einer Potentialfunktion (Abschnitt 8.4) hergeleitet werden.

Beispiel 9.1

Das elektrostatische Feld in der Umgebung einer Punkladung soll durch die Potentialfunktion dargestellt werden.

Lösung

Der Einfachheit halber integriert man entlang einer Feldlinie. Dann lautet (8.13):

$$\Phi(r) = - \int E(r)\, dr + K \, .$$

Mit (9.2) folgt

$$\Phi(r) = -\int \frac{Q}{4\pi\varepsilon}\frac{dr}{r^2} + K = \frac{Q}{4\pi\varepsilon r} + K\,.$$

∎

9.3 Influenz

Wenn ein ungeladener Leiter (in ihm befinden sich gleich viele positive wie negative Ladungen) einem elektrischen Feld ausgesetzt wird, verschieben sich die beweglichen Ladungen (Leitungselektronen). Das Feld dieser verschobenen Ladungen und das äußere Feld heben sich im Leiterinneren gerade auf. Diese Ladungstrennung unter Einwirkung eines äußeren Feldes nennt man Influenz.

9.4 Die Kapazität

Die in Abbildung 9.1 dargestellten isolierten Leiter tragen die Ladungen Q und $-Q$. Eine solche Anordnung nennt man einen *Kondensator*; die beiden Leiter heißen Elektroden des Kondensators. Auf Grund der Beziehungen (9.7), (9.4) und (8.8) liegt es nahe, daß die gespeicherte Ladung Q der Spannung u zwischen den Elektroden proportional ist. Man setzt

Kondensator

$$Q = C\,u \tag{9.9}$$

und nennt C die Kapazität des Kondensators.

Aus (9.9) ergibt sich für die Einheit der Kapazität

Einheit der Kapazität

$$[C] = \frac{[Q]}{[u]} = \frac{\mathrm{As}}{\mathrm{V}}\,.$$

Dafür schreibt man

$$\frac{\mathrm{As}}{\mathrm{V}} = \mathrm{Farad} = \mathrm{F}\,.$$

Werden n Kondensatoren parallel geschaltet (alle liegen an der gleichen

Parallelschaltung

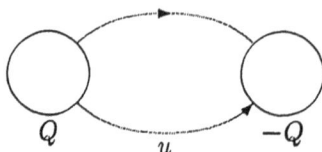

Abb. 9.1: Ein Kondensator liegt an der Spannung u und speichert die Ladung Q

Spannung u), so gilt mit (9.9)

$$Q = Q_1 + Q_2 + \ldots + Q_n = (C_1 + C_2 + \ldots + C_n)\, u \,.$$

Ein einzelner Kondensator, der bei gleicher Spannung die gleiche Ladung speichern soll, muß die Kapazität

$$C = \sum_{k=1}^{n} C_k \tag{9.10}$$

haben.

Reihenschaltung

Wird eine Reihenschaltung aus n zunächst ungeladenen Kondensatoren an eine Spannungsquelle gelegt, so erhalten die beiden äußeren Elektroden der Reihenschaltung durch ab- bzw. zufließende Elektronen die Ladungen Q und $-Q$. Auf allen übrigen Elektroden entstehen durch die Influenz die Ladungen $-Q$, $+Q$ usw. Alle Kondensatoren tragen also die gleiche Ladung. Daher ist

$$u = u_1 + u_2 + \ldots + u_n = \left(\frac{1}{C_1} + \frac{1}{C_2} + \ldots + \frac{1}{C_n} \right) Q \,.$$

Die Reihenschaltung kann durch einen einzelnen Kondensator C ersetzt werden, wenn gilt

$$\frac{1}{C} = \sum_{k=1}^{n} \frac{1}{C_k} \,. \tag{9.11}$$

Berechnung von Kapazitäten

Die Berechnung von Kapazitäten kann im Prinzip wie die Berechnung von

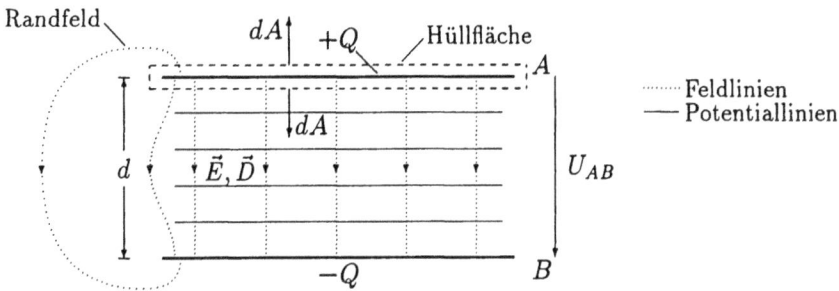

Abb. 9.2: Zur Berechnung der Kapazität des Plattenkondensators; von Randeffekten wird abgesehen, d. h. es wird ein homogenes Feld zwischen den Platten vorausgesetzt

Widerständen (Abschnitt 8.6) durchgeführt werden. Nach (9.9) ist

$$C = \frac{Q}{u}.$$

Hier gibt man sich Q oder u vor und erhält zwei Ausdrücke, die (8.18) und (8.19) entsprechen. Im ersten Fall folgt mit (8.8)   Ladung gegeben

$$C = \frac{Q}{\int_A^B \vec{E}\,d\vec{s}} \qquad\qquad (9.12)$$

oder

$$C = \frac{Q}{\Phi_+ - \Phi_-}. \qquad\qquad (9.12')$$

Im zweiten Fall hat man wegen (9.7)   Spannung gegeben

$$C = \frac{\oint_A \vec{D}\,d\vec{A}}{u}. \qquad\qquad (9.13)$$

Für den Plattenkondensator (Abbildung 9.2) mit der Plattenfläche A und dem Plattenabstand d erhält man mit der ersten Methode

$$D = \frac{Q}{A} \;\Rightarrow\; E = \frac{Q}{\varepsilon A} \;\Rightarrow\; u = \boxed{\frac{d}{\varepsilon A}}\, Q = \frac{1}{C}\,Q$$

und mit der zweiten Methode

$$E = \frac{u}{d} \;\Rightarrow\; D = \frac{\varepsilon u}{d} \;\Rightarrow\; \psi_{ges} = Q = \boxed{\frac{\varepsilon A}{d}}\, u = C \cdot u\,,$$

also

$$C = \frac{\varepsilon A}{d}\,. \tag{9.14}$$

Beispiel 9.2

Die Kapazität des in Abbildung 9.3 im Querschnitt dargestellten Kugelkondensators soll bestimmt werden.

ıgelkondensator

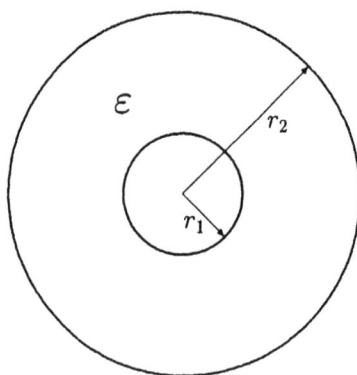

Abb. 9.3: Der Kugelkondensator (Querschnitt)

Lösung

Da die Potentialfunktion des kugelsymmetrischen Feldes nach Beispiel 9.1 bekannt ist, erhält man mit (9.12'):

$$C = \frac{Q}{\dfrac{Q}{4\pi\varepsilon r_1} - \dfrac{Q}{4\pi\varepsilon r_2}} = \frac{4\pi\varepsilon}{\dfrac{1}{r_1} - \dfrac{1}{r_2}}\,. \tag{9.15}$$

∎

9.5 Bedingungen an Grenzflächen

An der Grenzfläche zwischen zwei Materialien mit unterschiedlichen Permittivitäten verhalten sich die beiden Feldgrößen $\vec{D}$ und $\vec{E}$ unterschiedlich. Die entsprechenden Aussagen gewinnt man mit den in Abschnitt 8.5 ausführlich dargestellten Überlegungen. So ergibt sich aus (9.7) zunächst, falls das zylindrische Volumenelement in der Grenzschicht eine Ladung ΔQ enthält:

Normalkomponen

$$(D_{2n} - D_{1n})\,\Delta A = \Delta Q\,.$$

Führt man hier die Flächenladungsdichte $\sigma = \Delta Q/\Delta A$ ein, so lautet das Ergebnis

$$D_{2n} - D_{1n} = \sigma\,. \tag{9.16}$$

Wegen (9.8) gilt auch im elektrostatischen Feld

Tangential-
komponenten

$$E_{2t} = E_{1t}\,. \tag{9.17}$$

Falls sich in der Grenzschicht keine Ladungen befinden, erhält man das Brechungsgesetz der Elektrostatik in der Form

Brechungsgesetz

$$\frac{\tan \alpha_1}{\tan \alpha_2} = \frac{\varepsilon_1}{\varepsilon_2}\,. \tag{9.18}$$

9.6 Die im elektrischen Feld gespeicherte Energie

Ein Zweipol, der zum Zeitpunkt $t = 0$ an eine Spannungsquelle gelegt wird, nimmt bis zum Zeitpunkt t nach (2.10) die Energie

$$W(t) = \int\limits_0^t u(\tau)\,i(\tau)\,d\tau$$

auf. Hierbei ist $i(\tau)\,d\tau$ nach (2.2) der Ladungszuwachs dq. Stellt man mit (9.9) u durch die Ladung dar, so folgt (für konstantes C)

$$W = \frac{1}{C} \int\limits_0^Q q\,dq\,,$$

159

wenn der Kondensator bis zum Zeitpunkt t auf Q (bzw. die Spannung U) aufgeladen wurde. Durch Integration und mit (9.9) ergeben sich die Ausdrücke

ergie (allgemein)

$$W = \frac{1}{2}\frac{Q^2}{C} = \frac{1}{2}QU = \frac{1}{2}CU^2 \,. \tag{9.19}$$

Für einen Plattenkondensator gilt $Q = D \cdot A$, $C = \varepsilon A/d$. Damit wird

$$W = \frac{1}{2}\frac{D^2 A^2 d}{\varepsilon A} = \frac{1}{2}\frac{D^2}{\varepsilon}A d = \frac{1}{2}\frac{D^2}{\varepsilon}V \,.$$

V ist das Volumen zwischen den Platten, also der vom elektrischen Feld erfüllte Raum. Für die Energiedichte $w = W/V$ erhält man also

ergiedichte

$$w = \frac{1}{2}\frac{D^2}{\varepsilon} = \frac{1}{2}DE = \frac{1}{2}\varepsilon E^2 \,. \tag{9.20}$$

9.7 Kräfte

Die Kraft, mit der sich die beiden Platten eines geladenen Plattenkondensators (Abbildung 9.4) anziehen, läßt sich mit (9.3) bestimmen. Dabei ist zuerst das Fremdfeld zu ermitteln, also das von nur einer der geladenen Platten verursachte Feld (bei Abwesenheit der anderen Platte). Dieses Feld ist symmetrisch und hat die Stärke

emdfeld

$$E = \frac{Q}{2\varepsilon A} \,.$$

Da (9.3) eine punktförmige Ladung voraussetzt, kann man zunächst nur die Kraft ΔF auf ein (nahezu punktförmiges) Ladungselement ΔQ der anderen Platte angeben:

$$\Delta F = \Delta Q \frac{Q}{2\varepsilon A} \,.$$

Durch Summation entsteht daraus

$$F = \frac{Q^2}{2\varepsilon A} \,. \tag{9.21}$$

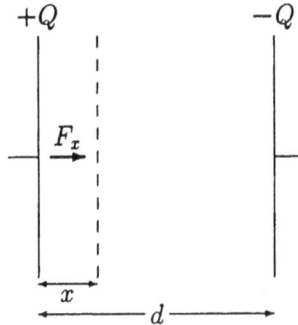

Abb. 9.4: Zum Prinzip der virtuellen Verschiebung

Ist die elektrische Energie einer Anordnung bekannt, so lassen sich die auftretenden Kräfte mit dem aus der Mechanik bekannten Prinzip der virtuellen Verschiebung bestimmen: Zu dem Zweck stellt man sich vor, daß unter der Einwirkung der Kraft F_x die linke Platte in Abbildung 9.4 um dx nach rechts verschoben wird. Dadurch erhält man einen Gewinn an mechanischer Energie von $F_x\,dx$. Die im Kondensator gespeicherte Energie W_e nimmt ab, wenn der Kondensator während der gedachten Verschiebung nicht mit einer Quelle verbunden ist (die Ladung bleibt also konstant). Es ergibt sich in diesem Fall

Virtuelle Verschiebung

Ladung konstant

$$F_x = -\frac{dW_e}{dx}; \qquad Q = \text{konst.} \tag{9.22a}$$

Bleibt der Kondensator während der gedachten Verschiebung mit der Spannungsquelle verbunden ($U = $ konst.), so nimmt die elektrische Energie zu, während die Quelle Energie abgibt. Jetzt erhält man

Spannung konsta

$$F_x = \frac{dW_e}{dx}; \qquad U = \text{konst.} \tag{9.22b}$$

Beispiel 9.3

Die Kraft zwischen den Platten eines Plattenkondensators soll mit (9.22a,b) bestimmt werden.

Lösung

Mit (9.22) und (9.19) ergibt sich zunächst

$$F_x = -\frac{d}{dx}\left(\frac{1}{2}\frac{Q^2}{C(x)}\right); \qquad Q = \text{konst.}$$

und

$$F_x = \frac{d}{dx}\left(\frac{1}{2}C(x)U^2\right); \qquad U = \text{konst.}$$

Setzt man hier

$$C(x) = \frac{\varepsilon A}{d - x}$$

ein und führt die Differentiation durch, so erhält man die Lösungen

$$F_x = \frac{Q^2}{2\varepsilon A}$$

und

$$F_x = \frac{U^2\varepsilon A}{2(d-x)^2}.$$

Für $x = 0$ liefert die letzte Formel die Kraft auf die Kondensator-platte in ihrer ursprünglichen Lage (Plattenabstand $= d$):

$$F_x = \frac{U^2\varepsilon A}{2d^2}.$$

■

aft pro Fläche Eine Gleichung für die Kraft pro Fläche (F_x/A) ergibt sich, indem man (9.21) durch A dividiert. Mit (9.4) erhält man zwei weitere Ausdrücke, also

$$\frac{F_x}{A} = \frac{1}{2}\frac{D^2}{\varepsilon} = \frac{1}{2}DE = \frac{1}{2}\varepsilon E^2. \tag{9.23}$$

10. Stationäre Magnetfelder

Magnetfelder, die von ruhenden magnetischen Polen verursacht werden, lassen sich genauso behandeln wie elektrostatische Felder. Wesentlich wichtiger für die Anwendungen sind jedoch Magnetfelder, die von elektrischen Strömen (d. h. von bewegten elektrischen Ladungen) verursacht werden. Daher soll hier als Grundexperiment die Kraftwirkung zwischen zwei stromdurchflossenen Leitern betrachtet werden. Ausgehende von diesem Befund lassen sich die magnetischen Feldgrößen einführen.

Magnetfelder, die von zeitlich konstanten Strömen hervorgerufen werden, nennt man stationär.

Stationär

10.1 Die Feldgrößen des magnetischen Feldes

10.1.1 Die Kraft zwischen stromdurchflossenen Leitern und die Flußdichte

Die Kraftwirkung zwischen stromdurchflossenen Leitern wurde in Abschnitt 1.1 im Zusammenhang mit der Definition der Basiseinheit Ampere schon erwähnt. Werden die beiden geradlinigen parallelen unendlich langen Leiter von den Strömen i und I durchflossen und haben die Leiter den Abstand ϱ voneinander, so wirkt auf einen Leiterabschnitt der Länge ℓ die Kraft

$$F = \frac{\mu\, i\, I\, \ell}{2\pi\,\varrho}\,. \qquad\qquad (10.1)$$

Die Leiter ziehen sich an, wenn beide Ströme die gleiche Richtung haben, andernfalls stoßen sie sich ab. Die Größe μ heißt Permeabilität (Induktionskonstante). Sie charakterisiert die magnetischen Eigenschaften des Raumes, in dem sich die beiden stromdurchflossenen Leiter befinden.

Permeabilität

Schreibt man (10.1) in der Form

$$F = i\,\ell \cdot \frac{\mu\, I}{2\pi\,\varrho}\,,$$

so ist folgende Interpretation naheliegend (vgl. Abschnitt 9.1.1): Der vom Strom i durchflossene Leiterabschnitt der Länge ℓ (erster Leiter) erfährt eine Kraft, die dem Produkt $i \cdot \ell$ proportional ist. Der Proportionalitätsfaktor $\mu I/(2\pi\varrho)$ beschreibt die Wirkung bzw. das Feld des Stromes I (im zweiten Leiter) am Ort des ersten Leiters. Die das Feld charakterisierende

163

magnetische Größe nennt man die magnetische Flußdichte (magnetische Induktion) B:

$$B = \frac{\mu I}{2\pi \varrho} .$$ (10.2)

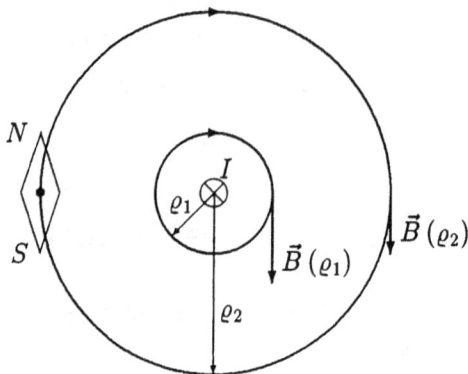

Abb. 10.1: Das von einem stromdurchflossenen Leiter erzeugte Magnetfeld

chtung
s Feldes

:chtsschrauben-
gel

Die Richtung, in die der Nordpol einer Magnetnadel weist, wird als Richtung der Feldgröße B angesehen (Abbildung 10.1). Die Stromrichtung und die Richtung des zugehörigen Magnetfeldes sind dann im Sinn der Rechtsschraubenregel miteinander verknüpft.

Wegen (10.1) und (10.2) läßt sich die Kraft auf ein von i durchflossenes Längenelement ℓ, das sich im Magnetfeld B befindet, in der Form

$$F = i\,\ell\,B$$ (10.3)

darstellen. Die Gleichung setzt voraus, daß B auf dem stromdurchflossenen Leiter senkrecht steht. B enthält nicht das von i verursachte Feld, weshalb B oft als Fremdfeld bezeichnet wird.

emdfeld

Hat B gegnüber dem Leiter eine beliebige Richtung, so wird

$$\vec{F} = i\,\vec{\ell} \times \vec{B}$$ (10.4)

wobei jetzt $\vec{\ell}$ ein Vektor ist, dessen Richtung mit der des Stromes übereinstimmt.

164

10.1.2 Die magnetische Feldstärke

Neben der magnetischen Flußdichte verwendet man zur Beschreibung des magnetischen Feldes die magnetische Feldstärke $\vec{H}$, die durch

$$\vec{H} = \frac{1}{\mu}\,\vec{B} \tag{10.5}$$

definiert ist.

Die Feldstärke in der Umgebung eines stromdurchflossenen geraden Leiters unendlicher Länge ist wegen (10.2) und (10.5)

Unendlich langer Leiter

$$H = \frac{I}{2\pi\,\varrho}\,, \tag{10.6}$$

also unabhängig von der Permeabilität.

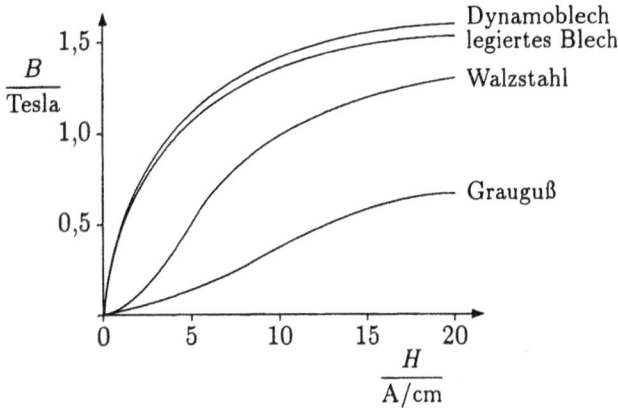

Abb. 10.2: Die Magnetisierungskennlinien einiger magnetischer Werkstoffe

Die Permeabilität des Vakuums (und des Luftraumes) beträgt

Permeabilität des Vakuums

$$\mu_0 = 4\pi \cdot 10^{-7}\,\frac{\text{Vs}}{\text{Am}}\,.$$

Die Materialeigenschaften werden üblicherweise durch die relative Permeabilität μ_r charakterisiert:

Relative Permeabilität

165

$$\mu_r = \frac{\mu}{\mu_0} \, . \tag{10.7}$$

amagnetisch
ramagnetisch
rromagnetisch

Die magnetischen Werkstoffe lassen sich in drei Gruppen einteilen: Bei diamagnetischen Werkstoffen liegt μ_r wenig unter 1 (Beispiel: Kupfer mit $\mu_r = 0,9984$), bei paramagnetischen Werkstoffen wenig über 1 (Beispiel: Aluminium mit $\mu_r = 1,000022$). Besonders wichtig sind die ferromagnetischen Stoffe (z. B. Eisen, Kobalt, Nickel) mit $\mu_r \gg 1$. Hier ist der Zusammenhang zwischen B und H nichtlinear, so daß man auf Kennlinien angewiesen ist (Abbildung 10.2).

sterese

Bei genauer Betrachtung zeigt sich, daß die Verhältnisse komplizierter sind: bei Zunahme von H wird eine andere Kurve durchlaufen als bei Abnahme von H. Diese Erscheinung heißt Hysterese und ist in Abbildung 10.3 dargestellt. Man nennt Kurve (1) die Neukurve, den Bereich rechts von P_1 (bzw. links von P_2) den der Sättigung. B_R heißt Remanenzflußdichte, H_K Koerzitiverregung.

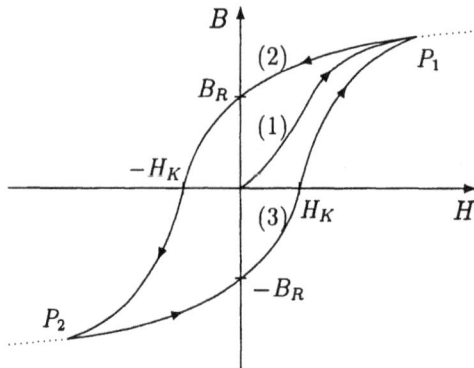

Abb. 10.3: Magnetisierungskennlinien, Hysterese

10.2 Die Grundgesetze des stationären Magnetfeldes

10.2.1 Die Quellenfreiheit des Magnetfeldes

ıgnetische Pole

Den elektrischen Ladungen, über die zuerst in Abschnitt 2.1 gesprochen wurde, entsprechen magnetische Ladungen, die man üblicherweise Pole nennt. Einen positiven Pol bezeichnet man als magnetischen Nordpol, einen negativen als magnetischen Südpol. Diese magnetischen Ladungen unterschiedlichen Vorzeichens treten (im Gegensatz zu elektrischen Ladungen) immer paarweise auf. Daher enthält irgendein Volumen stets gleich viele positive wie negative Ladungen, also die magnetische Gesamtladung Null. Somit tritt an die Stelle von (9.7) die Aussage

$$\oint_A \vec{B} \, d\vec{A} = 0 \, . \tag{10.8}$$

Das Feld der magnetischen Flußdichte ist also quellenfrei.

10.2.2 Das stationäre Magnetfeld als Wirbelfeld

Die aus (10.6) folgende Beziehung

$$I = 2\pi \varrho \cdot H$$

läßt sich so interpretieren: Kennt man die magnetische Feldstärke auf einem Umlauf (der hier mit einer kreisförmigen Feldlinie vom Radius ϱ zusammenfällt), so liefert das Produkt aus Umlauflänge und Feldstärke den Strom, der von dem Umlauf umschlossen wird. Allgemein gilt, wie die Erfahrung zeigt:

$$\oint_L \vec{H} \cdot d\vec{s} = \sum_k I_k = \Theta \, . \tag{10.9}$$

Dieses ist das Durchflutungsgesetz. Auf der rechten Seite stehen die insgesamt umfaßten Ströme, die bei Verknüpfung mit dem Umlauf L im Sinn der Rechtsschraubenregel positiv einzusetzen sind. Man nennt die rechte Seite auch die Durchflutung Θ. Im Gegensatz zum elektrostatischen Feld (Abschnitt 9.2.2) ist das magnetische Feld nicht wirbelfrei.

Durchflutungsgese

Ist der elektrische Strom räumlich verteilt, so hat man an Stelle von (10.9):

$$\oint_L \vec{H} \cdot d\vec{s} = \int_A \vec{J} \cdot d\vec{A} \, . \tag{10.10}$$

Der Umlaufsinn und die Orientierung der Fläche bzw. des Flächenelements sind auch hier durch die Rechtsschraubenregel verknüpft.

Rechtsschraubenr

Nur in wenigen Fällen, nämlich bei im Prinzip bekanntem Feldverlauf, kann (10.9) oder (10.10) verwendet werden, um die zu einer gegebenen Stromverteilung gehörende Feldstärke zu berechnen. Die Lösung dieser Aufgabe läßt sich dagegen immer (u. U. mit numerischen Methoden) mit dem Gesetz von Biot-Savart durchführen:

$$d\vec{B} = \frac{\mu I}{4\pi} \cdot \frac{d\vec{s} \times \vec{r}^0}{r^2} \, .$$ (10.11)

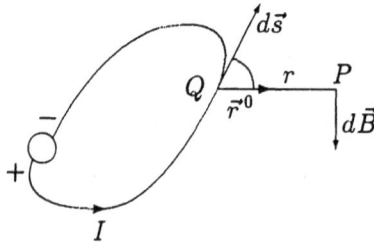

Abb. 10.4: Zum Gesetz von Biot-Savart

Hierbei ist $d\vec{B}$ der Beitrag zur Flußdichte im Aufpunkt P, der von dem stromdurchflossenen Leiterelement $d\vec{s}$ (im Quellpunkt Q) geliefert wird (Abbildung 10.4). Die Gleichung setzt voraus, daß μ im ganzen Raum konstant ist.

Beispiel 10.1

Es ist die von einem stromdurchflossenen Leiter endlicher Länge im Punkt P (Abbildung 10.5) verursachte magnetische Flußdichte zu bestimmen.

Lösung

Nach (10.11) gilt

$$dB(P) = \frac{\mu I}{4\pi} \cdot \frac{ds \cdot 1 \cdot \sin\varphi}{r^2} \, ,$$

wobei $d\vec{B}$ senkrecht auf der Papierebene steht. Mit

$$\sin\varphi = \sin\vartheta, \qquad r = \frac{a}{\sin\vartheta}$$

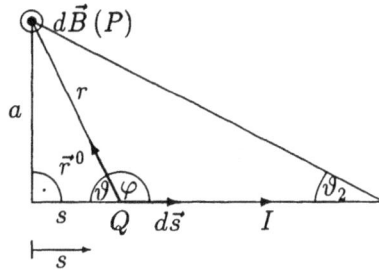

Abb. 10.5: Ein Beispiel zur Anwendung des Gesetzes von Biot-Savart

$$s = a \, \cot \vartheta \quad \Rightarrow \quad ds = \frac{-a}{\sin^2 \vartheta} \, d\vartheta$$

folgt

$$B(P) = \int dB(P) = -\frac{\mu \, I}{4\pi \, a} \int\limits_{\pi/2}^{\vartheta_2} \sin \vartheta \, d\vartheta = \frac{\mu \, I}{4\pi \, a} \cos \vartheta_2 \; .$$

Reale Stromkreise sind immer geschlossen; sonst wäre der Erste Kirchhoffsche Satz verletzt. Daher muß der betrachtete Leiter endlicher Länge entsprechend ergänzt werden. So erhält man z. B. für das Magnetfeld im Mittelpunkt eine quadratischen Leiterschleife der Seitenlänge $2a$:

Quadratische Leiterschleife

$$B(M) = 8 \, \frac{\mu \, I}{4\pi \, a} \, \cos \frac{\pi}{4} = \frac{\sqrt{2}}{\pi} \cdot \frac{\mu \, I}{a} \; .$$

■

10.3 Bedingungen an Grenzflächen

An der Grenzfläche zwischen zwei Materialien mit unterschiedlichen Permeabilitäten verhalten sich die beiden Feldgrößen $\vec{B}$ und $\vec{H}$ ähnlich wie die elektrischen Feldgrößen $\vec{D}$ und $\vec{E}$. Mit den in Abschnitt 8.5 ausführlich dargestellten Überlegungen gewinnt man aus (10.8) das Ergebnis

$$B_{2n} = B_{1n} \qquad\qquad (10.12)$$

Normalkomponen

und aus (10.9) zunächst

$$(H_{2t} - H_{1t})\,\Delta s = \Delta I \,,$$

wobei ΔI ein möglicherweise in der Grenzschicht fließender Strom ist, der von dem Umlauf umfaßt wird. Führt man hier den Strom pro Länge $I' = \Delta I / \Delta s$ ein, so lautet das Ergebnis:

ngential-
mponenten

$$H_{2t} - H_{1t} = I' \,. \tag{10.13}$$

Falls in der Grenzschicht kein Strom fließt, erhält man das Brechungsgesetz für magnetische Feldlinien in der Form

echungsgesetz

$$\frac{\tan \alpha_1}{\tan \alpha_2} = \frac{\mu_1}{\mu_2} \,. \tag{10.14}$$

10.4   Magnetische Kreise

In Abschnitt 8 wurden die den integralen Größen i und u entsprechenden Feldgrößen $\vec{J}$ und $\vec{E}$ eingeführt. Genauso lassen sich den in Abschnitt 10.1 behandelten magnetischen Feldgrößen $\vec{B}$ und $\vec{H}$ integrale Größen zuordnen.

agnetischer Fluß In Analogie zu (8.4) definiert man einen magnetischen Fluß Φ:

$$\Phi = \int_A \vec{B}\,d\vec{A} \,. \tag{10.15}$$

agnetische
annung Entsprechend (8.8) wird die magnetische Spannung V zwischen den Punkten A und B eingeführt:

$$V_{AB} = \int_A^B \vec{H}\,d\vec{s} \,. \tag{10.16}$$

Damit ergibt sich aus (10.8) mit (10.15) eine dem Ersten Kirchhoffschen Satz 3.1 entsprechende Beziehung:

$$\sum_k \Phi_k = 0 \,. \tag{10.17}$$

Und aus (10.9) folgt mit (10.16) als Gegenstück zum Zweiten Kirchhoffschen Satz (3.2):

$$\sum_k V_k = \Theta \,. \tag{10.18}$$

stationäre elektrische Strömungsfelder	Elektrostatik	stationäre Magnetfelder
$\oint_A \vec{J}\, d\vec{A} = 0$	$\oint_A \vec{D}\, d\vec{A} = Q$	$\oint_A \vec{B}\, d\vec{A} = 0$
$\oint_L \vec{E}\, d\vec{s} = 0$	$\oint_L \vec{E}\, d\vec{s} = 0$	$\oint_L \vec{H}\, d\vec{s} = \Theta$
$\vec{J} = \gamma\, \vec{E}$	$\vec{D} = \varepsilon\, \vec{E}$	$\vec{B} = \mu\, \vec{H}$
$I = \int_A \vec{J}\, d\vec{A}$	$\Psi_e = \int_A \vec{D}\, d\vec{A}$	$\Phi = \int_A \vec{B}\, d\vec{A}$
$U = \int_L \vec{E}\, d\vec{s}$	$U = \int_L \vec{E}\, d\vec{s}$	$V = \int_L \vec{H}\, d\vec{s}$
$\sum I = 0$	$\sum \Psi_e = Q$	$\sum \Phi = 0$
$\sum U = 0$	$\sum U = 0$	$\sum V = \Theta$
$I = G\,U$	$\left.\begin{array}{c} Q \\ \\ \Psi_e \end{array}\right\} = C\,U$	$\Phi = \left\{\begin{array}{c} L\,I \\ \\ \Lambda\,V \end{array}\right.$

Tabelle 10.1: Übersicht über die bisher behandelten Grundgesetze: im oberen Teil mit Feldgrößen formuliert, im unteren Teil mit integralen Größen. Die beiden mittleren Zeilen enthalten die Zusammenhänge zwischen integralen Größen und Feldgrößen

Die Durchflutung Θ entspricht der Summe aller Quellenspannungen und erscheint hier auf der rechten Gleichungsseite.

Wie ein elektrische Leiter den Strom, so führt ein ferromagnetischer Körper (Stab, Bügel) den magnetischen Fluß. Besteht z. B. zwischen den beiden Enden A und B eines ferromagnetischen Stabes die magnetische Spannung V_{AB} und wird der Stab (senkrecht zum Querschnitt) von dem Fluß Φ durchsetzt, so ordnet man dem Stab den magnetischen Widerstand

Magnetischer Widerstand

171

$$R_m = \frac{V_{AB}}{\Phi} \tag{10.19}$$

zu. den Kehrwert bezeichnet man als magnetischen Leitwert

$$\Lambda = \frac{1}{R_m} . \tag{10.19'}$$

Ist R_m bzw. Λ konstant (d. h. unabhängig von Φ), so gilt das Ohmsche Gesetz des magnetischen Kreises (in Analogie zu (3.3)):

$$V = R_m \, \Phi; \qquad R_m = \text{konst} \tag{10.20a}$$

$$\Phi = \Lambda \, V; \qquad \Lambda = \text{konst} . \tag{10.20b}$$

Die im vorliegenden Kapitel behandelten Grundgesetze und ihre Entsprechungen im stationären Strömungsfeld und in der Elektrostatik sind in Tabelle 10.1 zusammengestellt.

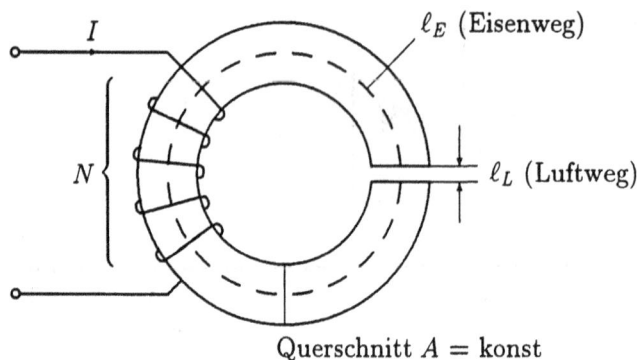

Abb. 10.6: Ein einfacher magnetischer Kreis

Ein einfaches Beispiel eines magnetischen Kreises ist in Abbildung 10.6 dargestellt: Eine stromdurchflossene Spule mit N Windungen befindet sich auf einem Eisenkern mit Luftspalt. Das Feld im Eisen und im Luftspalt soll näherungsweise als homogen angesehen werden. Dann ist wegen (10.12)

$$B_E = B_L = B \tag{10.21}$$

und nach (10.9)

$$H_E \, \ell_E + H_L \, \ell_L = N \, I = \Theta \, . \tag{10.22}$$

Die beiden Summanden auf der linken Seite sind nach (10.16) die magnetischen Spannungen im Eisen bzw. im Luftspalt. Erweitert man (10.22) mit dem Querschnitt A und berücksichtigt (10.5), so entsteht

$$A \, B \, \frac{\mu_E}{\ell_E \, A} + A \, B \, \frac{\mu_0}{\ell_L \, A} = \Theta \, .$$

Hierin ist AB nach (10.15) der magnetische Fluß Φ und der wie (2.8) aufgebaute andere Faktor der magnetische Widerstand R_m. Somit ergibt sich

$$\Phi \cdot R_{mE} + \Phi \cdot R_{mL} = \Phi \, (R_{mE} + R_{mL}) = \Theta \, .$$

Die Summe $R_{mE} + R_{mL}$ stellt den Gesamtwiderstand der magnetischen Reihenschaltung aus Eisenbügel und Luftspalt dar. Entsprechend würden sich bei einer Parallelschaltung die magnetischen Leitwerte addieren. Alle in den Abschnitten 3.3, 3.4, 4 angegebenen Gesetze gelten sinngemäß, sofern der betrachtete magnetische Kreis linear ist und demnach (10.20) zutrifft.

Im nichtlinearen Fall, wenn die Eigenschaften des Eisens durch die B, H-Kennlinie gegeben sind, muß ein anderer Lösungsweg beschritten werden. Dieser wird in dem folgenden Beispiel beschrieben.

Beispiel 10.2

Gegeben ist eine stromdurchflossene Spule mit Luftspalt gemäß Abbildung 10.6. Bekannt sind alle Abmessungen, die Durchflutung und die Magnetisierungskennlinie des Eisenkerns (Abbildung 10.7). Gesucht sind B und H im Eisen.

Nichtlinearer magnetischer Kre[is]

Lösung

Die erste Beziehung zwischen den beiden Unbekannten ist durch die Magnetisierungskennlinie gegeben. Die zweite Beziehung folgt aus (10.22) mit (10.5) und (10.21):

$$H_E \, \ell_E + H_L \, \ell_L = \Theta$$

oder

$$\frac{H_E}{\Theta/\ell_E} + \frac{B}{\mu_0 \, \Theta/\ell_L} = 1 \, .$$

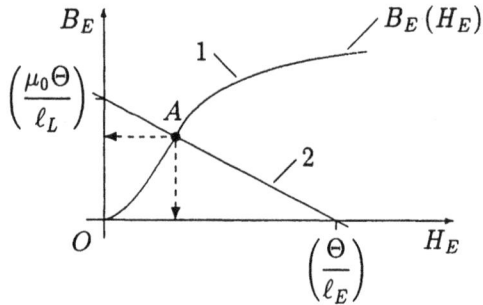

Abb. 10.7: Zur Lösung von Beispiel 10.2

herungsgerade

Diese lineare Beziehung zwischen H_E und B ($= B_E$) nennt man Scherungsgerade. Trägt man diese in die Kennlinie ein, so erhält man den Schnittpunkt A und kann die gesuchten Größen auf den Achsen ablesen.

■

11. Zeitlich veränderliche Magnetfelder

Zeitlich konstante elektrische und magnetische Felder lassen sich getrennt behandeln. Wenn sich jedoch magnetische Felder ändern, treten elektrische Felder auf. Beide Feldarten sind dann miteinander verknüpft.

11.1 Das Induktionsgesetz

Eine zunächst als widerstandslos angenommene Leiterschleife werde von einem magnetischen Fluß Φ durchsetzt (Abbildung 11.1). Experimentell ergibt sich, daß eine Spannung u_i entsteht (induziert wird), wenn sich die Flußdichte bei konstaner Fläche der Leiterschleife ändert (Fall a). Genauso erhält man eine induzierte Spannung, wenn sich die Fläche der Leiterschleife bei konstanter Flußdichte ändert (Fall b). Quantitativ lautet der Zusammenhang

$$(a) \quad u_i = -A\,\frac{\partial B}{\partial t}, \qquad (b) \quad u_i = -B\,\frac{\partial A}{\partial t}$$

oder zusammengefaßt

$$u_i = -\frac{d\Phi}{dt}\;. \tag{11.1}$$

Das ist das Induktionsgesetz. Zu betrachten ist, daß der Umlauf und die Richtung des Flusses im Sinn der Rechtsschraubenregel verknüpft sind. Die induzierte Spannung u_i auf der linken Gleichungsseite ist positiv einzusetzen, wenn der Spannungspfeil in die Umlaufrichtung weist. Induktionsgesetz
spezieller Form

Fällt die induzierte Spannung nicht nur zwischen den Anschlußklemmen des Spannungsmessers ab, sondern auf dem ganzen Umlauf (wobei die Leiterschleife jetzt irgendeinen Widerstand hat), so ist die linke Seite von (11.1) durch (8.8) darzustellen. Der Fluß wird im allgemeinen Fall (eines inhomogenen Feldes) durch (10.15) ausgedrückt. Damit folgt das Induktionsgesetz in allgemeiner Form: Induktionsgesetz
allgemeiner Form

$$\oint_L \vec{E}\,d\vec{s} = -\frac{\partial}{\partial t}\int_A \vec{B}\,d\vec{A}\;. \tag{11.2}$$

175

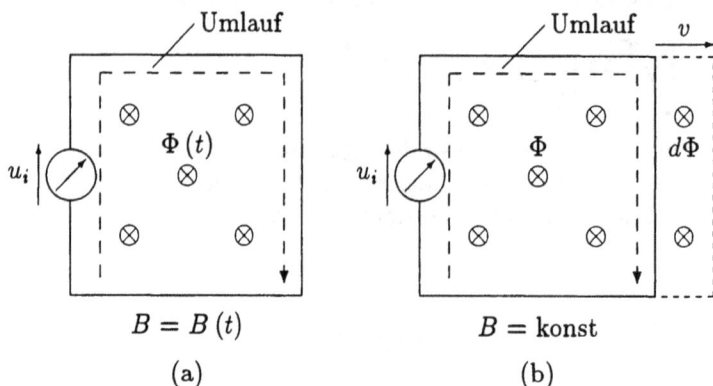

Abb. 11.1: Zum Induktionsgesetz

Der Umlaufsinn und die Orientierung der Fläche sind durch die Rechts-schraubenregel verknüpft.

Im Fall einer Spule mit mehreren Windungen schreibt man statt (11.1)

$$u_i = -\frac{d\Psi}{dt} \qquad (11.3)$$

wobei Ψ den Gesamtfluß bedeutet. Dieser ist

$$\Psi = \Phi_1 + \Phi_2 + \ldots + \Phi_N \, ,$$

wenn die erste Windung vom Fluß Φ_1, die zweite von Φ_2 usw. durchsetzt wird. Häufig tritt durch alle N Windungen der gleiche Fluß Φ. Dann ist $\Psi = N\Phi$ und statt (11.3) hat man

$$u_i = -N\frac{d\Phi}{dt} \, . \qquad (11.4)$$

11.2 Induktivitäten

11.2.1 Die Selbstinduktivität

In vielen Fällen ist der Fluß dem Strom proportional, der das magnetische Feld verursacht. Dann setzt man in Analogie zu (9.9)

$$\Psi = L \cdot i \qquad (11.5)$$

176

und nennt L die Selbstinduktivität der Spule.

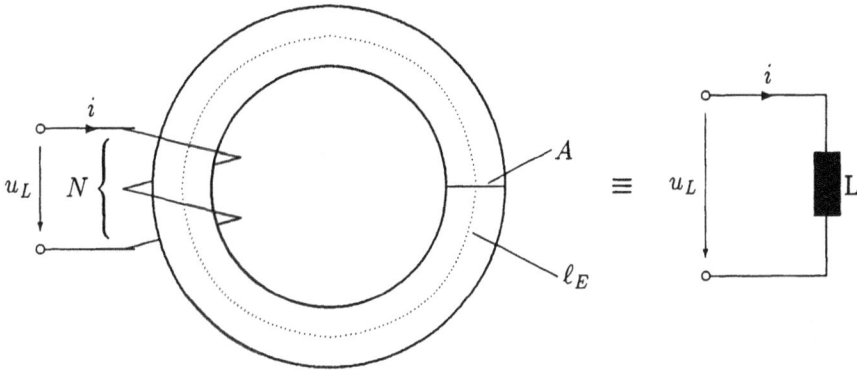

Abb. 11.2: Eine Spule mit Eisenkern und das Schaltsymbol der Spule

Mit (11.3) und (11.5) erhält man für die Spule, wenn die bei einem Verbraucher üblichen Zählrichtungen (Abbildung 11.2) verwendet werden:

$$u_L = L \frac{di}{dt} \,.$$ (11.6)

Aus (11.5) ergibt sich für die Einheit der Selbstinduktivität

$$[L] = \frac{[\Psi]}{[i]} = \frac{\mathrm{Vs}}{\mathrm{A}} \,.$$

Einheit der
Selbstinduktivität

Dafür schreibt man

$$\frac{\mathrm{Vs}}{\mathrm{A}} = \mathrm{Henry} = \mathrm{H} \,.$$

Werden Spulen in Reihe geschaltet (alle werden vom gleichen Strom durchflossen), so hat man

$$\Psi = \Psi_1 + \Psi_2 + \ldots + \Psi_n = (L_1 + L_2 + \ldots + L_n)\, i \,.$$

Es folgt in Analogie zu (3.6)

$$L = \sum_{k=1}^{n} L_k \,.$$ (11.7)   Reihenschaltung

177

Entsprechend ergibt sich für die Parallelschaltung

$$\frac{1}{L} = \sum_{k=1}^{n} \frac{1}{L_k} \, .$$ (11.8)

Für $\Psi = N\Phi$ folgt aus (11.5) mit (10.20b) und $V = \Theta = N\,i$ für den magnetischen Kreis ohne Verzweigung

$$L = N^2 \Lambda \, .$$ (11.9)

Die Windungszahl geht also in die Selbstinduktivität in der Form N^2 ein.

Beispiel 11.1

Es soll die Selbstinduktivität der in Abbildung 11.2 dargestellten Ringspule berechnet werden.

Lösung

Wegen (10.16) gilt

$$H_E \, \ell_E = N\,i \qquad \text{oder} \qquad H_E = \frac{N\,i}{\ell_E} \, .$$

Mit (10.5) und (10.15) erhält man

$$B = \frac{\mu_E \, N\,i}{\ell_E} \qquad \text{und} \qquad \Psi = N\,\Phi = \frac{\mu_E \, N^2 \, i \, A}{\ell_E} \, .$$

Die Selbstinduktivität ergibt sich nach (11.5) zu $L = \Psi/i$.

$$L = N^2 \frac{\mu_E \, A}{\ell_E} \, .$$

Nach (11.9) ist der magnetische Leitwert der Ringspule $\mu_E \, A/\ell_E$ und damit der magnetische Widerstand

$$R_m = \frac{\ell_E}{\mu_E \, A}$$

(in Analogie zu (2.8)).

■

11.2.2 Die Gegeninduktivität

Wenn mehr als eine stromdurchflossene Spule vorhanden ist, treten magnetische Kopplungen zwischen den Spulen auf. Speziell für zwei Spulen mit den Widerständen R_1 und R_2 und den Windungszahlen N_1 und N_2 (Abbildung 11.3) liefert (11.4) für die beiden Umläufe:

$$-u_1 + R_1\,i_1 = -N_1\,\frac{d\Phi_1}{d1}, \qquad -u_2 + R_2\,i_2 = -N_2\,\frac{d\Phi_2}{dt}\,. \qquad (11.10)$$

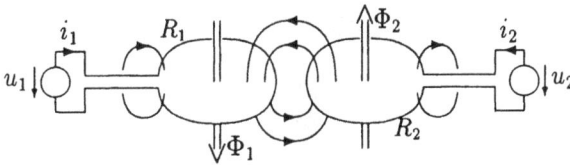

Abb. 11.3: Zwei magnetisch gekoppelte Leiterschleifen

Die Flüsse Φ_1 und Φ_2 werden von beiden Strömen verursacht. Im linearen Fall gilt

$$N_1\,\Phi_1 = L_1\,i_1 + M\,i_2, \qquad N_2\,\Phi_2 = L_2\,i_2 + M\,i_1\,. \qquad (11.11)$$

Hier ist L_1 die Selbstinduktivität der ersten Spule, L_2 die der zweiten Spule. M beschreibt die Kopplung zwischen beiden Spulen und wird als Gegeninduktivität bezeichnet. (Daß die Größen M in beiden Gleichungen übereinstimmen, läßt sich mit einer Energiebetrachtung nachweisen.)

Durch Einsetzen von (11.11) in (11.10) entsteht:

$$u_1 = R_1\,i_1 + L_1\,\frac{di_1}{dt} + M\,\frac{di_2}{dt}\,,$$

$$\qquad (11.12)$$

$$u_2 = R_2\,i_2 + L_2\,\frac{di_2}{dt} + M\,\frac{di_1}{dt}$$

oder

$$u_1 = R_1\,i_1 + (L_1 - M)\,\frac{di_1}{dt} + M\,\frac{d(i_1 + i_2)}{dt}\,,$$

(11.13)

$$u_2 = R_2\,i_2 + (L_2 - M)\,\frac{di_2}{dt} + M\,\frac{d(i_1 + i_2)}{dt}\,.$$

·satzschaltbild

Dieses Gleichungspaar kann man durch die in Abbildung 11.4 skizzierte Ersatzschaltung darstellen.

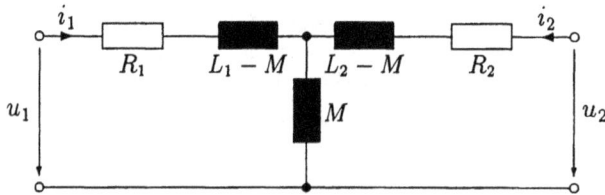

Abb. 11.4: Ein mögliches Ersatzschaltbild für die gekoppelten Spulen in Abbildung 11.3

indungszahlen

Auf ähnliche Weise wie im Zusammenhang mit (11.9) kann gezeigt werden, daß die Gegeninduktivität die Windungszahlen der beiden Spulen in der Form $N_1\,N_2$ enthält:

$$M = N_1\,N_2\,\Lambda\,.$$

(11.14)

11.3   Die im magnetischen Feld gespeicherte Energie

Die Betrachtungen entsprechend denen des Abschnittes 9.6. Mit $u\,dt = L\,di$ nach (11.6) hat man für konstantes L:

$$W = L \int_0^I i\,di\,,$$

wenn in der Spule bis zum Zeitpunkt t der Strom auf I angewachsen ist. Durch Integration und mit (11.5) ergeben sich die Ausdrücke:

nergie

$$W = \frac{1}{2} L I^2 = \frac{1}{2} \Psi I = \frac{1}{2} \frac{\Psi^2}{L} \, . \tag{11.15}$$

Für die Ringspule nach Abbildung 11.2 gilt, wenn das Feld näherungsweise als homogen vorausgesetzt wird: $\Psi = N \cdot \Phi = N \cdot B \cdot A$, $N \cdot I = H \cdot \ell_E$. Damit erhält man wegen (11.15)

$$W = \frac{1}{2} \Psi I = \frac{1}{2} N B A \frac{H \ell_E}{N} = \frac{1}{2} B H V \, ,$$

wobei V das Volumen des Ringkerns ist. Für die Energie pro Volumen hat man also (in Analogie zu (9.20)): Energiedichte

$$w = \frac{1}{2} \frac{B^2}{\mu} = \frac{1}{2} B H = \frac{1}{2} \mu H^2 \, . \tag{11.16}$$

Da (11.15) unter der Voraussetzung einer konstanten Selbstinduktivität L hergeleitet wurde, gelten auch die Ausdrücke (11.16) nur für den Fall, daß B proportional zu H ist, d. h. μ muß konstant sein.

Im nichtlinearen Fall ist in der Ausgangsgleichung $u \, dt$ durch $d\Psi = N \, d\Phi$ Nichtlinearer Fall zu ersetzen:

$$W = \int i N \, d\Phi \, .$$

Für die Ringspule ergibt sich mit $N \, d\Phi = N A \, dB$, $N i = H \ell_E$:

$$W = V \int_0^{B_e} H \, dB$$

oder für die Energie pro Volumen

$$w = \int_0^{B_e} H \, dB \, . \tag{11.17}$$ Energiedichte

Hier bedeutet B_e den Endwert.

Mit (11.17) läßt sich zeigen, daß beim Durchlaufen der Hystereseschleife (Abbildung 10.3) Verluste durch Ummagnetisierung auftreten (Hysterese- Hystereseverluste verluste), die der von der Hystereseschleife umfaßten Fläche proportional sind.

11.4 Kräfte

rtuelle
rschiebung

Die Kraft, z. B. zwischen den Polen eines Elektromagneten (Abbildung 11.5), kann mit der Methode der virtuellen Verschiebung bestimmt werden (vgl. Abschnitt 9.7). Es ergibt sich

$$F_x = \frac{dW_m}{dx}, \qquad I = \text{konst} . \tag{11.18}$$

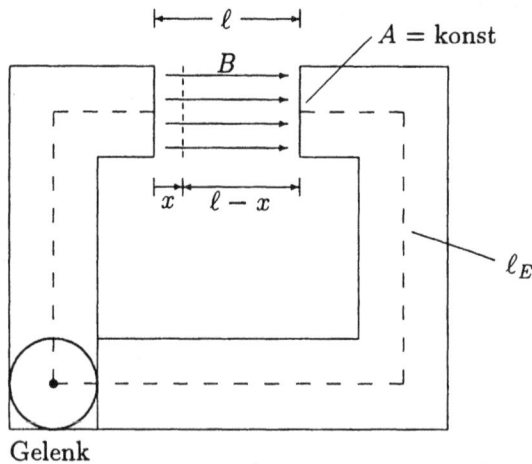

Abb. 11.5: Der in Beispiel 11.2 untersuchte Elektromagnet

Hier ist W_m die gesamte magnetische Energie des Systems; die Herleitung der Gleichung setzt voraus, daß während der gedachten Verschiebung der Strom konstant gehalten wird.

Beispiel 11.2

ektromagnet

Es soll die Kraft zwischen den Polen des in Abbildung 11.5 skizzierten Elektromagneten mit (11.18) bestimmt werden.

Lösung

Zunächst hat man für die magnetische Energie mit (11.15), (11.9), (10.18), wobei $V = \Theta$ ist:

$$W = \frac{1}{2} L I^2 = \frac{1}{2} N^2 \Lambda I^2 = \frac{1}{2} \frac{(N I)^2}{R_m} = \frac{1}{2} \frac{\Theta^2}{R_m} .$$

Der gesamte magnetische Widerstand setzt sich aus dem magnetischen Widerstand des Eisenjochs und dem des Luftspalts zusammen und kann jeweils mit der in Beispiel 11.1 hergeleiteten Formel berechnet werden:

$$R_m = R_{mE} + R_{mL} = \frac{\ell_E}{\mu_e\,A} + \frac{\ell - x}{\mu_0\,A}\,.$$

Es ergibt sich also

$$F_x = \frac{\Theta^2}{2}\,\frac{d}{dx}\left(\frac{1}{R_m}\right) = -\frac{\Theta^2}{2R_m^2}\,\frac{dR_m}{dx} = \frac{\Theta^2}{2R_m^2}\,\frac{1}{\mu_0\,A}\,.$$

Mit (10.18) und $\Phi = B \cdot A$ erhält man schließlich

$$F_x = \frac{1}{2}\,\frac{\Phi^2}{\mu_0\,A} = \frac{1}{2}\,\frac{B^2}{\mu_0}\cdot A\,.$$

Offenbar ist die Kraft pro Fläche

Kraft pro Fläche

$$\frac{F_x}{A} = \frac{1}{2}\,\frac{B^2}{\mu_0}\,.$$

■

12. Elektromagnetische Felder und Wellen

12.1 Die Maxwellschen Gleichungen in Integralform

Maxwell erkannte, daß nicht nur der elektrische Strom gemäß (10.9) bzw. (10.10) mit einem Magnetfeld verknüpft ist, sondern auch die Änderung des elektrischen Flusses. Er ergänzte daher das Durchflutungsgesetz, das in der folgenden verallgemeinerten Form die Erste Maxwellsche Gleichung genannt wird:

$$\oint_L \vec{H}\, d\vec{s} = \int_A \left(\vec{J} + \frac{\partial \vec{D}}{\partial t} \right)\, d\vec{A} \,. \qquad (12.1)$$

Durchflutungsges

Der Term $\partial \vec{D}/\partial t$ heißt Verschiebungsstromdichte. Diese hat dieselbe magnetisierende Wirkung wie die (Leitungs-) Stromdichte $\vec{J}$.

Verschiebungsstromdichte

Als Zweite Maxwellsche Gleichung bezeichnet man das aus Abschnitt 11.1 bereits bekannte Induktionsgesetz (11.2):

Induktionsgesetz

$$\oint_L \vec{E}\, d\vec{s} = -\frac{\partial}{\partial t} \int_A \vec{B}\, d\vec{A} \,. \qquad (12.2)$$

Diese beiden Gleichungen machen Aussagen über die Wirbel des magnetischen und des elektrischen Feldes. Angaben über die Quellen liefern (10.8) und (9.7), die auch als Dritte und Vierte Maxwellsche Gleichung bezeichnet werden:

Wirbel
Quellen

$$\oint_A \vec{B}\, d\vec{A} = 0 \qquad (12.3)$$

$$\oint_A \vec{D}\, d\vec{A} = \int_V \varrho\, dV \,. \qquad (12.4)$$

In der letzten Gleichung ist die Gesamtladung durch ein Volumenintegral über die Raumladungsdichte ϱ dargestellt. Die Zusammenhänge zwischen den beiden Feldgrößen eines jeden der drei betrachteten Feldtypen sind durch die Materialgleichungen (8.11), (9.4) und (10.5) gegeben:

$$\vec{J} = \kappa\,\vec{E}, \qquad \vec{D} = \varepsilon\,\vec{E}, \qquad \vec{B} = \mu\,\vec{H}\,. \hspace{2cm} (12.5\text{a,b,c})$$

Hier bezeichnet der Buchstabe κ die Leitfähigkeit, da der Buchstabe γ später in diesem Abschnitt in anderer Bedeutung gebraucht wird.

Die in den Abschnitten 8 bis 11 behandelten Felder sind als Sonderfälle in den Maxwellschen Gleichungen enthalten.

12.2 Die Maxwellschen Gleichungen in differentieller Form

Mit dem Stokesschen Satz läßt sich die linke Seite von (12.1) umformen:

$$\int_A \mathrm{rot}\,\vec{H}\,d\vec{A} = \int_A \left(\vec{J} + \frac{\partial \vec{D}}{\partial t} \right) d\vec{A}\,.$$

Daraus folgt

$$\mathrm{rot}\,\vec{H} = \vec{J} + \frac{\partial \vec{D}}{\partial t} \hspace{3cm} (12.1')$$

und entsprechend aus (12.2)

$$\mathrm{rot}\,\vec{E} = -\frac{\partial \vec{B}}{\partial t}\,. \hspace{3cm} (12.2')$$

Mit dem Gaußschen Satz, angewandt auf die linke Seite von (12.3), erhält man

$$\int_V \mathrm{div}\,\vec{B}\,dV = 0$$

oder

$$\mathrm{div}\,\vec{B} = 0\,. \hspace{3cm} (12.3')$$

Entsprechend ergibt sich aus (12.4):

$$\mathrm{div}\,\vec{D} = \varrho\,. \hspace{3cm} (12.4')$$

In vielen Fällen liegt eine sinusförmige Zeitabhängigkeit der Feldgrößen vor.

Dann kann man die Methoden der Wechselstromlehre (Kapitel 5) benutzen und z. B. für $\vec{H}$ den Ansatz

$$\vec{H}(x, y, z; t) = \vec{H}(P, t) = \Re e\{\underline{\vec{H}}(P)\, e^{j\omega t}\} \tag{12.6}$$

machen. $\underline{\vec{H}}(P)$ ist jetzt eine komplexe ortsabhängige Amplitude. (In der Feldtheorie ist es nicht üblich, mit Effektivwerten zu arbeiten.) Die beiden Hauptgleichungen (12.1') und (12.2') lauten mit (12.3):

$$\operatorname{rot} \underline{\vec{H}} = \underline{\vec{J}} + j\omega \underline{\vec{D}} = (\kappa + j\omega\varepsilon)\, \underline{\vec{E}} \tag{12.1''}$$

$$\operatorname{rot} \underline{\vec{E}} = -j\omega \underline{\vec{B}} = -j\omega\mu\underline{\vec{H}} \,. \tag{12.2''}$$

12.3 Die Wellengleichung

In diesem Abschnitt wird eine sinusförmige Zeitabhängigkeit vorausgesetzt. Außerdem soll der betrachtete Raum homogen sein (κ, ε, μ sind also konstant). Dann folgt aus (12.1''), wenn auf beiden Seiten die Rotation gebildet und rot $\underline{\vec{E}}$ gemäß (12.2'') ersetzt wird:

$$\operatorname{rot}\operatorname{rot} \underline{\vec{H}} = -j\omega\mu\, (\kappa + j\omega\varepsilon)\, \underline{\vec{H}} \,.$$

Mit der Abkürzung

$$\gamma^2 = j\omega\mu\, (\kappa + j\omega\varepsilon) \tag{12.7}$$

folgt

$$\operatorname{rot}\operatorname{rot} \underline{\vec{H}} + \gamma^2\, \underline{\vec{H}} = 0 \,. \tag{12.8}$$

Auf gleiche Weise erhält man aus (12.2''):

$$\operatorname{rot}\operatorname{rot} \underline{\vec{E}} + \gamma^2\, \underline{\vec{E}} = 0 \,. \tag{12.9}$$

Mit der aus der Vektoranalysis bekannten Beziehung

$$\operatorname{rot}\operatorname{rot} \vec{A} = \operatorname{grad}\operatorname{div} \vec{A} - \Delta\vec{A}$$

folgt aus (12.8) mit (12.3'):

$$\Delta \vec{H} - \gamma^2 \vec{H} = 0 \tag{12.10}$$

und aus (12.9) mit (12.4') für einen ladungsfreien Raum ($\varrho = 0$):

$$\Delta \vec{E} - \gamma^2 \vec{E} = 0 \ . \tag{12.11}$$

Die beiden letzten Gleichungen nennt man Helmholtz-Gleichungen oder Wellengleichungen.

Als Anwendung der Maxwellschen Gleichungen soll der Fall einer elektromagnetischen Welle genauer betrachtet werden. Mit dem Ansatz

$$\vec{E} = \vec{e}_x \, E_x(z) \ ,$$

wobei auf das Unterstreichen der komplexen Feldgrößen jetzt verzichtet wird, folgt aus (12.2"):

$$\operatorname{rot} \vec{E} = \begin{vmatrix} \vec{e}_x & \vec{e}_y & \vec{e}_z \\ 0 & 0 & \frac{\partial}{\partial z} \\ E_x & 0 & 0 \end{vmatrix} = \vec{e}_y \frac{\partial E_x}{\partial z} = -j\omega\mu\vec{H} \ .$$

Da $\operatorname{rot} \vec{E}$ nur eine y-Komponente besitzt, gilt

$$\vec{H} = \vec{e}_y \, H_y(z)$$

und daher

$$\frac{dE_x}{dz} = -j\omega\mu H_y \ . \tag{12.12}$$

Entsprechend ergibt sich aus (12.1")

$$\frac{dH_y}{dz} = -(\kappa + j\omega\varepsilon) \, E_x \ . \tag{12.13}$$

Durch Einsetzen von (12.12) in (12.13) und umgekehrt entstehen als Sonderfälle von (12.10) und (12.11) die Gleichungen

$$\frac{d^2 H_y}{dz^2} - \gamma^2 \, H_y = 0 \tag{12.14}$$

$$\frac{d^2 E_x}{dz^2} - \gamma^2\, E_x = 0 \,. \tag{12.15}$$

Die Lösung von (12.15) ist

$$E_x = E_1\, e^{-\gamma z} + E_2\, e^{\gamma z} \,. \tag{12.16}$$

Aus dieser Gleichung ergibt sich mit (12.12) und der Abkürzung

$$Z_F = \frac{j\omega\mu}{\gamma} = \sqrt{\frac{j\omega\mu}{\kappa + j\omega\varepsilon}} \,, \tag{12.17}$$ Feldwellenwiderstand

wobei Z_F der Feldwellenwiderstand ist:

$$H_y = \frac{E_1}{Z_F}\, e^{-\gamma z} - \frac{E_2}{Z_F}\, e^{\gamma z} \,. \tag{12.18}$$

Die durch (12.7) definierte Größe

$$\gamma = \alpha + j\beta \tag{12.19}$$ Ausbreitungskonstante

heißt Ausbreitungskonstante, ihr Realteil (α) Dämpfungskonstante und ihr Imaginärteil (β) Phasenkonstante.

Durch Einsetzen von (12.19) in (12.16) und Rückkehr zur Zeitfunktion entsprechend (12.6) entsteht:

$$E_x(z,t) = |E_1|\, e^{-\alpha z}\, \cos(\omega t - \beta z + \operatorname{arc} E_1) +$$

$$+ |E_2|\, e^{\alpha z}\, \cos(\omega t + \beta z + \operatorname{arc} E_2) \,.$$

Der erste Summand auf der rechten Seite beschreibt eine gedämpfte Welle, die sich in Richtung zunehmender Werte von z mit der Phasengeschwin- Phasen-
digkeit geschwindigkeit

$$v = \frac{\omega}{\beta} \tag{12.20}$$

ausbreitet. Die Wellenlänge beträgt Wellenlänge

$$\lambda = \frac{2\pi}{\beta} \,. \tag{12.21}$$

Man nennt diese Welle die Hauptwelle. Der zweite Summand stellt die sogenannte Echowelle dar, die sich gegen die Zählrichtung von z bewegt.

Der erste Summand in (12.18) beschreibt das zur Hauptwelle gehörende Magnetfeld, der zweite Summand das zur Echowelle gehörende $\vec{H}$. Haupt- und Echowelle sind elektromagnetische Transversalwellen (TEM-Wellen): beide Feldkomponenten stehen senkrecht auf der Ausbreitungsrichtung (z-Achse), wie es in Abbildung 12.1 dargestellt ist.

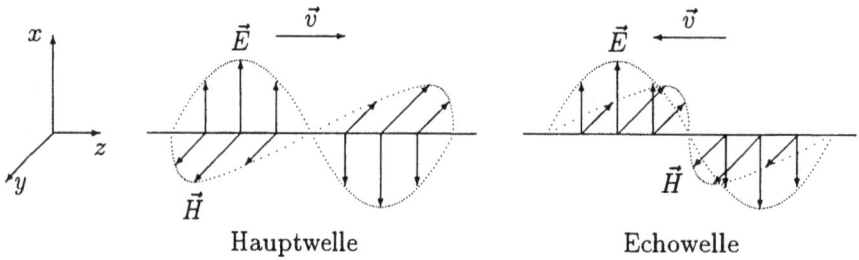

Abb. 12.1: Die elektromagnetische Transversalwelle

Von besonderem Interesse sind die beiden Sonderfälle, daß sich die Welle entweder in einem Nichtleiter ($\kappa = 0$) oder in einem sehr guten Leiter ($\kappa \gg \omega\varepsilon$) ausbreitet:

Im ersten Fall folgt aus (12.7) mit (12.19):

$$\gamma^2 = -\omega^2\varepsilon\mu \quad \rightarrow \quad \gamma = \pm j\omega\sqrt{\varepsilon\mu} = j\beta; \quad \alpha = 0 .$$

Die Welle breitet sich also ungedämpft aus, und zwar mit Lichtgeschwindigkeit; denn aus (12.20) ergibt sich

$$v = \frac{1}{\sqrt{\varepsilon\mu}} = c .$$

Wegen (12.17) wird

$$Z_F = \sqrt{\frac{\mu}{\varepsilon}} \quad \text{(reell)} .$$

(Speziell im Vakuum hat Z_F den Wert $\sqrt{\mu_0/\varepsilon_0} = 377\,\Omega$.) Daher gilt, daß E und H der Hauptwelle und ebenso E und H der Echowelle in Phase sind.

Im zweiten Fall ergibt sich aus (12.7)

$$\gamma^2 = j\omega\mu\kappa \quad \rightarrow \quad \gamma = \pm(1+j)\sqrt{\frac{\omega\mu\kappa}{2}} = \alpha + j\beta \; .$$

Dämpfungs- und Phasenkonstante stimmen überein. Wegen (12.17) wird

$$Z_F = \sqrt{\frac{j\omega\mu}{\kappa}} = (1+j)\sqrt{\frac{\omega\mu}{2\kappa}} = \sqrt{\frac{\omega\mu}{\kappa}} \cdot e^{j\frac{\pi}{4}} \; .$$

E und H der Haupt- bzw. der Echowelle sind nicht in Phase; vielmehr eilt das magnetische Feld jeweils um 45° hinter dem zugehörigen elektrischen Feld her.

12.4 Wellen auf Leitungen

12.4.1 Allgemeine Beziehungen

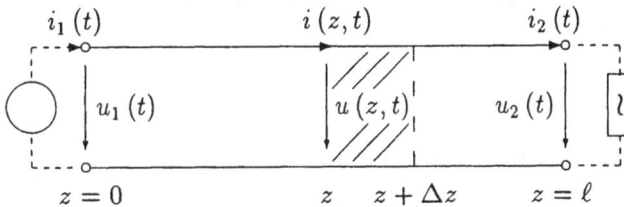

Abb. 12.2: Eine Doppelleitung, an deren Eingang eine Quelle liegt und deren Ausgang mit einer Impedanz abgeschlossen ist

Die Vorgänge auf Leitungen lassen sich untersuchen, indem man von den Maxwellschen Gleichungen ausgeht. Einen einfacheren Zugang zur Leitungstheorie gewinnt man jedoch, wenn man ein Leitungselement der Länge Δz (Abbildung 12.2) durch die Ersatzschaltung nach Abbildung 12.3 darstellt. Die Eigenschaften der Leitung werden dabei durch vier Kenngrößen beschrieben, die jeweils auf die Länge bezogen sind: durch den Widerstandsbelag R', den Induktivitätsbelag L', den Kapazitätsbelag C' und den Ableitungsbelag G'.

Kenngrößen der Leitung

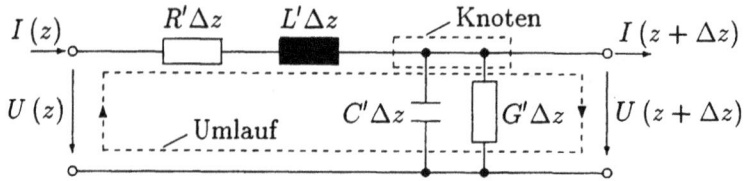

Abb. 12.3: Das Ersatzschaltbild eines Leitungselements der Länge Δz

Wegen der besonderen Bedeutung der sinusförmigen Zeitabhängigkeit soll hier nur dieser Fall verfolgt werden. Die Knotengleichung lautet für den in Abbildung 12.3 hevorgehobenen Knoten (wenn mit komplexen Effektivwerten gearbeitet und auf das Unterstreichen verzichtet wird):

$$-I(z) + \underbrace{I(z + \Delta z)}_{\simeq\, I(z) + \dfrac{dI}{dz}\Delta z} + (G'\Delta z + j\omega C'\Delta z) \cdot U(z + \Delta z) = 0 \,.$$

Hier wird der zweite Summand durch die ersten beiden Terme einer Taylor-Reihe dargestellt und $U(z + \Delta z)$ wird durch $U(z)$ ersetzt, da Δz sehr klein sein soll. So erhält man (nach Division durch Δz):

$$\frac{dI}{dz} + (G' + j\omega C') \cdot U(z) = 0 \,. \tag{12.22}$$

Für den eingetragenen Umlauf ergibt sich entsprechend

$$-U(z) + \underbrace{U(z + \Delta z)}_{\simeq\, U(z) + \dfrac{dU}{dz}\Delta z} + (R'\Delta z + j\omega L'\Delta z) \cdot I(z) = 0$$

oder

$$\frac{dU}{dz} + (R' + j\omega L') \cdot I(z) = 0 \,. \tag{12.23}$$

Durch Eliminieren jeweils einer Unbekannten entstehen in Analogie zu (12.14), (12.15) die Beziehungen

$$\frac{d^2 I}{dz^2} - \gamma^2 I(z) = 0 \tag{12.24}$$

und

$$\frac{d^2U}{dz^2} - \gamma^2\, U(z) = 0 \qquad\qquad (12.25)$$

mit

$$\gamma^2 = (R' + j\omega L') \cdot (G' + j\omega C')\,. \qquad\qquad (12.26)$$

Die Lösung von (12.25) ist in Analogie zu (12.16)

$$U(z) = U_p\, e^{-\gamma z} + U_r\, e^{\gamma z}\,. \qquad\qquad (12.27)$$

Hieraus folgt mit (12.23) und der Abkürzung

$$Z_L = \frac{R' + j\omega L'}{\gamma} = \sqrt{\frac{R' + j\omega L'}{G' + j\omega C'}}\,, \qquad\qquad (12.28) \quad \text{Leitungs-} \\ \text{wellenwiderstand}$$

wobei Z_L der Leitungswellenwiderstand ist:

$$I(z) = \frac{U_p}{Z_L}\, e^{-\gamma z} - \frac{U_r}{Z_L}\, e^{\gamma z}\,. \qquad\qquad (12.29)$$

Das Gleichungspaar (12.27), (12.29) beschreibt die Leitungswelle, die wie die elektromagnetische Welle nach (12.16), (12.18) aus Haupt- und Echowelle zusammengesetzt ist.

Die Hauptwelle wird auch als primäre Welle bezeichnet und hat daher in (12.27) und (12.29) den Index p erhalten. Für die Echowelle oder die (am Leitungsende) reflektierte Welle wird der Index r verwendet.

Die Phasengeschwindigkeit und die Wellenlänge (beider Wellen) sind durch (12.20) bzw. (12.21) bestimmt, wobei β nach wie vor gemäß (12.19) den Imaginärteil von γ bedeutet. γ ist jedoch jetzt durch (12.26) definiert.

Im Fall der verlustlosen Leitung ($R' = 0$, $G' = 0$) liefert (12.26) $\qquad$ Verlustlose Leitur

$$\gamma^2 = -\omega^2 C' L' \qquad \text{oder} \qquad \gamma = \pm j\omega\, \sqrt{C' L'} = j\beta\,,$$

und aus (12.28) folgt

$$Z_L = \sqrt{\frac{L'}{C'}} \quad \text{(reell)}\,.$$

Wie bei den elektromagnetischen Transversalwellen gilt, daß bei der primären und bei der sekundären Welle Strom und Spannung jeweils in Phase sind.

12.4.2 Die Zweitorgleichungen der Leitung

Werden Ein- und Ausgangsgrößen der Leitung wie in Abbildung 12.2 durch die Indizes 1 und 2 gekennzeichnet, so hat man wegen (12.27) und (12.29) mit $z = 0$ und $z = \ell$:

$$U_1 \; = \; U_p + U_r, \qquad\qquad U_2 \; = \; U_p\,e^{-\gamma\ell} + U_r\,e^{\gamma\ell}$$

$$Z_L\,I_1 \; = \; U_p - U_r, \qquad Z_L\,I_2 \; = \; U_p\,e^{-\gamma\ell} - U_r\,e^{\gamma\ell}\,.$$

Durch Eliminieren von U_p und U_r gewinnt man die Zweitorgleichungen in der Kettenform, die man meist als Leitungsgleichungen bezeichnet:

$$
\begin{bmatrix} U_1 \\ I_1 \end{bmatrix} =
\begin{bmatrix} \cosh\gamma\ell & Z_L \cdot \sinh\gamma\ell \\ \frac{1}{Z_L}\sinh\gamma\ell & \cosh\gamma\ell \end{bmatrix}
\cdot
\begin{bmatrix} U_2 \\ I_2 \end{bmatrix} . \tag{12.30}
$$

Man beachte, daß hier nicht die in der Zweitortheorie übliche symmetrische Bepfeilung verwendet wurde.

Ist die Leitung mit der Impedanz Z_2 ($= U_2/I_2$) abgeschlossen, so ergibt sich die Eingangsimpedanz Z_1 ($= U_1/I_1$) aus (12.30) zu

$$Z_1 = Z_L \frac{Z_2 \cosh\gamma\ell + Z_L \sinh\gamma\ell}{Z_2 \sinh\gamma\ell + Z_L \cosh\gamma\ell}\,. \tag{12.31}$$

194

Teil III

Signale und Systeme

13. Grundlagen der Systemtheorie

13.1 Einführung

Als *Signal* bezeichnet man eine physikalische Größe, die zur Darstellung einer Nachricht dient. Ein Signal kann z. B. eine elektrische Spannung, ein Schalldruck, eine Feldstärke sein. Eine Einrichtung, die aus einem gegebenem Eingangssignal (oder aus mehreren Eingangssignalen) ein Ausgangssignal (oder mehrere Ausgangssignale) erzeugt, nennt man *System*. Demnach kann ein System sein: ein elektrisches Netzwerk, ein Prozeß, ein Algorithmus.

Signal

System

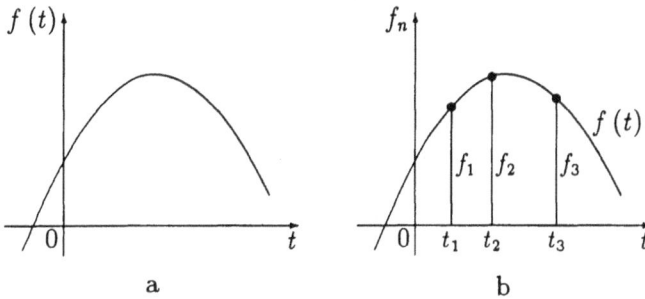

Abb. 13.1: Eine kontinuierliche Funktion und eine Folge von Abtastwerten

Neben den bisher betrachteten *zeitkontinuierlichen* Systemen, bei denen die interessierenden Größen, z. B. Strom und Spannung, durch i. a. stetige Funktionen beschrieben werden (Abbildung 13.1a), spielen in der Informationstechnik in zunehmendem Maß *zeitdiskrete* Systeme eine Rolle. Bei diesen werden die interessierenden Größen nur zu bestimmten (=diskreten) Zeitpunkten betrachtet oder gemessen (vgl. Abbildung 13.1b). Diesen Vorgang nennt man *Abtastung*: Durch diese wird der (i. a.) *kontinuierlichen* Funktion $f(t)$ die *Folge der Abtastwerte* $\ldots, f_{-1}, f_0, f_1, f_2, \ldots$ zugeordnet.

Zeitkontinuierlich

Zeitdiskret

Abtastung

Bei den meisten Anwendungen ist der Abstand T zwischen zwei aufeinander folgenden Abtastzeitpunkten konstant:

$$\ldots, f_{-1} = f(-T), f_0 = f(0), f_1 = f(T), \ldots, f_n = f(nT), \ldots$$

Dieser Fall wird hier ausschließlich betrachtet. Die Größe T heißt *Abtastintervall*.

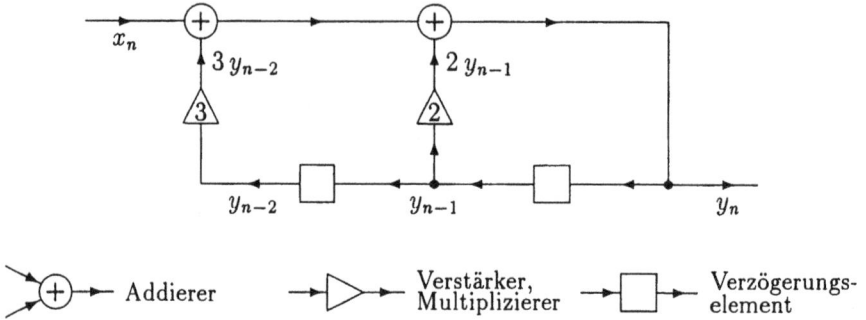

Abb. 13.2: Ein einfaches zeitdiskretes System

Um eine erste Vorstellung von einem zeitdiskreten System zu vermitteln, soll die Schaltung nach Abbildung 13.2 untersucht werden. Sie ist aus Multiplizierern, Addierern und Verzögerungselementen aufgebaut. Dabei hat das Verzögerungsglied die Eigenschaft, daß es auf die Eingangswerte x_n mit den Ausgangswerten $y_n = x_{n-1}$ reagiert. Es gilt für die betrachtete Schaltung:

$$y_n = x_n + 2y_{n-1} + 3y_{n-2} \, . \tag{13.1}$$

Diese Gleichung gilt für alle n. Sie kann bei bekannter Eingangsfolge x_n nur gelöst werden, wenn man bestimmte Anfangswerte vorgibt. Für $n = 0, 1, 2$ erhält man

$$n = 0 : \quad y_0 = x_0 + 2y_{-1} + 3y_{-2}$$
$$n = 1 : \quad y_1 = x_1 + 2y_0 + 3y_{-1}$$
$$n = 2 : \quad y_2 = x_2 + 2y_1 + 3y_0 \, .$$

Offenbar braucht man die Anfangswerte y_{-1} und y_{-2}. Dann läßt sich aus der ersten Zeile y_0 ermitteln, aus der zweiten danach y_1 usw. Die Werte

198

y_n werden *rekursiv* bestimmt; man bezeichnet (13.1) als *Rekursionsgleichung* (oder *Differenzengleichung*). Im einzelnen erhält man hier für die Eingangsfolge $x_n = 1$ $(n \geq 0)$ und die Anfangswerte $y_{-1} = y_{-2} = 0$:

$$n = 0: \quad y_0 = 1$$
$$n = 1: \quad y_1 = 1 + 2 \cdot 1 = 3$$
$$n = 2: \quad y_2 = 1 + 2 \cdot 3 + 3 \cdot 1 = 10$$

usw.

Weitere Probleme dieser Art werden in Kapitel 17 behandelt.

Anmerkung:

Ein Signal, das mit endlicher Stellenzahl dargestellt wird, nennt man *wertdiskret*. Von *digitalen* Systemen spricht man, wenn die auftretenden Signale sowohl zeit- als auch wertdiskret sind.

Wertdiskret
Digital

In den beiden folgenden Abschnitten werden Grund- oder Elementarsignale betrachtet. Das hat mehrere Gründe:

Grundsignale

1. Beliebige Signale lassen sich aus diesen Grundsignalen zusammensetzen (superponieren).

2. Die Eigenschaften linearer Schaltungen (oder allgemeiner: linearer Systeme) können durch ihre Antwort (Reaktion) auf diese Grundsignale besonders einfach beschrieben werden.

3. Die Antwort einer linearen Schaltung(eines linearen Systems) auf eine beliebige Eingangsfunktion läßt sich berechnen, wenn die Antwort auf ein Grundsignal bekannt ist.

13.2 Zeitkontinuierliche Signale

Die Sprungfunktion

Für die (Einheits-) Sprungfunktion (= unit step) wird auch in der deutschsprachigen Literatur häufig die Bezeichnung $u(t)$ verwendet (wenn Verwechslungen mit der elektrischen Spannung ausgeschlossen sind). Andere

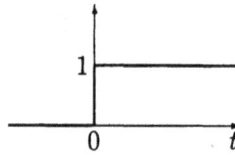

Abb. 13.3: Die Einheitssprungfunktion

Bezeichnungen sind $1(t)$, $s(t)$, $\sigma(t)$, $\varepsilon(t)$. Die Definitionsgleichung lautet (Abbildung 13.3):

$$u(t) = \begin{cases} 0 & \text{für } t < 0 \\ 1 & \text{für } t > 0 \end{cases} \qquad (13.2)$$

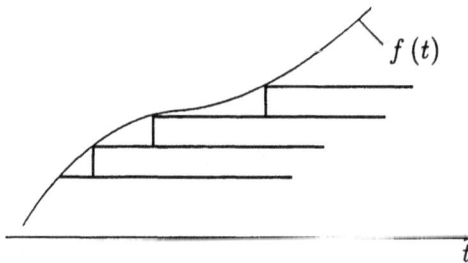

Abb. 13.4: Die Annäherung eines beliebigen Signals durch Sprungfunktionen

Wie eine beliebige Funktion aus Sprungfunktionen (näherungsweise) zusammengesetzt wird, ist aus Abbildung 13.4 zu entnehmen.

Die Impulsfunktion

Die (Einheits-) Impulsfunktion oder Deltafunktion ist keine Funktion im Sinn der klassischen Mathematik, sondern eine verallgemeinerte Funktion

200

oder Distribution. Für die Anwendungen in der Elektrotechnik genügt es, die wichtigsten Eigenschaften zu kennen. Häufig wird die Deltafunktion $\delta(t)$ durch die Eigenschaften

$$\delta(t) = 0 \quad \text{für} \quad t \neq 0, \qquad \int_{-\infty}^{\infty} \delta(t)\, dt = 1 \qquad\qquad (13.3) \quad \text{Definition von } \delta(\ldots)$$

definiert.

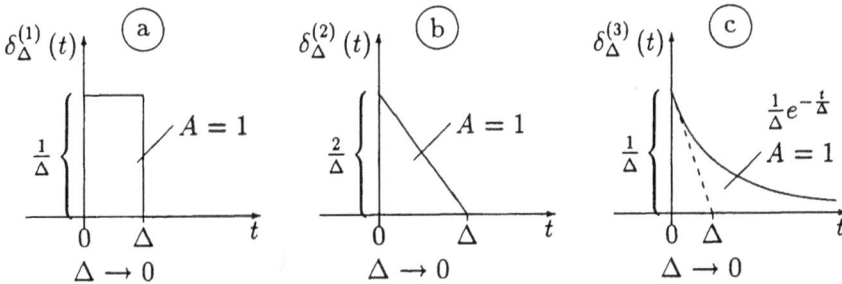

Abb. 13.5: Veranschaulichung der Deltafunktion

Es gibt beliebig viele Funktionen (im Sinn der klassischen Mathematik), die im Grenzfall diese Eigenschaften besitzen, z. B. die Funktionen $\delta_\Delta^{(i)}(t)$ Veranschaulichun
nach Abbildung 13.5. Diese gehen für $\Delta \to 0$ in die Deltafunktion über und von $\delta(t)$
können als Veranschaulichung dieser verallgemeinerten Funktion dienen:

$$\delta(t) = \lim_{\Delta \to 0} \delta_\Delta^{(i)}(t) \, .$$

Die Deltafunktion wird durch einen Pfeil der Länge 1 dargestellt (Abbildung 13.6). Auf Grund der Eigenschaft (13.3) hat man den folgenden Zusammenhang zwischen der Impulsfunktion und der Sprungfunktion:

$$u(t) = \int_{-\infty}^{t} \delta(\tau)\, d\tau \, . \qquad\qquad (13.4)$$

Es liegt nahe, diesen Zusammenhang – aufgelöst nach $\delta(t)$ – als Ableitung

$$\delta(t) = \frac{du(t)}{dt} \qquad\qquad (13.5)$$

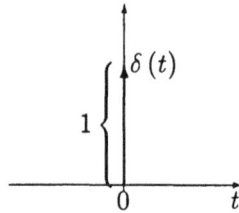

Abb. 13.6: Das Symbol der Impulsfunktion

zu schreiben, obwohl $u(t)$ bei $t = 0$ unstetig und damit (im Sinn der klassischen Mathematik) nicht differenzierbar ist. Faßt man jedoch $u(t)$ als Grenzfall der stetigen Funktion $u_\Delta(t)$ (Abbildung 13.7) auf, so erhält man zunächst

$$\frac{du_\Delta(t)}{dt} = \delta_\Delta^{(1)}(t)$$

und für $\Delta \to 0$ die Deltafunktion.

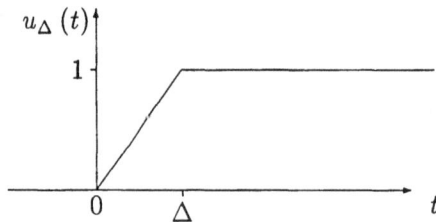

Abb. 13.7: Die Annäherung der Sprungfunktion durch ein stetiges Signal

Aufbau beliebiger Funktionen

Eine beliebige Funktion $x(t)$ läßt sich näherungsweise aus Rechteckimpulsen aufbauen: nach Abbildung 13.8 gilt für die Treppenkurve $\tilde{x}(t)$ offenbar

$$x(t) \cong \tilde{x}(t) = \sum_{k=-\infty}^{\infty} x(k \cdot \Delta) \cdot \delta_\Delta^{(1)}(t - k \cdot \Delta) \cdot \Delta .$$

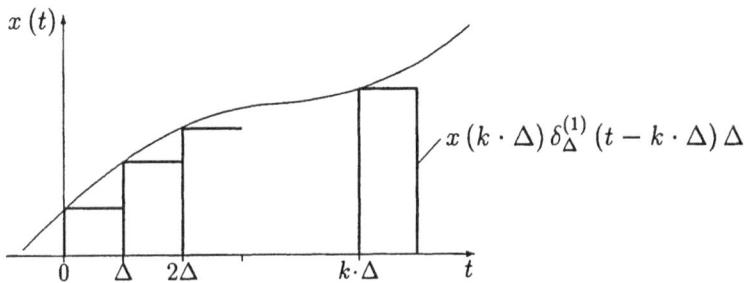

Abb. 13.8: Die Annäherung einer beliebigen Funktion durch Rechteckimpulse $\delta_\Delta^{(1)}(t)$

Für $\Delta \to 0$ geht die Treppenkurve in eine i. a. glatte Kurve über; aus der Summe wird ein Integral:

$$x(t) = \int_{-\infty}^{\infty} x(\tau) \cdot \delta(t - \tau)\, d\tau \ . \tag{13.6}$$

Dieses Integral blendet gewissermaßen aus der Funktion $x(\tau)$ den speziellen Wert $x(t)$ aus. Man spricht daher von der Ausblendeigenschaft der Deltafunktion. Ausblendeigenscha

In (13.6) ist die wichtige Beziehung

$$x(\tau) \cdot \delta(t - \tau) = x(t) \cdot \delta(t - \tau) \tag{13.7}$$

mit dem Sonderfall

$$x(\tau) \cdot \delta(\tau) = x(0) \cdot \delta(\tau) \tag{13.7'}$$

enthalten.

Anmerkung:

Alle Eigenschaften der Deltafunktion lassen sich mit den Methoden der Distributionstheorie aus (13.6) herleiten.

Die Exponentialfunktion

Ein weiteres Grundsignal, das eine hervorragende Rolle spielt, ist die Exponentialfunktion $\exp(\lambda t)$ mit komplexem λ. Der Sonderfall $\exp(j\omega t)$ ist in Kapitel 5 (Wechselstromlehre) ausführlich behandelt worden.

ıfbau beliebiger
.nktionen

Beliebige Signalformen, dargestellt durch Summen und Integrale über gewichtete Exponentialfunktionen, sind Gegenstand der Kapitel 15 und 16 (Fourier- und Laplace-Transformation).

13.3   Zeitdiskrete Signale

Die Sprungfolge

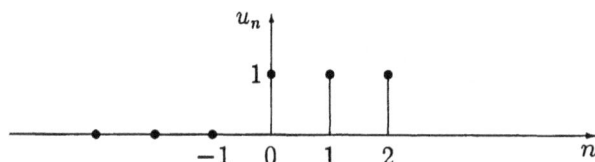

Abb. 13.9: Die Sprungfolge

Die (Einheits-) Sprungfolge ist so definiert (Abbildung 13.9):

$$u_n = \begin{cases} 0 & \text{für } n < 0 \\ 1 & \text{für } n \geq 0 . \end{cases} \tag{13.8}$$

ıfbau beliebiger
lgen

Man beachte, daß die Folge für $n = 0$ den Wert 1 annimmt, während die Sprungfunktion (13.2) für $t = 0$ nicht definiert ist. Eine beliebige Folge läßt sich aus Sprungfolgen zusammensetzen (analog zum zeitkontinuierlichen Fall).

Die Impulsfolge

efinition

Die (Einheits-) Impulsfolge ist durch

$$\delta_n = \left. \begin{cases} 0 & \text{für } n \neq 0 \\ 1 & \text{für } n = 0 \end{cases} \right\} = u_n - u_{n-1} \tag{13.9}$$

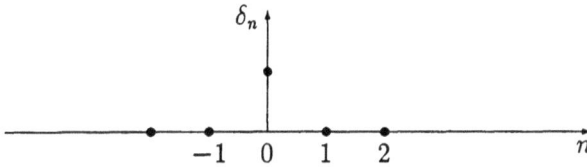

Abb. 13.10: Die Impulsfolge

definiert (Abbildung 13.10). Im Gegensatz zum zeitkontinuierlichen Fall (Impulsfunktion) treten bei dieser Definition keine mathematischen Schwierigkeiten auf.

In Analogie zu (13.4) und (13.5) gelten die Beziehungen

$$u_n = \sum_{k=-\infty}^{n} \delta_k \tag{13.10}$$

und

$$\delta_n = u_n - u_{n-1} , \tag{13.11}$$

d. h. an Stelle des Integrals tritt jetzt eine Summe auf und an Stelle des Differentialquotienten eine Differenz.

Den Beziehungen (13.6) und (13.7) entsprechen die Gleichungen

Aufbau beliebiger Folgen

$$x_n = \sum_{k=-\infty}^{\infty} x_k\, \delta_{n-k} \tag{13.12}$$

und

$$x_k\, \delta_{n-k} = x_n \delta_{n-k} \qquad \text{bzw.} \qquad x_k\, \delta_k = x_o \delta_k . \tag{13.13}$$

Die Exponentialfolge

Durch Abtasten der Exponentialfunktion $\exp(\lambda t)$ entsteht die Exponentialfolge $\exp(\lambda\, n\, T)$ oder mit der Abkürzung $\exp(\lambda\, T) = c$:

$$c^n . \tag{13.14}$$

Dabei ist c eine i. a. komplexe Konstante.

Anmerkung:

eriodische Folge

Eine periodische Folge mit der Periode N ist durch

$$x_{n+N} = x_n$$

definiert. Durch Abtasten einer periodischen Funktion entsteht nicht ohne weiteres eine periodische Folge, wie das Beispiel der Funktion $\exp(j\,\omega_0\,t)$ (mit der Periode $2\pi/\omega_0$) zeigt: Die Folge der Abtastwerte ist nur dann periodisch, wenn

$$e^{j\omega_0 T(n+N)} = e^{j\omega_0 Tn}$$

ist. Es muß dann gelten:

$$e^{j\omega_0 T \cdot N} = 1$$

und demnach

edingung für eriodizität

$$\omega_0 T \cdot N = 2\pi k \qquad \text{oder} \qquad \frac{\omega_0 T}{2\pi} = \frac{k}{N} \; .$$

Ein weiterer Unterschied gegenüber dem zeitkontinuierlichen Fall liegt darin, daß sich zwei Exponentialfolgen mit den Frequenzen $\omega_0 T$ und $\omega_0 T + 2\pi$ nicht unterscheiden lassen; es ist nämlich

$$e^{j(\omega_0 T+2\pi)n} = e^{j\omega_0 Tn} \cdot e^{j\,2\pi n} = e^{j\omega_0 Tn} \; .$$

Entsprechendes gilt für Cosinus- und Sinusfolgen.

13.4 Zeitkontinuierliche Systeme

13.4.1 Systemeigenschaften

Einige Systemeigenschaften (die häufig auftreten und z. T. schon erwähnt wurden) werden in den folgenden Abschnitten definiert.

Linearität

Ein System reagiert auf die Eingangsfunktionen $x_1(t)$ und $x_2(t)$ mit $y_1(t)$ bzw. $y_2(t)$. Man nennt das System linear, wenn die Eingangsgröße $a_1 x_1(t) + a_2 x_2(t)$ die Ausgangsgröße $a_1 y_1(t) + a_2 y_2(t)$ erzeugt (a_1, a_2 sind Konstanten).

Zeitinvarianz

Ein System heißt zeitinvariant, wenn bei einer Verschiebung des Eingangssignals das Ausgangssignal um den gleichen Betrag verschoben – und sonst nicht geändert – wird.

Kausalität

Bei einem kausalen System tritt eine Ausgangsgröße erst nach Wirksamwerden der Eingangsgröße auf. Alle physikalisch realisierbaren Systeme haben diese Eigenschaft. Für theoretische Untersuchungen kann es zweckmäßig sein, die Kausalitätsbedingung nicht vorauszusetzen.

Anmerkung:

Es ist üblich, ein Signal $x(t)$ kausal zu nennen, wenn $x(t) = 0$ für $t < 0$ gilt.

Stabilität

Ein System ist stabil, wenn es auf eine Eingangsgröße, die für alle t der Bedingung $|x(t)| < A < \infty$ genügt, mit einer Ausgangsgröße reagiert, für die $|y(t)| < B < \infty$ gilt (für alle t). Neben dieser Vereinbarung – die unter dem Namen BIBO-Stabilität (bounded input – bounded output) bekannt ist – gibt es andere Definitionen.

13.4.2 Systemcharakterisierungen

Die Systemfunktion

Lineare zeitinvariante Systeme lassen sich, wie bereits erwähnt wurde, durch ihre Reaktion auf einfache Eingangsfunktionen charakterisieren.

Die Antwort $y(t)$ auf die Eingangsfunktion $x(t) = \exp(j\omega t)$ ist proportional zu $\exp(j\omega t)$. Der Proportionalitätsfaktor kann (s. Kapitel 5) z. B. eine Impedanz oder eine Übertragungsfunktion sein. Man nennt den Proportionalitätsfaktor allgemein die *Systemfunktion H* (oder den Frequenzgang des Systems) und schreibt:

Frequenzgang

$$y(t) = H(j\omega) \cdot e^{j\omega t} \, . \tag{13.15}$$

Durch Auflösen nach $H(j\omega)$ entsteht eine erste Vorschrift zur Bestimmung der Systemfunktion:

$$H(j\omega) = \left. \frac{y(t)}{x(t)} \right|_{x(t) = e^{j\omega t}} \, . \tag{13.16}$$

207

Wie man bei Kenntnis von $H(j\omega)$ die Antwort eines Systems auf eine beliebige Eingangsfunktion $x(t)$ berechnen kann, wird in Kapitel 15 (Fourier-Transformation) gezeigt.

Impulsantwort, Sprungantwort

Man nennt die Reaktion eines Systems auf einen Deltaimpuls die *Impulsantwort* und bezeichnet sie mit $h(t)$. Wenn die Impulsantwort eines linearen zeitinvarianten Systems bekannt ist, kann man die Antwort auf ein beliebiges Eingangssignal berechnen. Wie man dabei im Prinzip vorgeht, ist in Abbildung 13.11 skizziert: Zuerst wird die Eingangsfunktion gemäß (13.6) zerlegt. Bei einem zeitinvarianten System hat die Eingangsgröße $\delta(t - \tau)$ die Ausgangsgröße $h(t - \tau)$ zur Folge. Bei Linearität bewirkt die Eingangsgröße $x(\tau) \cdot \delta(t - \tau) \cdot d\tau$ die Ausgangsgröße $x(\tau) \cdot h(t - \tau) \cdot d\tau$.

Durch Superposition entsteht daraus der zu (13.22a) analoge Ausdruck

$$y(t) = \int\limits_{-\infty}^{\infty} x(\tau) \cdot h(t - \tau) \cdot d\tau . \qquad (13.17a)$$

Durch Substitution $(t - \tau = T)$ erhält man

$$y(t) = \int\limits_{-\infty}^{\infty} h(\tau) \cdot x(t - \tau) \cdot d\tau . \qquad (13.17b)$$

Man bezeichnet (13.17a,b) als Faltungsintegral oder Duhamelsches Integral und schreibt abkürzend

$$y(t) = x(t) * h(t) = h(t) * x(t) . \qquad (13.17c)$$

Das Symbol $*$ wird gelesen „gefaltet mit".

Beispiel 13.1

Die Impulsantwort $h(t)$ eines Systems ist bekannt. Gesucht ist die Reaktion des Systems auf $x(t) = \exp(j\omega t)$.

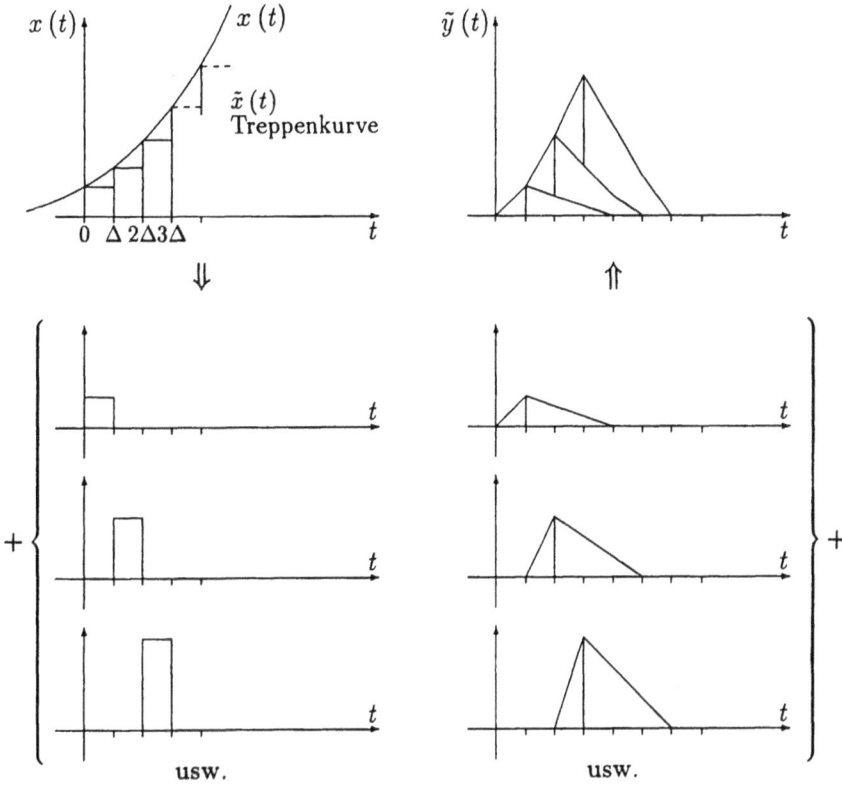

Abb. 13.11: Zur Herleitung des Faltungsintegrals (13.17)

Lösung

Mit (13.17b) ergibt sich

$$y(t) = \int\limits_{-\infty}^{\infty} h(\tau) \cdot e^{j\omega(t-\tau)} d\tau = \int\limits_{-\infty}^{\infty} h(\tau) \cdot e^{-j\omega t} d\tau \cdot e^{j\omega t} \, .$$

Die im vorigen Abschnitt eingeführte Systemfunktion ist offenbar

$$H(j\omega) = \int\limits_{-\infty}^{\infty} h(\tau) \cdot e^{-j\omega t} d\tau \, . \tag{13.18}$$

Diesen Zusammenhang kann man auch als Transformation auffassen: die Funktion $h(t)$ wird in die Funktion $H(j\omega)$ transformiert.

Fourier-
Transformation

209

Man nennt $H(j\omega)$ die Fourier-Transformierte von $h(t)$. Die Fourier-Transformation wird ausführlich in Kapitel 15 behandelt.

∎

Beispiel 13.2

Die Impulsantwort eines Sytems ist bekannt. Gesucht ist die Reaktion auf die Sprungfunktion $u(t)$, die Sprungantwort genannt und mit $a(t)$ bezeichnet wird.

Lösung

Mit (13.17b) erhält man

$$y(t) \equiv a(t) = \int\limits_{-\infty}^{\infty} h(\tau) \cdot u(t - \tau)\, d\tau$$

oder (wegen $u(t - \tau) = 0$ für $t < \tau$)

$$a(t) = \int\limits_{-\infty}^{t} h(\tau)\, d\tau\,. \qquad (13.19)$$

Die zugehörige inverse Operation ist der Diffentialquotient 1. Ordnung

$$h(t) = a'(t) = \frac{da(t)}{dt}\,.$$

∎

larakterisierung
iearer
itinvarianter
'steme

Zusammenfassend ist festzuhalten, daß zur Charakterisierung linearer zeitinvarianter Systeme besonders häufig die drei folgenden Größen verwendet werden:

1. die Impulsantwort $h(t)$,

2. die Sprungantwort $a(t)$,

3. die Systemfunktion $H(j\omega)$; diese ist (wie bereits erwähnt wurde) die Fourier-Transformierte der Impulsantwort.

13.5 Zeitdiskrete Systeme

13.5.1 Systemeigenschaften

Die in Abschnitt 13.4.1 für zeitkontinuierliche Systeme definierten Eigenschaften lassen sich sinngemäß auch für zeitdiskrete Systeme übernehmen. Die Definitionen werden daher hier nicht noch einmal angegeben.

13.5.2 Systemcharakterisierungen

Systemfunktion

Die Antwort y_n auf die Eingangsfolge $x_n = \exp(j\omega Tn)$ ist (in Analogie zum zeitkontinuierlichen Fall) proportional zur Eingangsfolge. Auch hier bezeichnet man den Proportionalitätsfaktor als *Systemfunktion H* und schreibt

$$y_n = H(e^{j\omega T}) \cdot e^{j\omega Tn} \ .$$

(13.20)

Daraus folgt

$$H(e^{j\omega T}) = \left. \frac{y_n}{x_n} \right|_{x_n = e^{j\omega Tn}} \ .$$

(13.21)

Wie man bei Kenntnis der Systemfunktion die Antwort eines Systems auf eine beliebige Eingangsfolge x_n berechnen kann, wird in Kapitel 17 (z-Transformation) gezeigt.

Antwort auf beli­
bige Eingangsfolg

Impulsantwort, Sprungantwort

Die Reaktion eines Systems auf die Impulsfolge nennt man Impulsantwort und bezeichnet sie mit h_n. Um die Antwort auf eine beliebige Eingangsfolge zu erhalten, geht man wie im zeitkontinuierlichen Fall vor: zuerst wird die Eingangsfolge gemäß (13.12) zerlegt. Bei einem zeitinvarianten System hat die Eingangsgröße δ_{n-k} die Ausgangsgröße h_{n-k} zur Folge. Bei Linearität bewirkt die Eingangsgröße $x_k \cdot \delta_{n-k}$ die Ausgangsgröße $x_k \cdot h_{n-k}$. Durch Superposition entsteht daraus der zu (13.17a) analoge Ausdruck

Superposition

$$y_n = \sum_{k=-\infty}^{\infty} x_k \, h_{n-k} \ .$$

(13.22a)

Durch Substitution ($n - k = \lambda$) erhält man

$$y_n = \sum_{k=-\infty}^{\infty} h_k \, x_{n-k} \ .$$

(13.22b)

Man bezeichnet (13.22a,b) als Faltungssumme und schreibt abkürzend

$$y_n = x_n * h_n = h_n * x_n .$$ (13.22c)

Beispiel 13.3

Die Impulsantwort h_n eines Systems ist gegeben. gesucht ist die Reaktion des Systems auf $x_n = \exp(j\omega T \cdot n)$.

Lösung

Mit (13.22b) ergibt sich

$$y_n = \sum_{k=-\infty}^{\infty} h_k\, e^{j\omega T(n-k)} = \boxed{\sum_{k=-\infty}^{\infty} h_k\, e^{-j\omega T \cdot k}} \cdot e^{j\omega T \cdot n}$$

Die im vorigen Abschnitt eingeführte Systemfunktion ist offenbar:

$$H(e^{j\omega T}) = \sum_{k=-\infty}^{\infty} h_k\, e^{-j\omega T \cdot k} .$$ (13.23)

Diesen Zusammenhang kann man auch als Transformation auffassen: Die Folge h_k wird in die Funktion $H(e^{j\omega T})$ transformiert. Man nennt $H(e^{j\omega T})$ mit $z = \exp(j\omega T)$ die z-Transformierte von h_k. Die z-Transformation ist Gegenstand des Kapitels 17.

■

Beispiel 13.4

Die Impulsantwort eines Systems ist bekannt. Gesucht ist die Reaktion auf die Sprungfolge u_n, die Sprungantwort genannt und mit a_n bezeichnet wird.

Lösung

Mit (13.22b) erhält man

$$y_n \equiv a_n = \sum_{k=-\infty}^{\infty} h_k\, u_{n-k}$$

oder (wegen $u_{n-k} = 0$ für $n < k$)

$$a_n = \sum_{k=-\infty}^{n} h_k\ . \tag{13.24}$$

Diese Gleichung kann nach h_k bzw. h_n aufgelöst werden:

$$a_n - a_{n-1} = \sum_{k=-\infty}^{n} h_k - \sum_{k=-\infty}^{n-1} h_k = h_n\ .$$

Die zu (13.24) inverse Operation ist die sogenannte 1. Differenz:

$$h_n = a_n - a_{n-1}\ .$$

■

Zusammenfassend ist festzuhalten, daß zur Charakterisierung linearer zeit- Charakterisierung
invarianter Systeme besonders häufig die drei folgenden Größen verwendet linearer
werden: zeitinvarianter
Systeme

1. die Impulsantwort h_n,

2. die Sprungantwort a_n,

3. die Systemfunktion $H(e^{j\omega T})$; diese ist (wie bereits erwähnt wurde) die z-Transformierte der Impulsantwort.

14. Fourier-Reihen

14.1 Die reelle Darstellung

Eine periodische Funktion $f(t)$ mit der Periode T läßt sich unter bestimmten Voraussetzungen (die am Ende dieses Abschnittes angegeben sind) in Sinusschwingungen zerlegen:

$$f(t) = \frac{a_0}{2} + \sum_{n=1}^{\infty} a_n \cos n\omega_0 t + \sum_{n=1}^{\infty} b_n \sin n\omega_0 t \qquad (14.1)$$

$$\text{mit} \quad \omega_0 = \frac{2\pi}{T}.$$

Diese Entwicklung bezeichnet man als Fourier-Reihe. Dabei sind die Fourier-Koeffizienten a_n, b_n mit

$$a_n = \frac{2}{T} \int_T f(t) \cos n\omega_0 t \cdot dt \qquad (n = 0, 1, 2, \ldots) \qquad (14.2a)$$

$$b_n = \frac{2}{T} \int_T f(t) \sin n\omega_0 t \cdot dt \qquad (n = 1, 2, 3, \ldots) \qquad (14.2b)$$

zu berechnen. Es ist jeweils über eine volle Periode T zu integrieren; das soll die Schreibweise $\int_T$ zum Ausdruck bringen. Es können z. B. die Integrationsgrenzen $-T/2$ und $T/2$ gewählt werden. (14.2a,b) lassen sich mit den sogenannten Orthogonalitätsrelationen herleiten.

Man nennt die Größe $a_0/2$ den *Gleichanteil*; die 2 im Nenner wurde hier eingeführt, um a_0 mit derselben Formel wie die übrigen a_n (mit $n > 0$) berechnen zu können. Die Schwingung mit $n = 1$ heißt *Grundschwingung* oder *erste Harmonische*; Schwingungen mit höherem n nennt man Oberschwingungen oder höhere Harmonische.

Damit eine Funktion $f(t)$ durch eine Fourier-Reihe dargestellt werden kann, müssen gewisse Bedingungen erfüllt sein. Hinreichend sind die Bedingungen von Dirichlet:

$f(t)$ darf innerhalb einer Periode

1. nur endlich viele Maxima und Minima und

2. endlich viele Sprungstellen haben, wobei die Sprunghöhen endlich sein müssen. Außerdem muß

3. $f(t)$ absolut integrierbar sein (über eine Periode):

$$\int_T |f(t)|\, dt < \infty .$$

14.2 Die komplexe Darstellung

In Kapitel 5 wurde gezeigt, daß man meist mit Exponentialfunktionen bequemer arbeiten kann als mit den Funktionen Sinus und Cosinus. Ersetzt man diese in (14.1) durch Exponentialfunktionen, so ergibt sich mit

$$\frac{a_0}{2} = c_0,$$

$$\frac{a_n - jb_n}{2} = c_n, \qquad \frac{a_n + jb_n}{2} = c_{-n} \qquad (n > 0)$$

die Darstellung

$$f(t) = \sum_{n=-\infty}^{\infty} c_n\, e^{jn\omega_0 t} . \tag{14.3}$$

Die Koeffizienten sind durch

$$c_n = \frac{1}{T} \int_T f(t)\, e^{-jn\omega_0 t}\, dt \tag{14.4}$$

Spektraldarstellung gegeben. Man bezeichnet (14.3) als *Spektraldarstellung* der Zeitfunktion $f(t)$ und die Koeffizienten c_n als die zugehörigen *Spektralkomponenten*.

Beispiel 14.1

Rechteckschwingung Die in Abbildung 14.1 skizzierte Rechteckschwingung soll in eine Fourier-Reihe entwickelt werden. Die Koeffizienten c_n sind graphisch darzustellen.

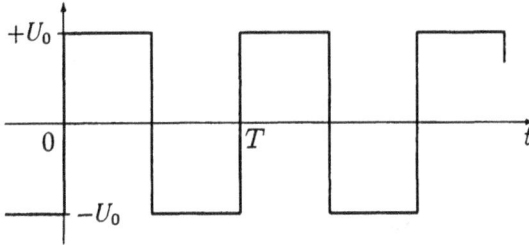

Abb. 14.1: Die Rechteckschwingung

Lösung

Mit (14.4) erhält man

$$c_n = \frac{1}{T} \left\{ \int_{-T/2}^{0} (-U_0)\, e^{-jn\omega_0 t}\, dt + \int_{0}^{T/2} U_0\, e^{-jn\omega_0 t}\, dt \right\}$$

$$= \frac{2U_0}{jn\omega_0 T} \left(1 - e^{jn\omega_0 T/2}\right) \qquad (n \neq 0)$$

oder wegen $\omega_0 T = 2\pi$:

$$c_n = \begin{cases} \frac{2U_0}{jn\pi} & \text{für } n \text{ ungerade} \\ 0 & \text{für } n \text{ gerade}. \end{cases}$$

Damit folgt als Ergebnis

$$u(t) = \frac{2U_0}{j\pi} \sum_{\substack{n=-\infty \\ n \text{ ungerade}}}^{\infty} \frac{1}{n} e^{jn\omega_0 t}.$$

Hierfür kann mit $n = 2k+1$ geschrieben werden:

$$u(t) = \frac{2U_0}{j\pi} \sum_{k=-\infty}^{\infty} \frac{1}{2k+1} e^{j(2k+1)\omega_0 t}.$$

Die Spektralkomponenten c_n sind i. a. komplex. Man könnte den Real- und den Imaginärteil auftragen. Meist ist es jedoch informativer, den Betrag und den Winkel darzustellen. Im vorliegenden Fall (Beispiel 14.1) gilt:

$$|c_n| = \frac{2U_0}{|n|\pi},$$

$$\operatorname{arc} c_n = \left\{ \begin{array}{ll} \pi/2 & \text{für } n < 0 \\[2mm] -\pi/2 & \text{für } n > 0 \end{array} \right. \qquad (n \text{ ungerade})$$

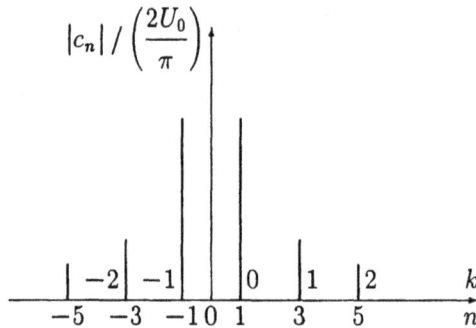

Abb. 14.2: Das Betragsspektrum der Rechteckschwingung

Die Darstellung dieser Koeffizienten (hier in normierter Form) nach Abbildung 14.2 bezeichnet man als Linienspektrum (diskretes Spektrum).

Die große Bedeutung der Fourier-Reihen für die Elektrotechnik liegt darin, daß man Quellen, deren Quellengrößen sich mit der Zeit periodisch ändern (bei beliebiger Kurvenform), durch eine Kombination aus Teilquellen mit sinusförmigen Quellengrößen ersetzen kann. Bei linearen Netzen ist es damit möglich, zuerst die Wirkung jeder Teilquelle auf das Netz mit den Methoden der Wechselstromlehre zu bestimmen und dann durch Superposition zur Gesamtlösung zu kommen. Diese Vorgehensweise wird durch das folgende Beispiel verdeutlicht.

Beispiel 14.2

Die in Beispiel 14.1 betrachtete Rechteckspannung werde an den Eingang eines Tiefpasses ersten Grades (Abbildung 5.17) gelegt. Gesucht ist die Ausgangsspannung $u_2(t)$.

Lösung

Eine am Eingang anliegende Teilspannung mit der komplexen Amplitude

$$c_n^{(1)} = \frac{2U_0}{jn\pi} \qquad (n \text{ ungerade})$$

hat am Ausgang die komplexe Amplitude

$$c_n^{(2)} = \frac{2U_0}{jn\pi} \cdot \frac{1}{1 + jn\omega_0 CR}$$

zur Folge. (Der zweite Faktor auf der rechten Seite entspricht der Spannungsteilerformel für $\omega = n\omega_0$.) Nach Ergänzen des Zeitfaktors $\exp(jn\omega_0 t)$ und Summation erhält man das Ergebnis in Form der Fourier-Reihe

$$u_2(t) = \frac{2U_0}{j\pi} \sum_{\substack{n = -\infty \\ n \text{ ungerade}}}^{\infty} \frac{1}{n(1 + jn\omega_0 CR)} e^{jn\omega_0 t} \; .$$

Die Glieder dieser Reihe nehmen für große n dem Betrage nach wie $1/n^2$ ab, während die Terme der Eingangsspannung nur gemäß $1/n$ kleiner werden. Die Schaltung wirkt also in der Tat als Tiefpaß.

∎

14.3   Leistungsberechnung

Strom und Spannung an einem Zweipol sollen periodische Funktionen mit der gleichen Periode T (aber unterschiedlicher Kurvenform) sein. Um die umgesetzte Leitung zu berechnen, geht man zweckmäßigerweise von den reellen Fourier-Reihen in der Form

Leistung im Zweipol

$$u(t) = U_0 + \sum_{n=1}^{\infty} \hat{u}_n \, \cos(n\omega_0 t + \alpha_n)$$

$$i(t) = I_0 + \sum_{n=1}^{\infty} \hat{i}_n \, \cos(n\omega_0 t + \beta_n)$$

aus. (Diese Gleichungen lassen sich mit Hilfe des Additionstheorems des Cosinus leicht auf (14.1) zurückführen.) Der Augenblickswert der Leistung (2.13) und sein zeitlicher Mittelwert

$$P = \frac{1}{T} \int_T p(t)\, dt$$

können relativ einfach bestimmt werden, wenn man für die Zwischenrechnungen komplexe Amplituden verwendet. Es ergibt sich

$$P = U_0 I_0 + \frac{1}{2} \sum_{n=1}^{\infty} \hat{u}_n \hat{\imath}_n \cos(\alpha_n - \beta_n)$$

oder nach Einführen der Effektivwerte

$$U_n = \frac{\hat{u}_n}{\sqrt{2}}, \qquad I_n = \frac{\hat{\imath}_n}{\sqrt{2}} \qquad (n > 0)$$

und der Phasenverschiebung

$$\varphi_n = \alpha_n - \beta_n :$$

ittelwert der
eistung

$$P = U_0 I_0 + \sum_{n=1}^{\infty} U_n I_n \cos\varphi_n . \tag{14.5}$$

Demnach tragen nur Strom- und Spannungswellen gleicher Ordnung zum Mittelwert der Leistung bei.

14.4 Charakterisierung beliebiger Wechselgrößen

Wechselspannungen (und -ströme) beliebiger Kurvenform werden durch verschiedene Maßzahlen charakterisiert.

Im Falle des Ohmschen Widerstandes folgt aus (14.5) mit $I_n = U_n/R$:

$$P = \sum_{n=0}^{\infty} \frac{U_n^2}{R} .$$

ffektivwert

Man bezeichnet die Gleichspannung, die in R den gleichen Leistungsumsatz bewirkt, als *Effektivwert U* (der periodischen Wechselspannung beliebiger Kurvenform):

$$U = \sqrt{\sum_{n=0}^{\infty} U_n^2} = \sqrt{P \cdot R} \, .$$

Der Effektivwert der (dem Gleichanteil U_0) *überlagerten Wechselspannung* ist definiert als

Überlagerte
Wechselspannung

$$U_{\ddot{u}} = \sqrt{\sum_{n=1}^{\infty} U_n^2} \, .$$

Den Quotienten

Welligkeit

$$w = \frac{U_{\ddot{u}}}{U_0}$$

nennt man *Welligkeit*. Diese Größe sollte z. B. bei einer mit einer Gleichrichterschaltung erzeugten Gleichspannung möglichst klein sein.

Bei reinen Wechselgrößen (ohne Gleichanteil) wird der Gehalt an Oberschwingungen durch den *Klirrfaktor*

Klirrfaktor

$$k = \frac{\sqrt{\sum_{n=2}^{\infty} U_n^2}}{\sqrt{\sum_{n=1}^{\infty} U_n^2}} = \frac{\sqrt{\sum_{n=2}^{\infty} U_n^2}}{U}$$

charakterisiert. Diese Größe ist ein Maß für die Abweichung von der Grundschwingung. Daneben verwendet man den Begriff *Grundschwingungsgehalt*

Grundschwingung
gehalt

$$g = \frac{U_1}{U} \, .$$

Offenbar gilt

$$g^2 + k^2 = 1 \, .$$

15. Die Fourier-Transformation

15.1 Der Übergang von der Fourier-Reihe zum Fourier-Integral

Auf Grund der Vorteile der Fourier-Analyse ist man bestrebt, diese auch bei nichtperiodischen Vorgängen anzuwenden. Das wird möglich durch den Grenzübergang $T \to \infty$: dabei wird aus der periodischen Funktion mit der Periode T eine nichtperiodische Funktion. Gleichzeitig strebt die Frequenz der Grundschwingung und damit der Abstand zwischen den Spektralkomponenten gegen Null: $\omega_0 = 2\pi/T \to 0$. Aus (14.4) folgt, daß dann auch $c_n \to 0$ gilt, sofern das Integral existiert. Um den Grenzübergang durchführen zu können, definiert man zunächst eine Spektralfunktion   Spektralfunktion

$$F(jn\omega_0) := c_n T .$$

Dann ergibt sich mit $1/T = f_0 = \omega_0/2\pi$ an Stelle von (14.3) und (14.4):

$$f(t) = \omega_0 \sum_{n=-\infty}^{\infty} \frac{1}{2\pi} F(jn\omega_0) \, e^{jn\omega_0 t} \qquad (15.1\text{a})$$

$$F(jn\omega_0) = \int_{-T/2}^{T/2} f(t) \, e^{-jn\omega_0 t} \, dt . \qquad (15.1\text{b})$$

Für reelle Funktionen $f(t)$ müssen sich die Imaginärteile der Summe (15.1a) gegenseitig aufheben. Die Summe der Realteile läßt sich durch Abbildung 15.1 veranschaulichen: jeder Summand entspricht der Höhe eines Streifens, die Breite jedes Streifens beträgt ω_0. Also wird (15.1a) durch die Fläche unter der Treppenkurve dargestellt. Für $T \to \infty$, $\omega_0 \to 0$ geht die Treppenfunktion in eine i. a. glatte Kurve über; aus der mit ω_0 multiplizierten Summe wird ein Integral über die kontinuierliche Variable ω. In (15.1b) ist über die ganze t-Achse zu integrieren. Damit entsteht das Gleichungspaar

$$F(j\omega) = \int_{-\infty}^{\infty} f(t) \, e^{-j\omega t} \, dt \qquad (15.2\text{a})$$

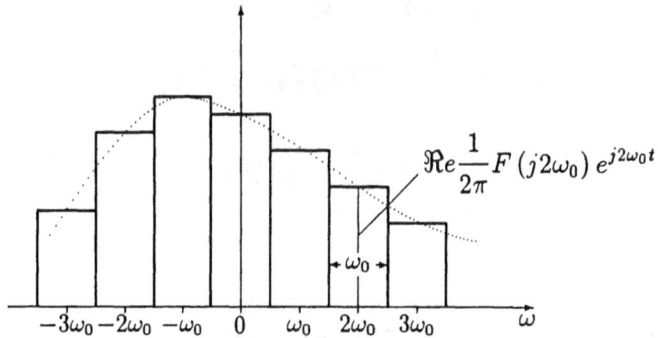

Abb. 15.1: Veranschaulichung der Summe (15.1a)

$$f(t) = \frac{1}{2\pi} \int\limits_{-\infty}^{\infty} F(j\omega)\, e^{j\omega t}\, d\omega \;. \tag{15.2b}$$

Man nennt $F(j\omega)$ die *Fourier-Transformierte* von $f(t)$. Die durch das Gleichungspaar (15.2) definierte Zuordnung bezeichnet man als *Fourier-Transformation* bzw. inverse Fourier-Transformation oder *Rücktransformation*.

Für diese Operationen schreibt man auch in abgekürzter Form

$$F(j\omega) = \mathcal{F}[f(t)], \qquad f(t) = \mathcal{F}^{-1}[F(j\omega)]$$

oder man verwendet das Korrespondenzzeichen $\circ\!\!-\!\!-$:

$$f(t) \;\circ\!\!-\!\!-\; F(j\omega), \qquad F(j\omega) \;-\!\!-\!\!\circ\; f(t) \;.$$

Man nennt $f(t)$ die *Originalfunktion* (Funktion im Zeitbereich, Originalbereich) und $F(j\omega)$ die *Bildfunktion* (Funktion im Bildbereich, Frequenzbereich).

Die Herleitung der Fourier-Transformierten (einschließlich der Rücktransformation) erfolgt hier auf rein formale Weise (ohne mathematische Strenge).

Damit eine Funktion $f(t)$ durch das Fourier-Integral (15.2b) dargestellt werden kann, muß sie mehrere Bedingungen erfüllen. Hinreichend sind die Bedingungen von Dirichlet:

$f(t)$ darf in jedem endlichen Intervall nur

224

1. endlich viele Maxima und Minima und

2. endlich viele Sprungstellen haben, wobei die Sprunghöhen endlich sein müssen.

3. Weiterhin muß $f(t)$ absolut integrierbar sein:

$$\int\limits_{-\infty}^{\infty} |f(t)|\, dt < \infty .$$

15.2 Einige Eigenschaften der Fourier-Transformation

Betrag und Winkel

Ersetzt man in der Definitionsgleichung (15.2a) ω durch $-\omega$, so entsteht

$$F(-j\omega) = \int\limits_{-\infty}^{\infty} f(t)\, e^{j\omega t}\, dt .$$

Für reelle Funktionen $f(t)$ gilt also

$$F(-j\omega) = F^*(j\omega) .$$

Daraus folgt, daß $|F(j\omega)|$ eine gerade und arc $F(j\omega)$ eine ungerade Funktion der Frequenz ist.

Symmetrietheorem, Vertauschungssatz

Die Integrale für die Transformation und für die Rücktransformation sind gleichartig aufgebaut. Daher ist zu vermuten, daß bei bekannter Korrespondenz $f(t) \circ\!\!-\!\!- F(j\omega)$ eine Beziehung zwischen einer Zeitfunktion F und einer Frequenzfunktion f leicht angegeben werden kann. Ersetzt man in der Umkehrformel (15.2b) ω durch t und t durch $-\omega$, so entsteht

$$2\pi f(-\omega) = \int\limits_{-\infty}^{\infty} F(jt)\, e^{-j\omega t}\, dt .$$

Also gilt wegen (15.2a):

$$F(jt) \circ\!\!-\!\!- 2\pi f(-\omega) .$$

Linearität [1]

Durch Einsetzen von $k_1 f_1(t) + k_2 f_2(t)$ in die Definitionsgleichung folgt unmittelbar

$$k_1\, f_1(t) + k_2\, f_2(t) \; \circ\!\!-\!\!-\; k_1\, F_1(j\omega) + k_2\, F_2(j\omega) \,.$$

Variablenverschiebung im Zeitbereich, Zeitverschiebungssatz

Aus

$$f(t - t_0) \; \circ\!\!-\!\!-\; \int\limits_{-\infty}^{\infty} f(t - t_0)\, e^{-j\omega t}\, dt$$

ergibt sich mit der Substitution $t - t_0 = \tau$ nach kurzer Rechnung:

$$f(t - t_0) \; \circ\!\!-\!\!-\; e^{-j\omega t_0}\, F(j\omega) \,.$$

Man beachte, daß der Betrag des Spektrums durch die Zeitverschiebung nicht verändert wird.

Variablenverschiebung im Frequenzbereich, Frequenzverschiebungssatz

Ersetzt man in der Definitiongleichung ω durch $\omega - \omega_0$, so entsteht

$$F(j(\omega - \omega_0)) = \int\limits_{-\infty}^{\infty} \boxed{f(t)\, e^{j\omega_0 t}} \cdot e^{-j\omega t}\, dt$$

oder

$$f(t)\, e^{j\omega_0 t} \; \circ\!\!-\!\!-\; F(j(\omega - \omega_0)) \,.$$

Auf eine wichtige Anwendung dieses Zusammenhangs soll kurz eingegangen werden, nämlich auf die Amplitudenmodulation. Bei dieser wird ein beliebiges Signal $f(t)$ mit dem Träger, z. B. $\cos \omega_0 t$, multipliziert. Für das modulierte Signal gilt:

$$f(t)\, \cos \omega_0 t \;=\; \frac{1}{2} f(t)\, e^{j\omega_0 t} + \frac{1}{2} f(t)\, e^{-j\omega_0 t}$$

$$\circ\!\!-\!\!-\; \frac{1}{2} F(j(\omega - \omega_0)) + \frac{1}{2} F(j(\omega + \omega_0)) \,.$$

Dieser Zusammenhang ist in Abbildung 15.2 dargestellt.

odulation

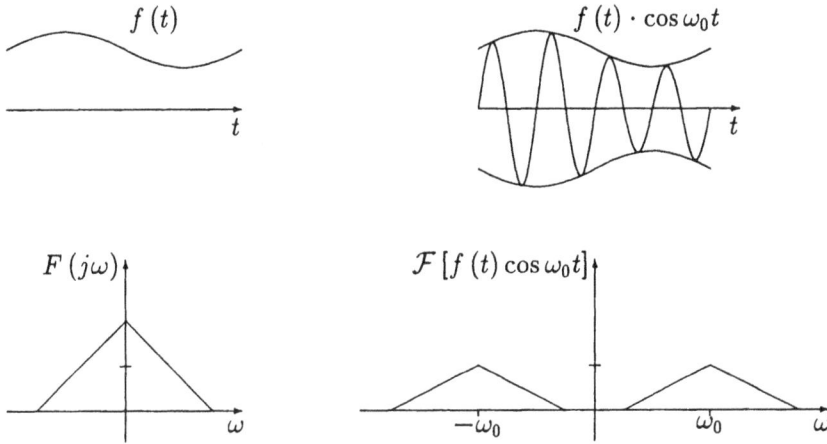

Abb. 15.2: Signal und moduliertes Signal, jeweils mit Spektrum

Ähnlichkeitssatz

Für $f(at)$ mit reellem a ergibt sich aus der Definitiongleichung mit der Substitution $at = T$ nach kurzer Rechnung

$$f(at) \; \circ\!\!-\!\!-\; \frac{1}{|a|} F(j\frac{\omega}{a}) \, .$$

Faltungssatz

Es werde der Fall betrachtet, daß die Fourier-Transformierte $G(j\omega)$ als Produkt $F_1(j\omega) \cdot F_2(j\omega)$ darstellbar ist, wobei die zugehörigen Originalfunktionen $f_1(t)$ und $f_2(t)$ bekannt sind. In diesem Fall kann man die Originalfunktion $g(t)$ durch eine spezielle Integration (s. auch Abschnitt 13.4.2), die man als Faltung bezeichnet, aus $f_1(t)$ und $f_2(t)$ bestimmen.

Mit dem Umkehrintegral folgt, wenn z. B. $F_2(j\omega)$ durch die Definitionsgleichung ausgedrückt wird:

$$g(t) = \frac{1}{2\pi} \int\limits_{-\infty}^{\infty} F_1(j\omega) \left[\int\limits_{-\infty}^{\infty} f_2(\tau) \, e^{-j\omega\tau} \, d\tau \right] e^{j\omega t} \, d\omega \, .$$

Durch Vertauschen beider Integrationen ergibt sich

$$g(t) \;=\; \int\limits_{-\infty}^{\infty} f_2(\tau) \left[\frac{1}{2\pi} \int\limits_{-\infty}^{\infty} F_1(j\omega)\, e^{j\omega(t-\tau)}\, d\omega \right] d\tau$$

$$=\; \int\limits_{-\infty}^{\infty} f_1(t-\tau)\, f_2(\tau)\, d\tau \;.$$

Dieses Integral ist das schon bekannte Faltungsintegral (13.17), das man abkürzend als $f_1(t) * f_2(t)$ schreibt:

$$f_1(t) * f_2(t) \;=\; \int\limits_{-\infty}^{\infty} f_1(t-\tau)\, f_2(\tau)\, d\tau \;=$$

$$=\; \int\limits_{-\infty}^{\infty} f_1(\tau)\, f_2(t-\tau)\, d\tau \quad \circ\!\!-\!\!- \quad F_1(j\omega) \cdot F_2(j\omega)\;.$$

Ganz entsprechend findet man, daß die Transformierte des Produktes $f_1(t) \cdot f_2(t)$ durch eine Faltung im Frequenzbereich bestimmt werden kann:

$$f_1(t) \cdot f_2(t) \quad \circ\!\!-\!\!- \quad \frac{1}{2\pi}\, F_1(j\omega) * F_2(j\omega)\;.$$

Differentiation im Zeitbereich

Differenziert man die Umkehrformel auf beiden Seiten nach der Zeit, so entsteht

$$f'(t) = \frac{1}{2\pi} \int\limits_{-\infty}^{\infty} \left[j\omega\, F(j\omega) \right] e^{j\omega t}\, d\omega$$

Offenbar gilt:

$$f'(t) \quad \circ\!\!-\!\!- \quad j\omega \cdot F(j\omega)$$

und für die n-te Ableitung:

$$f^{(n)}(t) \quad \circ\!\!-\!\!- \quad (j\omega)^n \cdot F(j\omega)\;.$$

Auf Grund dieses Zusammenhangs wird eine lineare Differentialgleichung mit konstanten Koeffizienten in eine algebraische Gleichung transformiert.

Integration im Zeitbereich

Eine Funktion $g(t)$ sei durch ein Integral über $f(t)$ definiert:

$$g(t) = \int\limits_{-\infty}^{t} f(\tau)\, d\tau \; .$$

Dann ist

$$g'(t) = f(t)$$

und in transformierter Form

$$j\omega\, G(j\omega) = F(j\omega) \qquad \text{oder} \qquad G(j\omega) = \frac{1}{j\omega}\, F(j\omega) \; .$$

Also gilt:

$$g(t) = \int\limits_{-\infty}^{t} f(\tau)\, d\tau \; \circ\!\!-\!\!- \; G(j\omega) = \frac{1}{j\omega}\, F(j\omega) \; .$$

Die Transformierte $G(j\omega)$ läßt sich nur angeben, wenn $F(j\omega)$ existiert und wenn $F(j\omega)$ für $\omega \to 0$ verschwindet. Wenn die zweite Voraussetzung nicht erfüllt ist, lautet der Zusammenhang:

$$\int\limits_{-\infty}^{t} f(\tau)\, d\tau \; \circ\!\!-\!\!- \; \frac{1}{j\omega}\, F(j\omega) + \pi\, F(0)\, \delta(\omega) \; .$$

15.3 Die Fourier-Transformation häufig auftretender Funktionen

Die einfachsten Funktionen, die in den Anwendungen auftreten, z. B. die Sprungfunktion und die harmonische Schwingung, lassen sich nicht ohne weiteres transformieren, da sie nicht absolut integrabel sind. Diese Schwierigkeit kann man jedoch umgehen, wenn man die Deltafunktion (den Deltaimpuls) zuläßt. Daher wird hier, ausgehend vom Rechteckimpuls, zuerst der Deltaimpuls betrachtet

$k_1 f_1(t) + k_2 f_2(t)$ ◦— $k_1 F_1(j\omega) + k_2 F_2(j\omega)$

$$F(-j\omega) = F^*(j\omega) \quad \text{für } f(t) \text{ reell}$$

$F(jt)$ ◦— $2\pi\, f(-\omega)$ falls $f(t)$ ◦— $F(j\omega)$

$f(t - t_0)$ ◦— $e^{-j\omega t_0}\, F(j\omega)$

$e^{j\omega_0 t}\, f(t)$ ◦— $F(j(\omega - \omega_0))$

$f(at)$ ◦— $\dfrac{1}{|a|} F\left(j\dfrac{\omega}{a}\right)$ für a reell

$$f_1(t) * f_2(t) \;=\; \int\limits_{-\infty}^{\infty} f_1(t - \tau)\, f_2(\tau)\, d\tau \;=$$
     ◦— $F_1(j\omega) \cdot F_2(j\omega)$
$$=\; \int\limits_{-\infty}^{\infty} f_1(\tau)\, f_2(t - \tau)\, dd\tau$$

$f_1(t) \cdot f_2(t)$ ◦— $\dfrac{1}{2\pi} F_1(j\omega) * F_2(j\omega)$

$\dfrac{df(t)}{dt}$ ◦— $j\omega\, F(j\omega)$

$-jt\, f(t)$ ◦— $\dfrac{dF(j\omega)}{d\omega}$

$\displaystyle\int\limits_{-\infty}^{t} f(\tau)\, d\tau$ ◦— $\dfrac{1}{j\omega} F(j\omega) + \pi\, F(0)\, \delta(\omega)$

$-\dfrac{1}{jt} f(t) + \pi\, f(0)\, \delta(t)$ ◦— $\displaystyle\int\limits_{-\infty}^{\omega} F(j\lambda)\, d\lambda$

Tabelle 15.1: Eigenschaften der Fourier-Transformation

Rechteckimpuls

Für den Rechteckimpuls der Breite T und der Höhe $1/T$ ergibt sich aus der Definitionsgleichung

$$\delta_T(t) \;\circ\!\!-\!\!- \; \frac{1 - e^{-j\omega T}}{j\omega T} \,.$$

Deltaimpuls

Für $T \to 0$ geht der Rechteckimpuls in die Deltafunktion über. Auf der rechten Seite entsteht mit der Regel von de'l Hospital:

$$\lim_{T\to 0} \frac{1 - e^{-j\omega T}}{j\omega T} = \lim_{T\to 0} \frac{j\omega e^{-j\omega T}}{j\omega T} = 1 \,.$$

Also hat man

$$\delta(t) \circ\!\!-\!\!- 1 \,.$$

Das Spektrum der Deltafunktion enthält alle Frequenzen.

Mit dem Zeitverschiebungssatz folgt eine weitere nützliche Korrespondenz:

$$\delta(t - t_0) \circ\!\!-\!\!- e^{-j\omega t_0} \,.$$

Konstante

Man wendet das Symmetrietheorem auf $\delta(t) \circ\!\!-\!\!- 1$ an und beachtet, daß der Deltaimpuls eine gerade Funktion ist:

$$1 \circ\!\!-\!\!- 2\pi\,\delta(\omega) \,.$$

Harmonische Schwingungen

Mit dem Frequenzverschiebungssatz liefert die zuletzt angegebene Korrespondenz

$$e^{j\omega t_0} \circ\!\!-\!\!- 2\pi\,\delta(\omega - \omega_0) \,.$$

Stellt man die Funktion Cosinus durch zwei e-Funktionen dar, so findet man

$$\cos\omega_0 t \circ\!\!-\!\!- \pi\left[\delta(\omega + \omega_0) + \delta(\omega - \omega_0)\right]$$

und entsprechend

$$\sin\omega_0 t \circ\!\!-\!\!- j\pi\left[\delta(\omega + \omega_0) - \delta(\omega - \omega_0)\right] \,.$$

Sprungfunktion

Die Herleitung der Fourier-Transformierten ist relativ aufwendig, daher wird hier nur das Ergebnis angegeben:

$$u(t) \circ\!\!-\!\!- \frac{1}{j\omega} + \pi\,\delta(\omega) \,.$$

Periodische Funktionen

In den vorangehenden Abschnitten sind zwei Fourier-Darstellungen eingeführt worden, nämlich die Fourier-Reihe für periodische Signale und das Fourier-Integral für nichtperiodische Signale. In den Anwendungen kommen auch Signale vor, die einen periodischen und einen nichtperiodischen Anteil enthalten. Beide Anteile lassen sich nicht ohne weiteres in einheitlicher Form durch die Fourier-Transformierte darstellen, da der periodische Anteil nicht absolut integrabel ist. Diese Schwierigkeit kann man umgehen, wenn man Deltaimpulse zuläßt.

Das erste Beispiel dieser Art ist die bereits hergeleitete Korrespondenz

$$e^{j\omega_0 t} \circ\!\!-\!\!- 2\pi \, \delta(\omega - \omega_0) \, .$$

Die Zeitfunktion ist periodisch mit der Periode $2\pi/\omega_0$. Aus dieser Korrespondenz folgt zunächst

$$c_k \, e^{jk\omega_0 t} \circ\!\!-\!\!- 2\pi \, c_k \, \delta(\omega - k\omega_0)$$

und durch Summation

wichtete
pulsfolge

$$\sum_{k=-\infty}^{\infty} c_k \, e^{jk\omega_0 t} \circ\!\!-\!\!- 2\pi \sum_{k=-\infty}^{\infty} c_k \, \delta(\omega - k\omega_0) \, .$$

Die linke Seite ist die Fourier-Reihe einer beliebigen Funktion mit der Periode $2\pi/\omega_0$. Die zugehörige Fourier-Transformierte wird durch eine gewichtete Impulsfolge beschrieben (mit den Gewichten $2\pi \, c_k$).

ale
tastfunktion

Als ideale Abtastfunktion spielt die gleichförmige Impulsfolge (mit den Gewichten 1 und der Periode T) eine Rolle:

$$x_S(t) = \sum_{k=-\infty}^{\infty} \delta(t - kT) \, .$$

Sie läßt sich zunächst durch die Fourier-Reihe

$$x_S(t) = \sum_{k=-\infty}^{\infty} c_k \, e^{jk\omega_0 t}$$

mit

$$c_k = \frac{1}{T} \int_{-T/2}^{T/2} \delta(t) \, e^{-jk\omega_0 t} \, dt$$

darstellen. Das Integral ist wegen (13.6) eins; also folgt

$$x_S(t) = \frac{1}{T} \sum_{k=-\infty}^{\infty} e^{jk\omega_0 t} \, .$$

Die Fourier-Transformierte ergibt sich zu

$$X_S(j\omega) = \omega_0 \sum_{k=-\infty}^{\infty} \delta(\omega - k\omega_0) \, .$$

Das ist ein bemerkenswertes Ergebnis: Die gleichförmige Impulsfolge im   Gleichförmige
Zeitbereich entspricht einer gleichförmigen Impulsfolge im Frequenzbereich   Impulsfolge
(Abbildung 15.3).

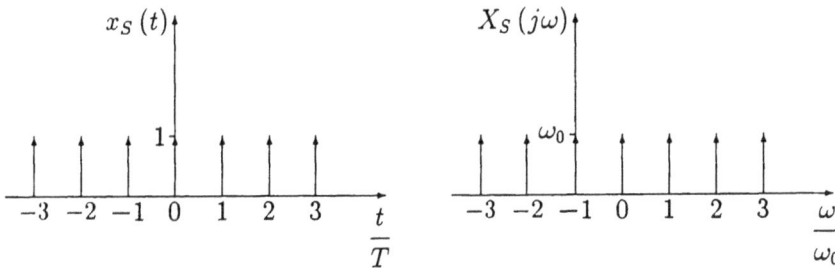

Abb. 15.3: Die ideale Abtastfunktion und ihre Fourier-Transformierte

Alle behandelten und einige zusätzliche Korrespondenzen findet man in
Tabelle 15.2.

15.4   Die Systemantwort

In Abschnitt 13.4.2 wurde gezeigt, daß die Antwort eines Systems auf eine
beliebige Eingangsfunktion $x(t)$ als Faltungsintegral (13.17) geschrieben
werden kann. Durch Transformieren geht dieser Zusammenhang über in

$$Y(j\omega) = H(j\omega) \cdot X(j\omega) \, . \tag{15.3}$$

Grundsätzlich läßt sich die Systemantwort also mit Zeitbereichs- oder mit   Zeitbereichs- und
Frequenzbereichsmethoden berechnen; beide Möglichkeiten sind in Abbil-   Frequenzbereichs-
dung 15.4 dargestellt.   methoden

$$\text{Zeitbereich:} \qquad x\,(t)$$

$$\underrightarrow{\qquad\qquad} \boxed{\text{System}} \underrightarrow{\qquad\qquad}$$

$$\text{Frequenzbereich: } X\,(j\omega) \qquad\qquad Y\,(j\omega) = H\,(j\omega) \cdot X\,(j\omega)$$

Zeitbereich:	$x\,(t)$		$y\,(t) = h\,(t) * x\,(t)$
Frequenzbereich:	$X\,(j\omega)$	System	$Y\,(j\omega) = H\,(j\omega) \cdot X\,(j\omega)$

Abb. 15.4: Die Bestimmung der Systemantwort im Zeit- und im Frequenzbereich

Beispiel 15.1

rungantwort

Ein System wird durch die Impulsantwort $h(t) = ae^{-at}\,u(t)$, $a > 0$ charakterisiert. Gesucht ist die Sprungantwort dieses Systems (unter der Voraussetzung, daß die Anfangsbedingung Null ist).

Lösung

Die Aufgabe soll mit der Fourier-Transformation gelöst werden:

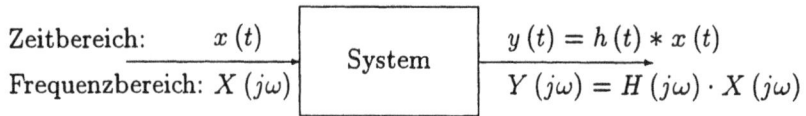

$$Y(j\omega) = H(j\omega) \cdot X(j\omega)\,.$$

Darin sind $H(j\omega)$ und $X(j\omega)$ bekannt:

$$H(j\omega) = \frac{a}{a + j\omega}, \qquad X(j\omega) = U(j\omega) = \frac{1}{j\omega} + \pi\,\delta(\omega)\,.$$

Somit folgt

$$Y(j\omega) = \frac{a}{j\omega\,(a + j\omega)} + \frac{a\,\pi\,\delta(\omega)}{a + j\omega}$$

und wegen $f(\omega) \cdot \delta(\omega) = f(0) \cdot \delta(\omega)$ nach (13.7')

$$Y(j\omega) = \frac{a}{j\omega\,(a + j\omega)} + \pi\,\delta(\omega)\,.$$

Der erste Summand wird in Partialbrüche zerlegt:

$$Y(j\omega) = \frac{1}{j\omega} - \frac{1}{a + j\omega} + \pi\,\delta(\omega)\,.$$

Durch Rücktransformation entsteht

$$y(t) = \left(1 - e^{-at}\right)\,u(t)\,.$$

234

Anmerkung:

Bei dem betrachteten System kann es sich um einen Tiefpaß 1. Grades handeln. Die Eingangsspannung heißt hier $x(t)$, die Ausgangsspannung $y(t)$. Ist der Kondensator (Abbildung 5.17, linkes Teilbild) vor dem Anlegen der Eingangsspannung bereits geladen, so muß der Anfangswert $y(0) = y_0$ durch eine zusätzliche Überlegung berücksichtigt werden. Das geschieht, indem man die homogene Differentialgleichung des Systems

    Anfangswert

$$\frac{1}{a} y_h'(t) + y_h(t) = 0$$

löst:

$$y_h(t) = K \cdot e^{-at} \, ,$$

dann diese „zero-input"-Antwort zu der vorher gefundenen „zero-state"-Antwort addiert

$$y(t) = y_p(t) + y_h(t) = 1 - e^{-at} + K \cdot e^{-at} \qquad (t \geq 0)$$

und schließlich die Anfangsbedingung einarbeitet:

$$y(0) = y_0 = 1 - e^0 + K \cdot e^0 \quad \rightarrow \quad K = y_0 \, .$$

Damit lautet das Ergebnis:

$$y(t) = 1 - (1 - y_0)\, e^{-at} \qquad (t \geq 0) \, .$$

■

$f(t)$	$F(j\omega)$	
$e^{-at}\,u(t)$	$\dfrac{1}{a+j\omega}$	$a>0$
$e^{at}\,u(-t)$	$\dfrac{1}{a-j\omega}$	$a>0$
$t\,e^{-at}\,u(t)$	$\dfrac{1}{(a+j\omega)^2}$	$a>0$
$t^n\,e^{-at}\,u(t)$	$\dfrac{n!}{(a+j\omega)^{n+1}}$	$a>0$
$\delta(t)$	1	
1	$2\pi\,\delta(\omega)$	
$u(t)$	$\pi\,\delta(\omega)+\dfrac{1}{j\omega}$	
$e^{j\omega_0 t}$	$2\pi\,\delta(\omega-\omega_0)$	
$\cos\omega_0 t$	$\pi\,[\delta(\omega+\omega_0)+\delta(\omega-\omega_0)]$	
$\sin\omega_0 t$	$j\pi\,[\delta(\omega+\omega_0)-\delta(\omega-\omega_0)]$	
$\cos\omega_0 t\cdot u(t)$	$\dfrac{\pi}{2}\,[\delta(\omega+\omega_0)+\delta(\omega-\omega_0)]+\dfrac{j\omega}{\omega_0^2-\omega^2}$	
$\sin\omega_0 t\cdot u(t)$	$\dfrac{j\pi}{2}\,[\delta(\omega+\omega_0)-\delta(\omega-\omega_0)]+\dfrac{\omega_0}{\omega_0^2-\omega^2}$	
$e^{-at}\cos\omega_0 t\cdot u(t)$	$\dfrac{a+j\omega}{(a+j\omega)^2+\omega_0^2}$	$a>0$
$e^{-at}\sin\omega_0 t\cdot u(t)$	$\dfrac{\omega_0}{(a+j\omega)^2+\omega_0^2}$	$a>0$
$\displaystyle\sum_{n=-\infty}^{\infty}\delta(t-nT)$	$\omega_0\displaystyle\sum_{n=-\infty}^{\infty}\delta(\omega-n\omega_0)$	$\omega_0=\dfrac{2\pi}{T}$
$e^{-t^2/2\sigma^2}$	$\sigma\sqrt{2\pi}\,e^{-\sigma^2\omega^2/2}$	

Die Angabe $a>0$ setzt ein reelles a voraus. $u(t)$ bezeichnet hier die Sprungfunktion

Tabelle 15.2: Einige Korrespondenzen

16. Die Laplace-Transformation

16.1 Der Übergang von der Fourier- zur Laplace-Transformation

Viele Funktionen besitzen keine Fourier-Transformierte – z. B. die Funktion $f(t) = t \cdot u(t)$ – und in manchen Fällen läßt sich die Fourier-Transformierte nur herleiten, wenn man mit Deltaimpulsen arbeitet.

Die genannten Schwierigkeiten lassen sich vielfach vermeiden, wenn man nicht die Funktion $f(t)$ durch ein Fourier-Integral darstellt, sondern die mit dem Faktor $\exp(-\sigma t)$ multiplizierte Funktion, wobei σ reell ist und geeignet gewählt wird:

$$f(t)\, e^{-\sigma t} \circ\!\!-\!\!- \int\limits_{-\infty}^{\infty} f(t)\, e^{-\sigma t}\, e^{-j\omega t}\, dt = \int\limits_{-\infty}^{\infty} f(t) e^{-(\sigma + j\omega)t}\, dt =$$

$$= F(\sigma + j\omega)\,.$$

Nach Zusammenfassen von σ und $j\omega$ zu der komplexen Variablen

$$s = \sigma + j\omega$$

ergibt sich

$$f(t)\, e^{-\sigma t} \circ\!\!-\!\!- \int\limits_{-\infty}^{\infty} f(t)\, e^{-st}\, dt = F(s)\,.$$

Die Operation, durch die der Originalfunktion $f(t)$ die Bildfunktion $F(s)$ zugeordnet wird, bezeichnet man als *Laplace-Transformation* (genauer: zweiseitige Laplace-Transformation):

Zweiseitige Laplace-Transformation

$$F(s) = \int\limits_{-\infty}^{\infty} f(t)\, e^{-st}\, dt\,. \tag{16.1a}$$

$F(s)$ ist die *Laplace-Transformierte* von $f(t)$. Hierfür schreibt man abkürzend

$$F(s) = \mathcal{L}[f(t)] \qquad \text{oder} \qquad f(t) \circ\!\!-\!\!\bullet\, F(s)\,.$$

Formal stimmt für $\sigma = 0$ die Laplace-Transformierte mit der Fourier-Transformierten überein.

Da $F(s)$ die Fourier-Transformierte von $f(t)\,\exp(-\sigma t)$ ist, kann die Rücktransformation mit (15.2b) erfolgen:

$$f(t)\,e^{-\sigma t} = \frac{1}{2\pi} \int\limits_{-\infty}^{\infty} F(s)\,e^{j\omega t}\,d\omega\,.$$

Durch Multiplikation beider Seiten mit $\exp(-\sigma t)$ entsteht

$$f(t) = \frac{1}{2\pi} \int\limits_{-\infty}^{\infty} F(s)\,e^{(\sigma+j\omega)t}\,d\omega\,.$$

Mit $s = \sigma + j\omega$ wird (da σ konstant ist) $ds = jd\omega$, und die Grenzen $\omega = \pm\infty$ gehen über in $s = \sigma \pm j\infty$. Damit folgt das *Laplacesche Umkehrintegral*

$$f(t) = \frac{1}{2\pi j} \int\limits_{\sigma-j\infty}^{\sigma+j\infty} F(s)\,e^{st}\,ds\,. \tag{16.2b}$$

Für die Existenz der Laplace-Transformierten gelten die im Zusammenhang mit der Fourier-Transformierten angegebenen Bedingungen, jedoch mit der folgenden Modifikation:

$$\int\limits_{-\infty}^{\infty} |f(t)|\,e^{-\sigma t}\,dt < \infty\,.$$

Anmerkungen zum Konvergenzbereich:

Es wurde bereits erwähnt, daß σ geeignet gewählt werden muß, damit die Laplace-Transformierte existiert. Die folgenden Beispiele verdeutlichen das.

238

Beispiel 16.1

Die Transformierten der Funktionen

$$\text{a) } f_1(t) = e^{-a_1 t}\, u(t), \qquad \text{b) } f_2(t) = -e^{-a_2 t}\, u(-t)$$

mit reellen a_1, a_2 sind zu bestimmen.

Lösung

Mit (16.1a) folgt

$$F_1(s) \;=\; \int\limits_{-\infty}^{\infty} e^{-a_1 t}\, u(t)\, e^{-st}\, dt = \int\limits_{0}^{\infty} e^{-(a_1+s)t}\, dt =$$

$$=\; \frac{1}{s+a_1}\,,$$

falls $a_1 + \Re\{s\} > 0$ oder $\Re\{s\} = \sigma > -a_1$ ist.
Entsprechend ergibt sich

$$F_2(s) \;=\; -\int\limits_{-\infty}^{\infty} e^{-a_2 t}\, u(-t)\, e^{-st}\, dt = -\int\limits_{-\infty}^{0} e^{-(a_2+s)t}\, dt =$$

$$=\; \frac{1}{s+a_2}\,,$$

falls $a_2 + \Re\{s\} < 0$ oder $\Re\{s\} = \sigma < -a_2$ ist.

Die Konvergenzbereiche sind in Abbildung 16.1 dargestellt. Bemerkenswert ist, daß beide Funktionen für $a_1 = a_2$ die gleiche Transformierte besitzen, daß sich jedoch die Konvergenzgebiete unterscheiden. Unterschiedliche Konvergenzbereic

■

Beispiel 16.2

Es soll die Funktion

$$f_3(t) = e^{-a_1 t}\, u(t) - e^{-a_2 t}\, u(-t)$$

transformiert werden.

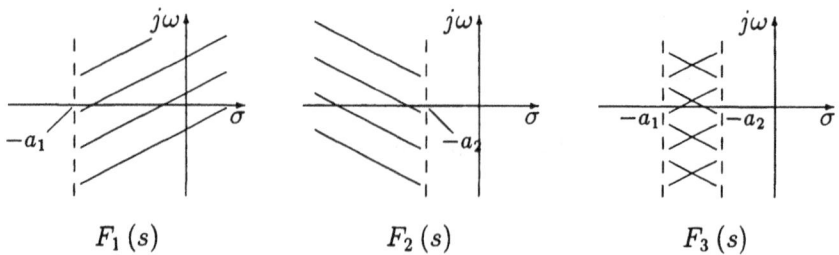

$F_1(s)$ $\qquad\qquad$ $F_2(s)$ $\qquad\qquad$ $F_3(s)$

Abb. 16.1: Die zu den Beispielen 16.1 und 16.2 gehörenden Konvergenzgebiete

Lösung

Mit den Ergebnissen von Beispiel 16.1 erhält man

$$F_3(s) = \frac{1}{s + a_1} + \frac{1}{s + a_2} = \frac{2s + a_1 + a_2}{(s + a_1)(s + a_2)} \, .$$

Dieses ist nur dann die Transformierte von $f_3(t)$, wenn sich die zu den beiden Summanden gehörenden Konvergenzgebiete überlappen (wie es in Abbildung 16.1 skizziert ist). Andernfalls besitzt diese Funktion keine Laplace-Transformierte.

■

16.2 Einige Eigenschaften der Laplace-Transformation

Die Eigenschaften der Laplace-Transformation entsprechen weitgehend denen der Fourier-Transformation und können auf ganz analoge Weise hergeleitet werden. Daher kann auf eine ausführliche Darstellung verzichtet werden.

Linearität

Gehören zu den Transformationen $f_1 \circ\!\!-\!\!\bullet F_1$, $f_2 \circ\!\!-\!\!\bullet F_2$ die Konvergenzbereiche R_1 und R_2, so ergibt sich für $k_1 f_1 + k_2 f_2 \circ\!\!-\!\!\bullet k_1 F_1 + k_2 F_2$

ein Konvergenzbereich R', der mindestens gleich dem Überlappungsbereich beider Teilbereiche ist (vgl. Beispiel 16.2). R' ist also mindestens die Schnittmenge von R_1 und R_2, die abgekürzt als $R_1 \cap R_2$ geschrieben wird. Der Konvergenzbereich R' kann größer sein als $R_1 \cap R_2$, nämlich dann, wenn sich durch die Linearkombination einzelne Pole und Nullstellen aufheben.

Variablenverschiebung im Zeitbereich

Es gilt

$$f(t - t_0) \; \circ\!\!-\!\!-\!\!\bullet \; e^{-st_0} F(s)$$

mit unverändertem Konvergenzbereich.

Variablenverschiebung im Frequenzbereich

Es ergibt sich

$$f(t) \, e^{s_0 t} \; \circ\!\!-\!\!-\!\!\bullet \; F(s - s_0) \, ,$$

wobei der Konvergenzbereich um $\Re e \, \{s_0\}$ verschoben wird (bei positivem $\Re e \, \{s_0\}$ nach rechts).

Ähnlichkeitssatz

Man erhält für reelles a

$$f(at) \; \circ\!\!-\!\!-\!\!\bullet \; \frac{1}{|a|} \, F\left(\frac{s}{a}\right) \, .$$

Hier muß s/a in dem zu $F(s)$ gehörenden Konvergenzbereich liegen (also $R' = aR$).

Faltung

Es gilt

$$f_1(t) * f_2(t) = \int\limits_{-\infty}^{\infty} f_1(t - \tau) \, f_2(\tau) \, d\tau \; \circ\!\!-\!\!-\!\!\bullet \; F_1(s) \cdot F_2(s) \, ,$$

wobei R' aus den unter dem Stichwort Linearität angegebenen Gründen mindestens $R_1 \cap R_2$ ist.

Differentiation im Zeitbereich

Es ist

$$f'(t) \circ\!\!-\!\!\bullet\; s\,F(s)$$

bei unverändertem Konvergenzbereich, wenn $F(s)$ nicht gerade bei $s = 0$ einen Pol hat. In diesem Fall erhält man ein größeres Konvergenzgebiet. Ein Beispiel dafür ist der Einheitssprung $u(t)$ mit der Transformierten $1/s$ und dem Konvergenzbereich $\Re e \{s\} > 0$. Durch Differenzieren entsteht die Deltafunktion $\delta(t)$ mit der Transformierten 1 für alle s, d. h. der Konvergenzbereich ist die gesamte s-Ebene.

Integration im Zeitbereich

Hier ergibt sich

$$\int\limits_{-\infty}^{t} f(\tau)\,d\tau \;\circ\!\!-\!\!\bullet\; \frac{1}{s}\,F(s)\,.$$

Falls $F(s)$ keine Nullstelle bei $s = 0$ hat, ergibt sich ein zusätzlicher Pol bei $s = 0$ und die zusätzliche Forderung $\Re e \{s\} > 0$. Es ist also R' mindestens $R \cap \Re e \{s\} > 0$.

Die in diesem Abschnitt besprochenen Eigenschaften sind auch in Tabelle 16.1 enthalten.

16.3 Die Laplace-Transformierten häufig auftretender Funktionen

Anders als bei der Fourier-Transformation lassen sich jetzt die Transformierten der Sprungfunktion oder der vom Zeitpunkt $t = 0$ an wirksamen harmonischen Schwingung ohne weiteres angeben. Es treten dabei keine Diracimpulse auf.

Rechteckimuls

Für den Rechteckimpuls der Breite T und der Höhe $1/T$ liefert die Definitionsgleichung

$$\delta_T^{(1)} \;\circ\!\!-\!\!\bullet\; \frac{1 - e^{-sT}}{sT}\,.$$

$k_1 f_1(t) + k_2 f_2(t)$	$\circ\!\!-\!\!\bullet$	$k_1 F_1(s) + k_2 F_2(s)$
$f(t - t_0)$	$\circ\!\!-\!\!\bullet$	$e^{-s t_0} F(s)$
$e^{s_0 t} f(t)$	$\circ\!\!-\!\!\bullet$	$F(s - s_0)$
$f(at)$	$\circ\!\!-\!\!\bullet$	$\dfrac{1}{|a|} F\left(\dfrac{s}{a}\right)$ für a reell
$f_1(t) * f_2(t) = \displaystyle\int\limits_{-\infty}^{\infty} f_1(t - \tau) f_2(\tau)\, d\tau$	$\circ\!\!-\!\!\bullet$	$F_1(s) \cdot F_2(s)$
$\dfrac{df(t)}{dt}$	$\circ\!\!-\!\!\bullet$	$s F(s)$
$-t f(t)$	$\circ\!\!-\!\!\bullet$	$\dfrac{dF(s)}{ds}$
$\displaystyle\int\limits_{-\infty}^{t} f(\tau)\, d\tau$	$\circ\!\!-\!\!\bullet$	$\dfrac{1}{s} F(s)$

Tabelle 16.1: Einige Eigenschaften der Laplace-Transformation

Deltaimpuls

Für $T \rightarrow 0$ erhält man:

$$\delta(t) \circ\!\!-\!\!\bullet \lim_{T \to 0} \frac{1 - e^{-sT}}{sT} = \lim_{T \to 0} \frac{s\, e^{-sT}}{s} = 1 ,$$

also

$$\delta(t) \circ\!\!-\!\!\bullet 1 .$$

Sprungfunktion

Die Herleitung bereitet hier keine Probleme:

$$u(t) \circ\!\!-\!\!\bullet \int\limits_0^\infty e^{-st}\, dt = -\frac{1}{s} e^{-st}\Big|_0^\infty = -\frac{1}{s} e^{-\sigma t}\, e^{-j\omega t}\Big|_0^\infty = \frac{1}{s} .$$

Damit der Ausdruck an der oberen Grenze verschwindet, muß $\sigma = \Re\{s\} > 0$ vorausgesetzt werden. Also hat man

$$u(t) \circ\!\!-\!\!\bullet \frac{1}{s} \qquad (\Re\{s\} > 0) .$$

Obwohl diese Ergebnis in der folgenden Korrespondenz enthalten ist (für $a = 0$), wurde es hier ausdrücklich angegeben, um auch den Unterschied zur Fourier-Transformierten ausdrücklich zu betonen.

Exponentialfunktion

Für die Exponentialfunktion e^{at}, wobei a eine beliebige komplexe Zahl ist, ergibt sich

$$e^{at}\, u(t) \quad\circ\!\!-\!\!\bullet\quad \int_0^\infty e^{(a-s)t}\, dt = \frac{1}{a-s}\, e^{(a-s)t}\Big|_0^\infty .$$

Man erhält nur dann eine Tranformierte, wenn der Ausdruck an der oberen Grenze verschwindet; das ist der Fall für $\Re e\, \{a - s\} < 0$ oder $\Re e\, \{s\} > \Re e\, \{a\}$. Damit hat man

$$e^{at}\, u(t) \quad\circ\!\!-\!\!\bullet\quad \frac{1}{s-a} \qquad (\Re e\, \{s\} > \Re e\, \{a\}) .$$

Für die Sonderfälle $a = -1$, $a = 0$, $a = 1$ sind die Zeitfunktionen und die Konvergenzbereiche der Transformation in Abbildung 16.2 dargestellt.

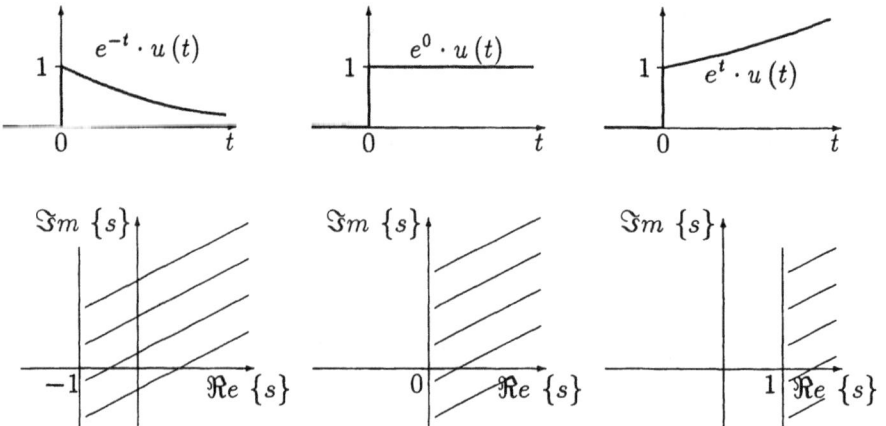

Abb. 16.2: Die Funktion $\exp(at) \cdot u(t)$ für die Fälle $a = -1, 0, 1$ und die zugehörigen Konvergenzgebiete

Für $a = j\omega_0$ (imaginär) ergibt sich

$$e^{j\omega_0 t}\, u(t) \circ\!\!-\!\!\bullet \frac{1}{s - j\omega_0} \qquad (\Re\, \{s\} > 0)$$

und daraus

Trigonometrische Funktionen

$$\cos \omega_0 t \cdot u(t) \circ\!\!-\!\!\bullet \frac{s}{s^2 + \omega_0^2} \qquad (\Re\, \{s\} > 0)$$

und

$$\sin \omega_0 t \cdot u(t) \circ\!\!-\!\!\bullet \frac{\omega_0}{s^2 + \omega_0^2} \qquad (\Re\, \{s\} > 0)\,.$$

Mit dem Frequenzverschiebungssatz folgt daraus

$$e^{\alpha t} \cdot \cos \omega_0 t \cdot u(t) \circ\!\!-\!\!\bullet \frac{s - \alpha}{(s - \alpha)^2 + \omega_0^2} \qquad (\Re\, \{s - \alpha\} > 0)$$

und

$$e^{\alpha t} \cdot \sin \omega_0 t \cdot u(t) \circ\!\!-\!\!\bullet \frac{\omega_0}{(s - \alpha)^2 + \omega_0^2} \qquad (\Re\, \{s - \alpha\} > 0)\,.$$

Rampenfunktion

Die Rampenfunktion ist durch

$$f(t) = \left\{ \begin{array}{ll} 0 & \text{für } t \leq 0 \\ t & \text{für } t \geq 0 \end{array} \right\} = t \cdot u(t)$$

definiert. Die Transformierte kann durch partielle Integration bestimmt werden:

$$t \cdot u(t) \circ\!\!-\!\!\bullet \frac{1}{s^2} \qquad (\Re\, \{s\} > 0)\,.$$

Alle angegebenen Korrespondenzen und einige zusätzliche sind in Tabelle 16.2 enthalten.

Zeitbereich (Originalbereich) $f(t)$	Frequenzbereich (Bildbereich) $F(s)$	Voraussetzung für die Konvergenz des Integrals (16.1a)
$u(t), s(t), 1(t)$	$\dfrac{1}{s}$	$\Re\{s\} > 0$
$\delta(t)$	1	
e^{-at}	$\dfrac{1}{s+a}$	$\Re\{s+a\} > 0$
$1 - e^{-at}$	$\dfrac{a}{s(s+a)}$	$\Re\{s+a\} > 0$
$t\,e^{-at}$	$\dfrac{1}{(s+a)^2}$	$\Re\{s+a\} > 0$
$t^n \ (n \geq 0,\ \text{ganz})$	$\dfrac{n!}{s^{n+1}}$	$\Re\{s\} > 0$
$\cos\omega t$	$\dfrac{s}{s^2 + \omega^2}$	$\Re\{s\} > 0$
$\sin\omega t$	$\dfrac{\omega}{s^2 + \omega^2}$	$\Re\{s\} > 0$
$e^{-at}\cos\omega t$	$\dfrac{s+a}{(s+a)^2 + \omega^2}$	$\Re\{s+a\} > 0$
$e^{-at}\sin\omega t$	$\dfrac{\omega}{(s+a)^2 + \omega^2}$	$\Re\{s+a\} > 0$

Tabelle 16.2: Einige wichtige Korrespondenzen (für kausale Funktionen $f(t)$, d. h. $f(t) = 0$, $t < 0$)

16.4   Die einseitige Laplace-Transformation

Die in der Praxis vorkommenden Signale sind kausal, d. h. sie beginnen zu einem endlichen Zeitpunkt, z. B. $t = 0$. Wenn solche Signale auf kausale Systeme einwirken, entstehen ausschießlich kausale Ausgangssignale. Es liegt nahe, zur Untersuchung derartiger Fälle die *einseitige Laplace-Transformation* einzuführen:

$$F_I(s) = \int\limits_0^\infty f(t)\,e^{-st}\,dt\,. \tag{16.3}$$

Diese Transformation kann als zweiseitige Transformation aufgefaßt werden, die auf ein Signal mit der Eigenschaft $f(t) = 0$ für $t < 0$ wirkt

246

(kausales Signal).

Durch die Beschränkung auf kausale Systeme vereinfachen sich die Konvergenzbeschränkungen: der Konvergenzbereich ist immer eine rechte Halbebene (oder die ganze Ebene); zu jeder Transformierten gehört nur eine Originalfunktion.

Konvergenzbereic

Die meisten Eigenschaften der einseitigen Laplace-Transformation stimmen mit denen der zweiseitigen Laplace-Transformation überein. Ein besonders wichtiger Unterschied betrifft die

Unterschiede

Differentiation im Zeitbereich

Nach Einsetzen von $f'(t)$ in (16.3) und durch partielle Integration entsteht

$$f'(t) \circ\!\!-\!\!\!-\!\!\bullet s\, F_I(s) - f(0)$$

und durch wiederholtes Anwenden dieser Regel:

$$f^{(n)}(t) \circ\!\!-\!\!\!-\!\!\bullet s^n\, F_I(s) - s^{n-1}\, f(0) - s^{n-2}\, f'(0) - \ldots - f^{(n-1)}(0)\,.$$

Weist die Funktion (bzw. eine der Ableitungen) eine Sprungstelle bei $t = 0$ auf, so muß man sich für den links- oder den rechtsseitigen Grenzwert ($f(0^-)$ oder $f(0^+)$) entscheiden.

Anfangswerte

Das bedeutet, daß in der Definitionsgleichung (16.3) die untere Grenze als 0^- bzw. 0^+ vorausgesetzt wird. Wenn Deltaimpulse im Koordinatenursprung auftreten, arbeitet man zweckmäßigerweise mit der unteren Grenze 0^-.

Faltung

Setzt man in den Faltungssatz (Abschnitt 16.2) kausale Signale ein, so folgt:

$$f_1(t) * f_2(t) = \int\limits_0^t f_1(t - \tau)\, f_2(\tau)d\tau \circ\!\!-\!\!\!-\!\!\bullet F_{I1}(s) \cdot F_{I2}(s)\,.$$

Die große Bedeutung der einseitigen Laplace-Transformation liegt darin, daß mit ihr lineare Differentialgleichungen mit konstanten Koeffizienten und von Null verschiedenen Anfangswerten besonders einfach gelöst werden können.

247

16.5   Die Rücktransformation

Die allgemeinste Methode der Rücktransformation besteht in der Auswertung des Integrals (16.1b), wozu einige funktionentheoretische Kenntnisse erforderlich sind. Einfacher ist es, mit Korrespondenztabellem zu arbeiten und die in Abschnitt 16.2 angegebenen Sätze zu verwenden.

Viele Transformierte haben die Form eines rationalen Bruches (einer gebrochen rationalen Funktion)

$$F(s) = \frac{Z(s)}{N(s)}$$

(mit $Z(s)$ = Zählerpolynom, $N(s)$ = Nennerpolynom). Hat das Nennerpolynom einfache Nullstellen s_1, s_2, ..., s_n und ist der Grad des Zählers kleiner als der des Nenners, so ist folgende Partialbruchzerlegung möglich:

$$F(s) = \frac{c_1}{s - s_1} + \frac{c_2}{s - s_2} + \ldots + \frac{c_k}{s - s_k} + \ldots + \frac{c_n}{s - s_n}$$

$$= \sum_{k=1}^{n} \frac{c_k}{s - s_k}.$$

Hier kann jeder Summand (Abschnitt 16.3) zurücktransformiert werden. Die Koeffizienten c_k lassen sich mit

$$c_k = \lim_{s \to s_k} \frac{Z(s)}{N(s)} (s - s_k) = \frac{Z(s_k)}{N'(s_k)}$$

bestimmen. Damit hat man den Zusammenhang

$$f(t) = \sum_{k=1}^{n} \frac{Z(s_k)}{N'(s_k)} e^{s_k t}, \tag{16.4}$$

der als *Heavisidescher Entwicklungssatz* bezeichnet wird.

248

16.6 Die Systemantwort

Die in Abschnitt 15.4 durchgeführten Überlegungen führen im Fall der Laplace-Transformation zu

$$Y(s) = H(s) \cdot X(s) \,. \qquad (16.5)$$

Die Laplace-Transformierte der Systemantwort läßt sich also sofort hinschreiben, wenn die Impulsantwort und die Eingangsfunktion in transformierter Form bekannt sind.

Beispiel 16.3

Es soll Beispiel 15.1 noch einmal behandelt werden. Jetzt jedoch mit der Laplace-Transformation.

Sprungantwort

Lösung

Es sind $H(s)$ und $X(s)$:

$$H(s) = \frac{a}{s+a}, \qquad X(s) = \frac{1}{s} \,.$$

Damit folgt

$$Y(s) = \frac{a}{s(s+a)}$$

und nach der Partialbruchzerlegung

$$Y(s) = \frac{1}{s} - \frac{1}{s+a} \,.$$

Durch Rücktransformation entsteht:

$$y(t) = (1 - e^{-at}) \cdot u(t) \,.$$

Anmerkung:

Die auftretenden Korrespondenzen enthalten keine Deltafunktionen. Insgesamt führt das Verfahren der Laplace-Transformation schneller zum Ziel als das der Fourier-Transformation.

∎

Der gerade geschilderte Lösungsweg bietet sich an, wenn die Systemfunktion (bzw. die Impulsantwort) der betrachteten Anordnung bekannt ist.

sgleichsvorgänge Allgemein anwendbar, z. B. zur Lösung von Ausgleichsvorgängen in linearen Netzen, ist die in Abbildung 16.3 skizzierte Methode:

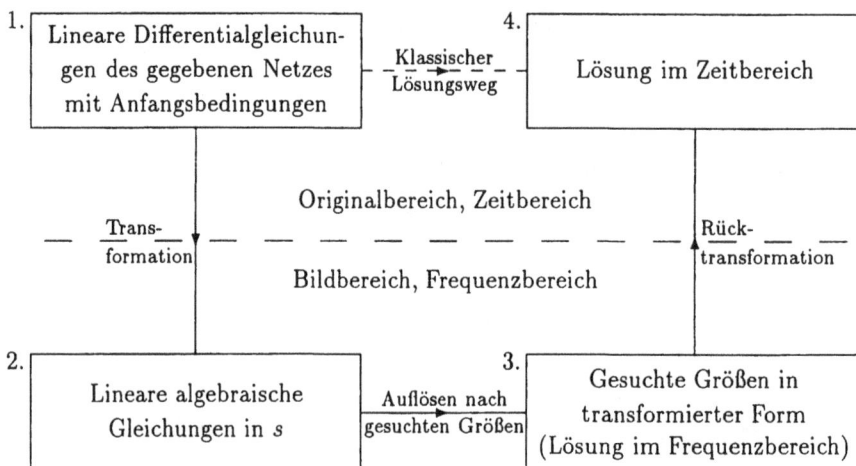

1. Lineare Differentialgleichungen des gegebenen Netzes mit Anfangsbedingungen — Klassischer Lösungsweg → — 4. Lösung im Zeitbereich

Trans-formation Originalbereich, Zeitbereich — Rück-transformation

Bildbereich, Frequenzbereich

2. Lineare algebraische Gleichungen in s — Auflösen nach gesuchten Größen — 3. Gesuchte Größen in transformierter Form (Lösung im Frequenzbereich)

Abb. 16.3: Schema zur Anwendung der Laplace-Transformation (vgl. Abbildung 5.16)

1. Es werden die der Aufgabenstellung entsprechenden Gleichungen im Zeitbereich formuliert. Dabei entstehen Differentialgleichungen mit konstanten Koeffizienten, in manchen Fällen Integro-Differentialgleichungen. Hinzu kommen Anfangsbedingungen.

2. Durch Transformation in den Frequenzbereich erhält man algebraische Gleichungen mit der unabhängigen Variablen s.

3. Die transformierten Gleichungen werden nach den gesuchten Größen aufgelöst. Vorgegebene Anfangsbedingungen sind in die Lösung einzuarbeiten. Damit liegt die Lösung der Aufgabe in transformierter Form vor.

4. Die Lösung im Zeitbereich erhält man durch Rücktransformation.

Nach dem gleichen Schema waren in Kapitel 5 Wechselstromaufgaben behandelt worden (Abbildung 5.16).

Beispiel 16.4

Auf einen Tiefpaß 1. Grades (Abbildung 5.17, linkes Teilbild) wirkt   Tiefpaß
vom Zeitpunkt $t = 0$ an die Spannung $u_q(t)$:

a) $u_q(t) = U_q$ (=konst)

b) $u_q(t) = \hat{u} \cdot \cos(\omega t + \gamma)$.

Zum Zeitpunkt $t = 0$ soll die Ladung des Kondensators im Fall a)
Q_0 betragen, im Fall b) dagegen Null sein. Gesucht ist jeweils die
Kondensatorspannung $u_C(t)$.

Lösung

Schritt 1:

Vom Zeitpunkt $t = 0$ an gilt die Umlaufgleichung

$$R \cdot i(t) + u_C(t) = u_q(t) \qquad \text{mit } i(t) = C \frac{du_C}{dt}$$

oder

$$CR \frac{du_C}{dt} + u_C(t) = u_q(t) \ .$$

Schritt 2:

Durch Transformation (einseitig) folgt die algebraische Gleichung

$$CR \left[s\, U_C(s) - u_C(0) \right] + U_C(s) = U_q(s) \ .$$

Schritt 3:

Die gesuchte Größe in transformierter Form ist

$$U_C(s) = \frac{U_q(s) + CR\, u_C(0)}{CR\, s + 1}$$

oder mit der Abkürzung $a = 1/CR$:

$$U_C(s) = \frac{a\, U_q(s) + u_C(0)}{s + a} \ .$$

Diese Gleichung gilt noch für beliebige Spannungen $u_q(t)$ bzw. $U_q(s)$.
Erst jetzt sind die beiden Fälle a) und b) zu unterscheiden:

Fall a:

(noch Schritt 3)

Wegen $U_q(s) = U_q/s$ und $u_C(0) = Q_0/C$ folgt

$$U_C(s) = U_q \frac{a}{s(s+a)} + \frac{Q_0}{C} \cdot \frac{1}{s+a} .$$

Schritt 4:

Aus der Korrespondenztabelle entnimmt man

$$u_C(t) = U_q \left(1 - e^{-at}\right) + \frac{Q_0}{C} e^{-at} \qquad (t \geq 0) .$$

Fall b:

(noch Schritt 3)

Jetzt gilt mit $u_C(0) = 0$:

$$U_C(s) = U_q(s) \cdot \frac{a}{s+a}$$

Schritt 4:

Die Rücktransformation kann mit dem Faltungssatz durchgeführt werden, da die zu den beiden Faktoren auf der rechten Seite gehörenden Originalfunktionen bekannt sind, nämlich $\hat{u} \cdot \cos(\omega t + \gamma)$ und $a \cdot \exp(-at)$:

$$u_C(t) = \hat{u}\, a \int\limits_0^t e^{-a(t-\tau)} \cos(\omega t + \gamma)\, d\tau .$$

Nach Auswerten des Integrals erhält man mit der Abkürzung $\tan\psi = \omega/a$:

$$u_C(t) = \hat{u}\, \frac{a}{\sqrt{a^2 + \omega^2}} \Big[\cos(\omega t + \gamma - \psi) -$$

$$- e^{-at} \cos(\gamma - \psi) \Big] \qquad (t \geq 0) .$$

Der erste Summand zwischen den eckigen Klammern beschreibt eine periodische Dauerschwingung, der zweite den Übergangsvorgang.

■

Sind die Anfangswerte Null, so stimmen die Gleichungen im Bildbereich formal mit den entsprechenden der Wechselstromlehre überein: Es muß nur $j\omega$ gegen s ausgetauscht werden. So hätte man im letzten Beispiel (Fall b) die Gleichungen im Bildbereich unmittelbar hinschreiben können:

Vergleich mit Wechselstromlehr

$$R\,I(s) + U_C(s) = U_q(s) \qquad \text{mit } I(s) = s\,C\,U_C(s)$$

oder

$$(CR\,s + 1)\,U_C(s) = U_q(s) \qquad (\text{für } Q_0 = 0)\,.$$

17. Die z-Transformation

17.1 Der Übergang von der Laplace- zur z-Transformation

Es liegt nahe, das bewährte Verfahren der Laplace-Transformation auch auf die Folge der Abtastwerte f_n der zeitkontinuierlichen Funktion $f(t)$ anzuwenden. Das ist möglich, wenn man den Werten f_n Impulse $f_n \cdot \delta(t - nT)$ zuordnet. Diese Impulse kann man sich dadurch entstanden denken, daß die Funktion $f(t)$ mit der idealen Abtastfunktion $x_S(t)$ nach Abschnitt 15.3 multipliziert wird:

Ideale Abtastfunktion

$$f(t) \cdot x_S(t) = \sum_{n=-\infty}^{\infty} f(t) \cdot \delta(t - nT) =$$

$$= \sum_{n=-\infty}^{\infty} f(nT) \cdot \delta(t - nT) =$$

$$= \sum_{n=-\infty}^{\infty} f_n \cdot \delta(t - nT) \, .$$

Die Laplace-Transformierte dieser (verallgemeinerten) Funktion ist

$$\mathcal{L}[f(t) \cdot x_S(t)] = \int_{-\infty}^{\infty} \sum_{n=-\infty}^{\infty} f_n \cdot \delta(t - nT) \, e^{-st} \, dt =$$

$$= \sum_{n=-\infty}^{\infty} f_n \int_{-\infty}^{\infty} \delta(t - nT) \, e^{-st} \, dt =$$

$$= \sum_{n=-\infty}^{\infty} f_n \, e^{-sTn} \, .$$

Führt man hier noch die Abkürzung $z = \exp(sT)$ ein und bezeichnet das Ergebnis der Summation mit $F(z)$, so hat man:

Zweiseitige z-Transformation

$$F(z) = \sum_{n=-\infty}^{\infty} f_n \, z^{-n} \, . \tag{17.1a}$$

255

Diese Operation, durch die der Folge f_n die Funktion $F(z)$ zugeordnet wird, heißt *z-Transformation*(genauer: zweiseitige z-Transformation). $F(z)$ ist die z-Transformierte von f_n. Üblich sind folgende Abkürzungen:

$$F(z) = \mathcal{Z}[f_n] \quad \text{und} \quad f_n \; \circ\!\!-\!\!\!-\!\!\bullet \; F(z) \,.$$

Wie bei der Laplace-Transformation spricht man von der Originalfolge f_n und der Bildfunktion $F(z)$ und auch vom Originalbereich und vom Bildbereich. Eine Umkehrformel, mit der die Originalfolge f_n aus der Bildfunktion $F(z)$ ermittelt werden kann, läßt sich mit der aus der Funktionentheorie bekannten Cauchyschen Integralformel herleiten. Es ergibt sich

ick-
nsformation

nkehrintegral

$$f_n = \frac{1}{2\pi j} \oint_L F(z)\, z^{n-1}\, dz \,. \tag{17.2b}$$

Dabei muß der geschlossene Weg L vollständig im Konvergenzgebiet (s. Anmerkungen zum Konvergenzbereich) liegen.

Anmerkungen zum Konvergenzbereich:

Es gelten ähnliche Überlegungen wie bei der Laplace-Transformation. Es muß z jeweils geeignet gewählt werden, damit die z-Transformierte existiert.

Beispiel 17.1

Die Transformierten der beiden Folgen

a) $f_n = u_n,$ \qquad b) $g_n = -u_{-n-1}$

sind zu bestimmen. (Dabei ist u_n die Einheitssprungfolge.)

Lösung

Mit (17.1a) ergibt sich

$$F(z) = \sum_{n=0}^{\infty} z^{-n} = \frac{1}{1 - z^{-1}} = \frac{z}{z-1} \,,$$

falls $|z| > 1$ ist. Das Konvergenzgebiet ist also das Äußere des Einheitskreises.

Entsprechend erhält man:

$$G(z) \;=\; -\sum_{n=-\infty}^{-1} z^{-n} = -\sum_{n=1}^{\infty} z^n = -\sum_{n=0}^{\infty} z^n + 1 =$$

$$= -\frac{1}{1-z} + 1 = \frac{z}{z-1}\,,$$

falls $|z| < 1$ ist. Das Konvergenzgebiet ist also das Innere des Einheitskreises.

Beide Folgen haben die gleichen Transformierten, die Konvergenzgebiete sind jedoch verschieden.

■

Allgemein gilt, daß das Konvergenzgebiet (sofern es ein solches gibt) ein Ring ist (vgl. Abbildung 17.1).

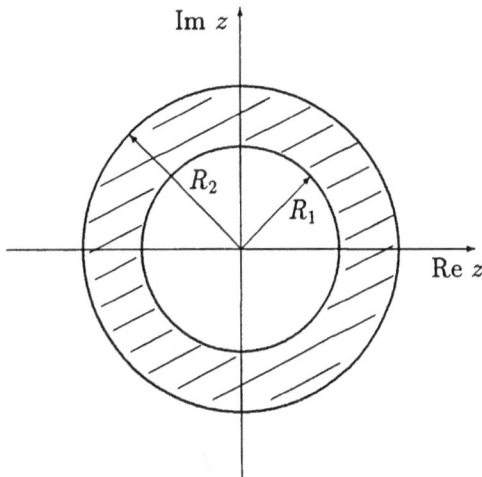

Abb. 17.1: Das zur (zweiseitigen) z-Transformation gehörende Konvergenzgebiet

Bei der einseitigen z-Transformation (Abschnitt 17.4) hat man (mit $R_2 \to \infty$) als Konvergenzgebiet das Äußere des Kreises mit dem Radius R_1.

257

17.2   Einige Eigenschaften der z-Transformation

Die Eigenschaften der z-Transformation können in ähnlicher Weise wie die der Laplace-Transformation hergeleitet werden. Nur die wichtigsten sind in den folgenden Abschnitten dargestellt.

Linearität

Diese Eigenschaft ergibt sich unmittelbar aus der Definitionsgleichung (17.1a).

Variablenverschiebung im Zeitbereich

Es gilt

$$f_{n-k} \circ\!\!-\!\!-\!\!\bullet \; z^{-k}\, F(z)$$

mit unverändertem Konvergenzbereich (außer möglicherweise bei $z = 0$ oder $z = \infty$).

Dämpfungssatz

Für beliebiges a (komplex) erhält man

$$a^n f_n \circ\!\!-\!\!-\!\!\bullet \; F\left(\frac{z}{a}\right) \, .$$

Dabei wird das Konvergenzgebiet um den Faktor $|a|$ vergrößert, wenn $|a| > 1$ ist, andernfalls verkleinert.

Faltung

Die z-Transformierte liege als Produkt $F(z) \cdot G(z)$ vor, wobei die zugehörigen Originalfolgen f_n und g_n bekannt sein sollen.

Zunächst hat man, wenn der zweite Faktor durch die Definitionsgleichung ausgedrückt wird:

$$F(z) \cdot G(z) = \sum_{k=-\infty}^{\infty} g_k\, z^{-k}\, F(z) \, .$$

Darin ist $z^k\, F(z)$ die z-Transformierte der verschobenen Folge f_{n-k}:

$$F(z) \cdot G(z) = \sum_{k=-\infty}^{\infty} g_k \sum_{n=-\infty}^{\infty} f_{n-k}\, z^{-n} \, .$$

Durch Vertauschen der Reihenfolge der Summationen entsteht

$$F(z) \cdot G(z) = \sum_{n=-\infty}^{\infty} \left[\sum_{k=-\infty}^{\infty} g_k \, f_{n-k} \right] z^{-n} \, .$$

Offenbar ist die zu $F(z) \cdot G(z)$ gehörende Originalfolge der Ausdruck zwischen den Klammern, für den man mit dem Faltungssymbol $*$ schreibt:

$$f_n * g_n \ = g_n * f_n =$$

$$= \sum_{k=-\infty}^{\infty} g_k \, f_{n-k} = \sum_{k=-\infty}^{\infty} f_k \, g_{n-k} \circ\!\!-\!\!\bullet F(z) \cdot G(z) \, .$$

Bezüglich des Konvergenzgebietes gelten die in Abschnitt 16.2 angegebenen Überlegungen in entsprechend abgewandelter Form. Die in diesem Abschnitt besprochenen Eigenschaften sind auch in Tabelle 17.1 enthalten.

$k_1 \, f_n + k_2 \, g_n$	$k_1 \, F(z) + k_2 \, G(z)$
f_{n-k}	$z^{-k} \, F(z)$
$a^n \, f_n$	$F\left(\dfrac{z}{a}\right)$
f_{-n}	$F\left(\dfrac{1}{z}\right)$
$n \, f_n$	$-z \, \dfrac{dF(z)}{dz}$
$f_n * g_n = \displaystyle\sum_{k=-\infty}^{\infty} f_{n-k} \, g_k = \sum_{k=-\infty}^{\infty} f_k \, g_{n-k}$	$F(z) \cdot G(z)$

Tabelle 17.1: Einige Eigenschaften der z-Transformation

17.3 Die z-Transformierten häufig auftretender Folgen

Die meisten der angegebenen Korrespondenzen ergeben sich unmittelbar aus der Definitionsgleichung (17.1a).

Impulsfolge

$$\delta_n \; \circ\!\!-\!\!\bullet \; 1 \, .$$

Sprungfolge

Es gilt:

$$u_n \; \circ\!\!-\!\!\bullet \; \sum_{n=0}^{\infty} z^{-n} = \sum_{n=0}^{\infty} \left(z^{-1}\right)^n = 1 + z^{-1} + z^{-2} + \dots$$

oder

$$u_n \; \circ\!\!-\!\!\bullet \; \frac{1}{1 - z^{-1}} = \frac{z}{z - 1} \qquad (|z| > 1) \, .$$

Geometrische Folge, Exponentialfolge

Für die geometrische Folge $a^n \, u_n$ (in der die Sprungfolge als Sonderfall enthalten ist) gilt:

$$a^n \, u_n \; \circ\!\!-\!\!\bullet \; \frac{1}{1 - az^{-1}} = \frac{z}{z - a} \qquad (|z| > |a|) \, .$$

Aus diesem Ergebnis folgt mit $a = \exp \alpha$ für die Exponentialfolge:

$$e^{\alpha n} \, u_n \; \circ\!\!-\!\!\bullet \; \frac{1}{1 - e^{\alpha} z^{-1}} = \frac{z}{z - e^{\alpha}} \qquad (|z| > |e^{\alpha}|) \, .$$

Rampenfolge

Die durch $r_n = n \cdot u_n$ definierte Rampenfolge hat die Transformierte

$$R(z) = \sum_{n=0}^{\infty} n \, z^{-n} = z^{-1} + 2z^{-2} + 3z^{-3} + \dots$$

Wenn man

$$z \cdot R(z) - R(z) = 1 + z^{-1} + z^{-2} + \dots = \frac{1}{1 - z^{-1}}$$

bildet, ergibt sich schließlich

$$r^n \; \circ\!\!-\!\!\bullet \; \frac{z}{(z - 1)^2} \qquad (|z| > 1) \, .$$

Die ermittelten Korrespondenzen und einige weitere sind in Tabelle 17.2 zusammengestellt.

Originalbereich f_n	Bildbereich $F(z)$	Voraussetzung für die Konvergenz des Integrals (17.1a)	
$u_n,\, s_n$	$\dfrac{z}{z-1}$	$|z| > 1$	
a^n	$\dfrac{z}{z-a}$	$|z| > |a|$	
$e^{\alpha n}$	$\dfrac{z}{z-e^\alpha}$	$|z| > e^\alpha$	für α reell
δ_n	1		
$\cos n\Omega$	$\dfrac{z\,(z-\cos\Omega)}{z^2 - 2z\cos\Omega + 1}$	$|z| > 1$	für Ω reell
$\sin n\Omega$	$\dfrac{z\sin\Omega}{z^2 - 2z\cos\Omega + 1}$	$|z| > 1$	für Ω reell
$n,\, r_n$	$\dfrac{z}{(z-1)^2}$	$|z| > 1$	
n^2	$\dfrac{z(z+1)}{(z-1)^3}$	$|z| > 1$	
$a^{n-1}\, s_{n-1}$	$\dfrac{1}{z-a}$	$|z| > |a|$	

Tabelle 17.2: Einige wichtige Korrespondenzen (für kausale Folgen f_n, d. h. $f_n = 0, n < 0$)

17.4 Die einseitige z-Transformation

Aus den in Abschnitt 16.4 genannten Gründen definiert man die *einseitige z-Transformation*:

$$F_I(z) = \sum_{n=0}^{\infty} f_n\, z^{-n} . \tag{17.3}$$

Der Konvergenzbereich ist jetzt immer das Äußere eines Kreises um den Koordinatenursprung (oder die ganze Ebene); zu jeder Transformierten gehört nur eine Originalfolge. Konvergenzbereic

Die meisten Eigenschaften der einseitigen Transformation stimmen mit denen der zweiseitigen überein. Ein besonders wichtiger Unterschied betrifft die Unterschiede

261

Variablenverschiebung im Zeitbereich

Für die Verschiebung nach rechts ($k > 0$) liefert die Definitionsgleichung (17.1a):

$$f_{n-k} \circ\!\!\!-\!\!\!-\!\!\!-\!\!\bullet \sum_{n=0}^{\infty} f_{n-k}\, z^{-n} = \sum_{m=-k}^{\infty} f_m\, z^{-m}\, z^{-k}$$

oder

$$f_{n-k} \circ\!\!\!-\!\!\!-\!\!\!-\!\!\bullet \quad z^{-k} F_I(z) + z^{-k+1} f_{-1} + z^{-k+2} f_{-2} + \ldots$$

$$+ z^2 f_{-k+2} + z f_{-k+1} + f_{-k} \, . \qquad (k > 0)$$

Auf ähnliche Weise leitet man für die Verschiebung nach links ($k < 0$) her:

$$f_{n-k} \circ\!\!\!-\!\!\!-\!\!\!-\!\!\bullet \quad z^{-k} F_I(z) - z^{-k} f_0 - z^{-k-1} f_1 - \ldots$$

$$- z^2 f_{-k-2} - z f_{-k-1} \, . \qquad (k < 0)$$

Die Verschiebungssätze sind für die Lösung von Rekursionsgleichungen besonders wichtig.

Faltung

Setzt man in den Faltungssatz (Abschnitt 17.2) kausale Folgen ein, so folgt:

$$f_n * g_n = \sum_{k=0}^{n} f_{n-k} \cdot g_k = \sum_{k=0}^{n} f_k\, g_{n-k} \circ\!\!\!-\!\!\!-\!\!\!-\!\!\bullet F_I(z) \cdot G_I(z) \, .$$

17.5 Die Rücktransformation

Die allgemeinste Methode der Rücktransformation besteht in der Auswer- Umkehrintegral
tung des Integrals (17.1b). Einfacher ist es, mit Korrespondenztabellen zu
arbeiten und die in Abschnitt 17.2 angegebenen Sätze zu verwenden.

Liegt die Transformierte als gebrochen rationale Funktion vor, (vgl. Abschnitt 16.5), so führt man bei einfachen Nullstellen des Nennerpolynoms
die folgende Partialbruchzerlegung durch (sofern der Grad des Zählers klei- Partialbruch-
zerlegung
ner als der des Nenners ist):

$$F(z) = \frac{Z(z)}{N(z)} = \sum_k \frac{c_k}{z - z_k} \, .$$

Offenbar wird die zu $1/(z - z_k)$ gehörende Originalfolge gebraucht. Diese
ergibt sich mit dem Verschiebungssatz und $z/(z - z_k) \circ\!\!-\!\!\bullet z_k^n \, u_n$:

$$\frac{1}{z - z_k} = z^{-1} \frac{z}{z - z_k} \circ\!\!-\!\!\bullet z_k^{n-1} \, u_{n-1} \, .$$

Mit diesem Ergebnis folgt eine dem Heavisideschen Entwicklungssatz entsprechende Formel:

$$f_n = \sum_k \frac{Z(z_k)}{N'(z_k)} z_k^{n-1} \, u_{n-1} \, . \tag{17.4}$$

Wenn Zähler- und Nennerpolynom vom gleichen Grad sind, kann $F(z)$
nicht in der angegebenen Weise zerlegt werden, dagegen aber $F(z)/z$.

Beispiel 17.2

Gesucht ist die zu

$$F(z) = \frac{3z - 7}{z^2 - 5z + 6} \, , \qquad |z| > 3$$

gehörende Folge.

Lösung

Mit $z_1 = 2$, $z_2 = 3$ und (17.4) erhält man:

$$f_n = \sum_k \frac{3z_k - 7}{2z_k - 5} z_k^{n-1} u_{n-1} = \left(\frac{-1}{-1} 2^{n-1} + \frac{2}{1} 3^{n-1} \right) u_{n-1}$$

oder

$$f_n = \left[\frac{1}{2} 2^n + \frac{2}{3} 3^n \right] u_{n-1} .$$

■

Beispiel 17.3

Es soll die zu

$$F(z) = \frac{3z^2 - 3z}{z^2 - \frac{5}{2}z + 1} , \qquad |z| > 2$$

gehörende Originalfolge bestimmt werden.

Lösung

Da Zähler und Nenner den gleichen Grad haben, wird $F(z)/z$ in Partialbrüche zerlegt:

$$\frac{F(z)}{z} = \frac{2}{z - 2} + \frac{1}{z - \frac{1}{2}} .$$

Daraus folgt

$$F(z) = \frac{2z}{z - 2} + \frac{z}{z - \frac{1}{2}} \;\; \circ\!\!-\!\!\bullet \;\; f_n = \left[2 \cdot 2^n + \left(\frac{1}{2} \right)^n \right] u_n .$$

■

17.6   Die Systemantwort

In Abschnitt 13.5.2 wurde gezeigt, daß die Antwort eines Systems auf eine beliebige Eingangsfolge x_n als Faltungssumme (13.22) geschrieben werden kann. Durch Transformieren geht dieser Zusammenhang über in

$$Y(z) = H(z) \cdot X(z) \,.$$

Diese Formel entspricht (15.3) und (16.5). Grundsätzlich kann die Systemantwort also mit Original- oder mit Bildbereichsmethoden berechnet werden (vgl. Abbildung 17.2).

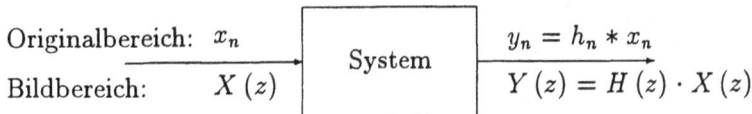

Originalbereich: x_n →   System $y_n = h_n * x_n$

Bildbereich: $X(z)$ $Y(z) = H(z) \cdot X(z)$

Abb. 17.2: Die Bestimmung der Systemantwort im Zeit- und im Bildbereich

Beispiel 17.4

Ein Sytem wird durch die Impulsantwort $h_n = c^n u_n$ beschrieben. Gesucht ist die Sprungantwort des Systems.

Sprungantwort

Lösung

Methode 1 (Faltungssumme)

Wegen (13.22) erhält man

$$y_n = \sum_{k=-\infty}^{\infty} c^k u_k u_{n-k} = \sum_{k=0}^{n} c^k \,.$$

Mit der Summenformel $1 + c + c^2 + \ldots + c^n = (1 - c^{n+1})/(1 - c)$ ergibt sich:

$$y_n = \frac{1}{1-c} \left[1 - c^{n+1} \right] \qquad (n \geq 0) \,.$$

Methode 2 (Transformation)

Mit

$$H(z) = \frac{z}{z - c} \quad \text{und} \quad X(z) = \frac{z}{z - 1}$$

erhält man

$$Y(z) = \frac{z^2}{(z - c)(z - 1)} .$$

Die Funktion $Y(z)/z$ wird in Partialbrüche zerlegt:

$$\frac{Y(z)}{z} = \frac{z}{(z - c)(z - 1)} = \frac{1}{1 - c} \left[\frac{1}{z - 1} - \frac{c}{z - c} \right] .$$

Daraus folgt

$$Y(z) = \frac{1}{1 - c} \left[\frac{z}{z - 1} - \frac{cz}{z - c} \right]$$

$$\circ\!\!-\!\!\bullet \quad y_n = \frac{1}{1 - c} \left[1 - c^{n+1} \right] u_n .$$

■

Der gerade geschilderte Lösungsweg bietet sich an, wenn die Systemfunktion (bzw. die Systemantwort) der betrachteten Anordnung bekannt ist.

In vielen Fällen sind zuerst die der Aufgabenstellung entsprechenden Gleichungen im Zeitbereich zu formulieren: es ergeben sich Differenzengleichungen. Diese werden transformiert usw. Das weitere Vorgehen entspricht dem in Abschnitt 16.6 beschriebenen Schema (sofern es sich um lineare Differenzengleichungen mit konstanten Koeffizienten handelt).

Beispiel 17.5

Die in Abschnitt 13.1 angegebene Differenzengleichung

$$y_n = x_n + 2y_{n-1} + 3y_{n-2} , \qquad n \geq 0$$

mit

$$x_n = u_n \quad \text{und} \quad y_{-1} = y_{-2} = 0$$

soll mit Hilfe der z-Transformation gelöst werden.

Lösung

Schritt 1:

Die Ausgangsgleichung liegt bereits vor.

Schritt 2:

Durch Transformieren entsteht die Gleichung

$$Y(z) \left[1 - 2z^{-1} - 3z^{-2}\right] = X(z) \, .$$

Hierin ist

$$X(z) = \frac{z}{z - 1} \, .$$

Schritt 3:

Die gesuchte Größe in transformierter Form ergibt sich zu

$$Y(z) = \frac{z^2}{(z - 3)(z + 1)} \frac{z}{z - 1} \, .$$

Jetzt wird $Y(z)/z$ in Partialbrüche zerlegt; man erhält schließlich:

$$Y(z) = \frac{1}{8} \left[9 \frac{z}{z - 3} + \frac{z}{z + 1} - 2 \frac{z}{z - 1}\right] \, .$$

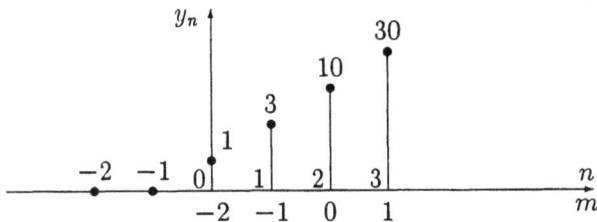

Abb. 17.3: Das Ergebnis von Beispiel 17.4 (in nicht maßstäblicher Darstellung)

Schritt 4:

Die Rücktransformation liefert:

$$y_n = \frac{1}{8} \left[9 \cdot 3^n + (-1)^n - 2 \right] \cdot u_n \ .$$

Dieses Ergebnis ist in Abbildung 17.3 dargestellt.

Mit zunehmendem n wachsen die y_n-Werte über alle Grenzen: das System ist nicht stabil.

■

Teil IV

Elektronische Bauelemente und Grundschaltungen

18. Elektronische Bauelemente

18.1 Allgemeines

Der Begriff Elektronik bedeutete ursprünglich die Technik der Elektronenröhren (Aufbau, Funktionsweise, Anwendungen). Inzwischen sind die Elektronenröhren weitgehend durch Halbleiterbauelemente ersetzt worden. So denkt man heute bei dem Stichwort elektronische Bauelemente in erster Linie an Dioden, Transistoren, Thyristoren, aber auch an integrierte Schaltungen (Mikroelektronik).

Der für die Elektrotechnik bedeutendste Halbleiter ist das Silizium. Seine Leitfähigkeit kann durch den Einbau von Fremdatomen in technisch gewünschter Weise verändert werden. Diese Fremdatome geben entweder ein Elektron ab (z. B. Antimon, Phosphor) und heißen dann Donatoren; oder sie fangen ein Elektron ein (z. B. Aluminium, Gallium) und werden Akzeptoren genannt. Im ersten Fall spricht man auch von N-dotiertem Silizium oder allgemein von einem N-Halbleiter, im zweiten Fall von P-Dotierung oder von einem P-Halbleiter.

Donatoren

Akzeptoren

Auf weitere Einzelheiten soll hier nicht eingegangen werden. Für die folgenden Betrachtungen genügt es, den Zusammenhang zwischen den Klemmengrößen zu kennen. Dieser liegt meist in Form von Kennlinien vor oder kann (manchmal nur näherungsweise) durch Modelle (z. B. unter Verwendung gesteuerter Quellen) dargestellt werden.

18.2 Die Diode

Eine Diode ist aus zwei Halbleiterschichten aufgebaut, wobei die eine N-leitend, die andere P-leitend ist. In Abbildung 18.1 ist die Anordnung schematisch zusammen mit dem Schaltsymbol der Diode dargestellt. Die Diode läßt nur bei der eingetragenen Polarität der Spannung einen merklichen Strom fließen (Durchlaßrichtung). Bei umgekehrter Polarität der Spannung fließt nur ein sehr geringer Strom (Sperrichtung). Eine typische Kennlinie der Diode ist in Abbildung 18.2a skizziert. Nähert man diese Kennlinie abschnittsweise durch Geradenstücke an, so ergibt sich Abbildung 18.2b (U_S = Schleusenspannung). Die ideale Diode hat in Durchlaßrichtung den Widerstand Null und in Sperrichtung einen unendlich großen Widerstand und somit eine Kennlinie nach Abbildung 18.2c.

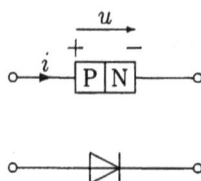

Abb. 18.1: Der grundsätzliche Aufbau und das Schaltsymbol einer Diode

18.3 Der Transistor

PN-Transistor

Ein Transistor ist aus drei unterschiedlichen Halbleiterschichten aufgebaut und hat drei Anschlüsse. Dabei befindet sich entweder zwischen zwei N-leitenden Schichten eine P-leitende Schicht (vgl. Abbildung 18.3a); in diesem Fall spricht man von einem NPN-Transistor. Oder es liegt der in Abbildung 18.3b skizzierte Fall vor, den man als PNP-Transistor bezeichnet. Die drei Anschlüsse B, E, C nennt man Basis, Emitter und Kollektor.

Die für den NPN-Transistor angebbaren Beziehungen lassen sich ohne Schwierigkeit auf den PNP-Transistor übertragen. Daher soll hier nur der NPN-Transistor betrachtet werden.

Das Verhalten des NPN-Transistors nach Abbildung 18.4 läßt sich durch die Eingangskennlinie i_B in Abhängigkeit von u_{BE} und das Ausgangskennlinienfeld i_C in Abhängigkeit von u_{CE} und i_B beschreiben: Abbildung 18.5. Die Eingangskennlinie hängt geringfügig auch von u_{CE} ab; diese Rückwirkung soll hier vernachlässsigt werden.

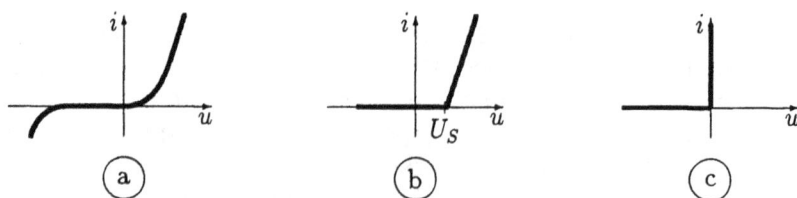

Abb. 18.2: Reale, linearisierte und ideale Kennlinie der Diode

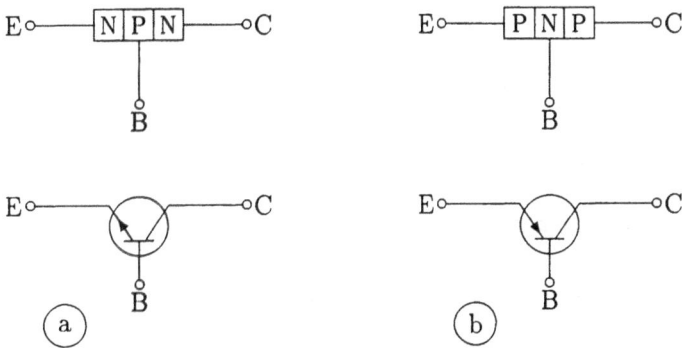

Abb. 18.3: Der grundsätzliche Aufbau und das Schaltsymbol eines Transistors

Eine sehr grobe Annäherung an die in Abbildung 18.5 dargestellten Kennlinien ist in Abbildung 18.6 skizziert. Damit wird es möglich, für die Transistorschaltung nach Abbildung 18.4 ein sehr einfaches Ersatzschaltbild anzugeben: Die Eingangskennlinie entspricht (im Bereich positiver Werte von u_{BE}) dem Zusammenhang zwischen Strom und Spannung an einem Ohmschen Widerstand, die Ausgangskennlinien gleichen (im Bereich positiver Werte von u_{CE}) denen einer Stromquelle, die vom Strom i_B gesteuert wird: Abbildung 18.7a. Wegen der Beziehung $u_{BE} = R_{BE} i_B$ kann man die stromgesteuerte Stromquelle auch durch eine spannungsgesteuerte Stromquelle ersetzen: Abbildung 18.7b. Eine bessere Annäherung an die Kennlinien nach Abbildung 18.5 ist in Abbildung 18.8 dargestellt. Die um U_S nach

Kennlinien

Ersatzschaltbild

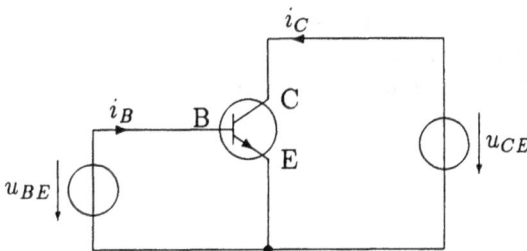

Abb. 18.4: Die Grundschaltung des NPN-Transistors

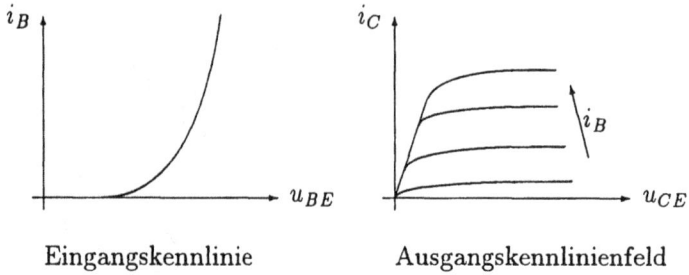

Eingangskennlinie   Ausgangskennlinienfeld

Abb. 18.5: Die Kennlinien eines NPN-Transistors

rechts verschobene Eingangskennlinie läßt sich durch eine zu R_{BE} in Reihe geschaltete Spannungsquelle U_S realisieren und das Ausgangskennlinien-feld durch eine stromgesteuerte Stromquelle $\beta\, i_B$ mit parallelgeschaltetem Widerstand R_{CE}: Abbildung 18.9.

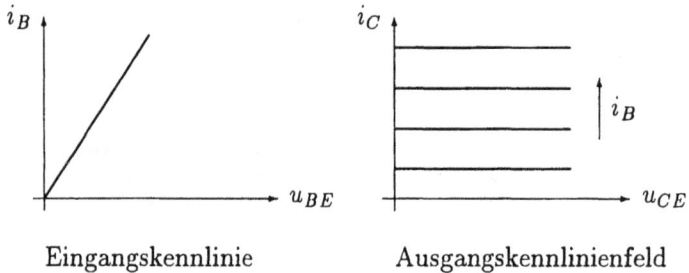

Eingangskennlinie   Ausgangskennlinienfeld

Abb. 18.6: Linearisierung der in Abbildung 18.5 skizzierten Kennlinien

Die behandelten Ersatzschaltbilder gelten nur, wenn durch eine äußere Be-schaltung sichergestellt ist, daß Basis- und Kollektorstrom fließen können. Mit anderen Worten: es muß insbesondere in Reihe zu der Kollektor-Emitter-Strecke eine Versorgungsspannung vorhanden sein. Weiterhin muß man voraussetzen, daß sich u_{BE} und u_{CE} nur wenig ändern. D. h. es treten nur geringe Änderungen um den sogenannten Arbeitspunkt U_{BE} bzw. U_{CE} auf ($U_{BE} > U_S$, $U_{CE} > 0$), ohne daß der lineare Bereich der Kennlinien verlassen wird.

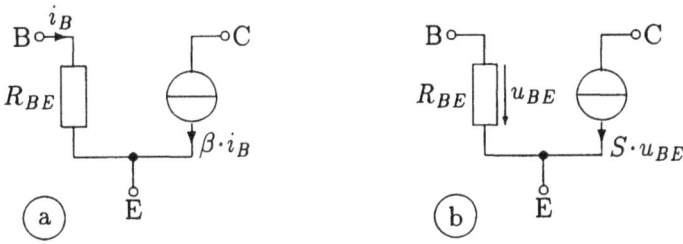

Abb. 18.7: Den Kennlinien nach Abbildung 18.6 entsprechende Ersatz-
schaltungen

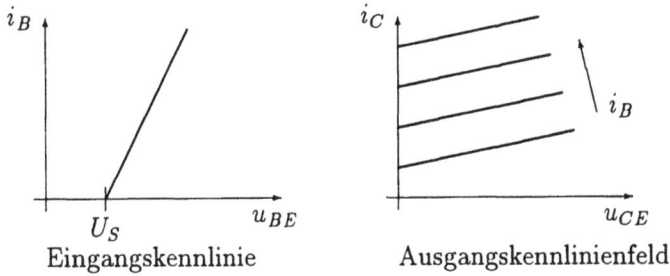

Eingangskennlinie　　　　Ausgangskennlinienfeld

Abb. 18.8: Verbesserte Linearisierung der Kennlinien von Abbildung
18.5

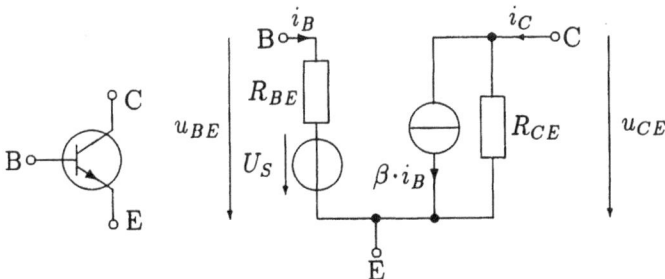

Abb. 18.9: Eine den Kennlinien nach Abbildung 18.8 entsprechende Ersatzschaltung

19. Analoge Grundschaltungen

19.1 Gleichrichterschaltungen

Elektrische Energie steht meist in Form von Wechselspannung bzw. Wechselstrom zur Verfügung. Um die für viele Anwendungen erforderlichen Gleichspannungen zu erhalten, setzt man Gleichrichterschaltungen ein.

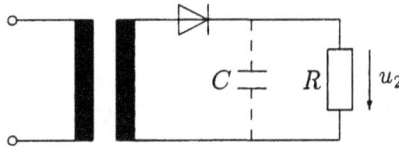

Abb. 19.1: Der Einweg-Gleichrichter

Die einfachste Schaltung diese Art, die nur eine Diode erfordert und in Abbildung 19.1 skizziert ist, heißt *Einweg-Gleichrichter*. Hier entsteht bei einer sinusförmigen Eingangsspannung am Widerstand R eine Ausgangsspannung, die die Form einer Sinushalbwelle hat. Ihr Mittelwert ist $\hat{u}/\pi$, wobei $\hat{u}$ den Scheitelwert bedeutet. Die Welligkeit (Abschnitt 14.4) der mit dieser Schaltung gewonnenen Gleichspannung ist hoch. Der Kurvenverlauf von $u_2(t)$ läßt sich „glätten", wenn zu dem Widerstand R ein Glättungskondensator parallelgeschaltet wird. Dieser ist in Abbildung 19.1 gestrichelt eingezeichnet. Einweg-Gleichrichter

Die in den beiden folgenden Abbildungen skizzierten *Zweiweg-Gleichrichter* liefern (ohne den Kondensator C) Gleichspannungen der Form $\hat{u} \cdot |\sin \omega t|$ mit dem Mittelwert $2\hat{u}/\pi$. Die Schaltung nach Abbildung 19.2 nennt man Mittelpunktschaltung; sie erfordert zwei Dioden und einen Transformator mit Mittelanzapfung. Mit vier Dioden läßt sich die Brückenschaltung nach Abbildung 19.3 realisieren. Zweiweg-Gleichrichter

Auch in den beiden letzten Fällen wird die Welligkeit durch einen Glättungskondensator reduziert. Wesentlich günstigere Ergebnisse im Hinblick auf geringe Welligkeit erreicht man mit Gleichrichterschaltungen, die an das Drehstromnetz angeschlossen werden.

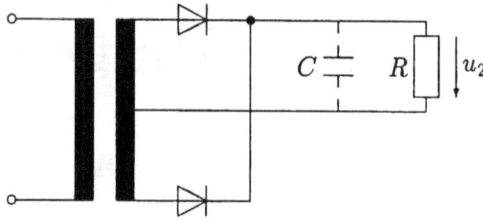

Abb. 19.2: Der Zweiweg-Gleichricher mit zwei Dioden

19.2 Schaltungen mit gesteuerten Quellen

In Schaltungen mit gesteuerten Quellen kann es vorkommen, daß die Quellengröße u_q bzw. i_q auf die steuernde Größe u_{st} oder i_{st} zurückwirkt. Diese Beeinflussung bezeichnet man als *Rückkopplung*. Zur Einführung in dieses Thema werden die Beispiele 19.1 und 19.2 betrachtet.

Beispiel 19.1

In der Schaltung nach Abbildung 19.4 sind die Größen u_1, R, S bekannt. Gesucht ist die Spannung u_2.

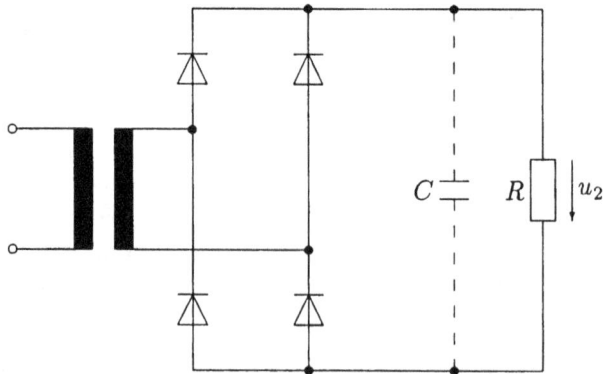

Abb. 19.3: Der Zweiweg-Gleichrichter mit vier Dioden

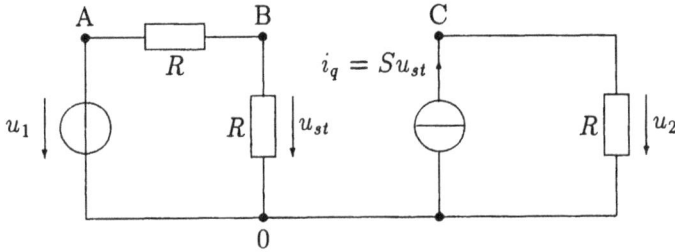

Abb. 19.4: Netzwerk mit gesteuerter Quelle (ohne Rückkopplung)

Lösung

Für den linken Teil der Schaltung gilt

$$u_{st} = \frac{1}{2} u_1 \,,$$

für den rechten Teil

$$u_2 = R \, i_q = R \, S \, u_{st} \,,$$

und daher wird

$$u_2 = \frac{1}{2} R \, S \, u_1 \,.$$

Die Verhältnisse im rechten Teil der Schaltung, in dem sich die gesteuerte Quelle befindet, haben keinen Einfluß auf den linken Teil und damit auf die steuernde Größe u_{st}: es liegt keine Rückkopplung vor. Anders ist es, wenn die Punkte B und C durch einen Widerstand verbunden werden (siehe Beispiel 19.2).

∎

Beispiel 19.2

In der Schaltung nach Abbildung 19.5 sind wieder die Größen u_1, R, S bekannt. Gesucht sind u_{st} und u_2.

Schaltung mit
Rückkopplung

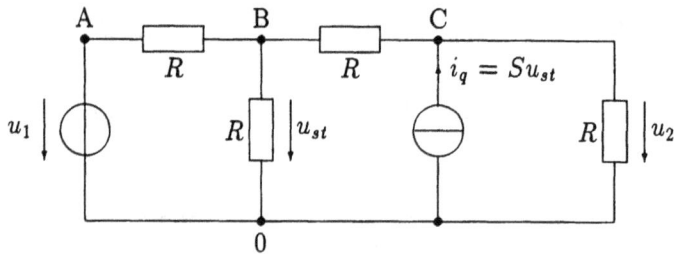

Abb. 19.5: Netzwerk mit gesteuerter Quelle und Rückkopplung

Lösung

Methode 1 (Knotenanalyse)

Es werden nur die Gleichungen für die Knoten B und C aufgeschrieben. (Die Gleichung für den Knoten A ist nur erforderlich, wenn der von der Quelle u_1 gelieferte Strom bestimmt werden soll.)

$$
\begin{array}{c|ccc|c}
 & u_1 & u_{st} & u_2 & \\
\hline
B: & -G & 3G & -G & 0 \\
C: & 0 & -G & 2G & i_q = S\,u_{st}
\end{array}
$$

Dieses Gleichungssystem läßt sich so umformen, daß auf der linken Seite die unbekannten Spannungen u_{st} und u_2 auftreten und auf der rechten Seite die gegebene Spannung u_1 erscheint:

$$
\begin{array}{cc|c}
u_{st} & u_2 & \\
\hline
3G & -G & G\,u_1 \\
-(G+S) & 2G & 0
\end{array}
$$

Durch Auflösen nach u_{st} entsteht

$$
u_{st} = \frac{\begin{vmatrix} G\,u_1 & -G \\ 0 & 2G \end{vmatrix}}{6G^2 - G\,(G+S)} = \frac{2G}{5G - S}\,u_1 = \frac{2}{5 - R\,S}\,u_1 \,.
$$

Für u_2 ergibt sich

$$
u_2 = \frac{G+S}{2G} \cdot \frac{2G}{5G - S}\,u_1 = \frac{1 + R\,S}{5 - R\,S}\,u_1 \,.
$$

Methode 2 (Superposition)

Man geht so vor, als wären die beiden Quellen u_1 und i_q bekannt. Der von u_1 verursachte Beitrag zur Steuerspannung sei u'_{st}, der von i_q verursachte Beitrag u''_{st}. Mit der Spannungsteiler- bzw. Stromteilerregel erhält man (Abbildung 19.6):

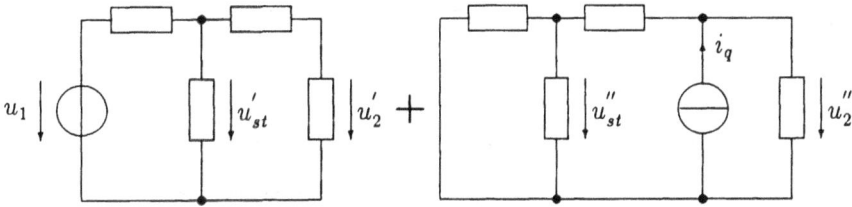

Abb. 19.6: Zur Lösung von Beispiel 19.2 mit der Methode der Superposition

$$u'_{st} = \frac{(R \parallel 2R)}{R + (R \parallel 2R)}\, u_1 = \frac{\frac{2}{3}R}{R + \frac{2}{3}R}\, u_1 = \frac{2}{5}\, u_1\,,$$

$$u''_{st} = R\, \frac{R}{R + R + \frac{R}{2}} \cdot \frac{1}{2}\, i_q = \frac{R}{5}\, i_q\,.$$

Damit folgt

$$u_{st} = u'_{st} + u''_{st} = \frac{1}{5}\,(2u_1 + R\, i_q)$$

und wegen $i_q = S\, u_{st}$:

$$u_{st} = \frac{1}{5}\,(2u_1 + R\, S\, u_{st}) \tag{19.1a}$$

oder

$$u_{st} = \frac{2}{5} \cdot \frac{u_1}{1 - \frac{1}{5}R\, S} = \frac{2}{5 - R\, S}\, u_1\,.$$

281

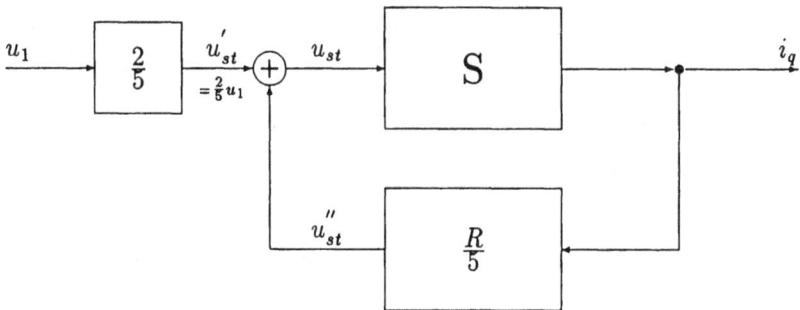

Abb. 19.7: Flußdiagramm zu Beispiel 19.2

Zusätzlich wird der Strom der gesteuerten Quelle notiert:

$$i_q = S\,u_{st} = \frac{2S}{5 - R\,S}\,u_1\,.\tag{19.1b}$$

■

Die durch (19.1) gegebenen Zusammenhänge lassen sich besonder übersichtlich durch ein (Signal-) Flußdiagramm darstellen (vgl. Abbildung 19.7). Die Steuergröße u_{st} wirkt über die Steilheit S auf die Quellengröße ein; andererseits wirkt diese Größe über den Rückkopplungspfad – hier durch den Faktor $R/5$ charakterisiert – auf die Steuergröße zurück.

Man beachte, daß in den Gleichungen für u_{st} und i_q der Nenner $5 - RS$ auftritt, der auch Null werden kann. In diesem Fall ist die Schaltung offenbar nicht stabil. Dieser Gesichtspunkt wird im folgenden Abschnitt etwas genauer betrachtet.

Beispiel 19.3

Für die Transistorschaltung nach Abbildung 19.8 soll die Ausgangsspannung u_2 als Funktion der Eingangsspannung berechnet werden.

Lösung

Der Transistor wird durch das Ersatzschaltbild nach Abbildung 18.7a dargestellt. Die am Ende von Abschnitt 18.3 genannten Voraussetzungen sollen also erfüllt sein. Es ergibt sich Abbildung 19.9.

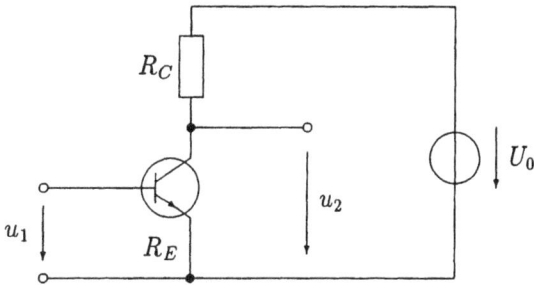

Abb. 19.8: Einfache Verstärkerschaltung

Mit der Knotenanalyse erhält man:

	u_1	u_E	u_2	U_0	
B :	G_{BE}	$-G_{BE}$			i_B
E :	$-G_{BE}$	$G_{BE} + G_E$			$i_C = \beta i_B$
C :			G_C	$-G_C$	$-i_C = -\beta i_B$

Das sind drei Gleichungen für die Unbekannten u_E, u_2, i_B. Aus den beiden ersten Gleichungen folgt nach kurzer Rechnung

$$i_B = \frac{u_1}{R_{BE} + (1 + \beta)\, R_E},$$

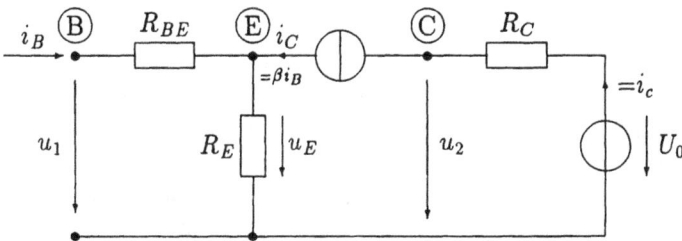

Abb. 19.9: Ersatzschaltbild des Verstärkers nach Abbildung 19.8

aus der dritten Gleichung ergibt sich

$$u_2 = U_0 - \frac{\beta}{G_C} \, i_B = U_0 - \frac{\beta R_C}{R_{BE} + (1 + \beta) \, R_E} \, u_1 \; .$$

Anmerkung:

Schneller erhält man das Ergebnis, wenn man von zwei Umlaufgleichungen ausgeht.

■

19.3 Stabile und nichtstabile rückgekoppelte Systeme

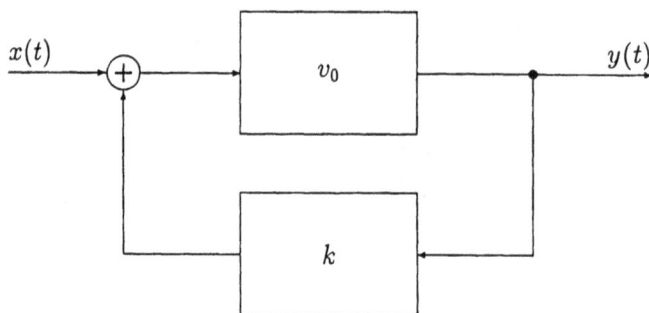

Abb. 19.10: Flußdiagramm des rückgekoppelten Verstärkers

In Abbildung 19.10 ist ein rückgekoppelter Verstärker durch sein Fluß-diagramm dargestellt. Hier bezeichnet $x(t)$ die Eingangsgröße und $y(t)$ die Ausgangsgröße. Die Verstärkung des nicht rückgekoppelten Verstärkers (auch innere Verstärkung genannt) heißt v_0. Die Wirkung der Rückkopp-lung wird durch den Rückkopplungsfaktor k beschrieben. Die Verstärkung v der Gesamtschaltung (auch als äußere Verstärkung bezeichnet) ergibt sich aus

$$y = v_0 \, (x + ky) \qquad \text{oder} \qquad y \, (1 - kv_0) = v_0 \, x \; .$$

ickkopplungs-
ktor

Man erhält

$$v = \frac{y}{x} = \frac{v_0}{1 - kv_0} .$$

Das Produkt kv_0 nennt man die Schleifenverstärkung v_S der rückgekoppelten Schaltung. Schleifenverstärku

Für die Anwendungen lassen sich zwei besonders wichtige Fälle unterscheiden:

a) $v_S > 0$: durch die Rückkopplung wird der Verstärkungsfaktor des Gesamtsystems vergrößert. Diesen Fall bezeichnet man als *Mitkopplung*. Für ein stabiles Verhalten des Systems muß dabei $0 < v_S < 1$ vorausgesetzt werden; für $v_S \geq 1$ ist das System instabil. (Der Sonderfall $v_S = 1$ (Oszillator) wird hier nicht betrachtet.) Mitkopplung

b) $v_S < 0$: durch die Rückkopplung wird die Gesamtverstärkung verringert. Es liegt der Fall der *Gegenkopplung* vor. Das System ist stabil. Gegenkopplung

Nach dieser allgemeinen Betrachtung soll noch einmal auf Beispiel 19.2 eingegangen werden. Mit den Beziehungen

$$x = u'_{st}, \qquad y = i_q, \qquad v_0 = S, \qquad k = R/5$$

folgt

$$i_q = \frac{S}{1 - S\,R/5}\, u'_{st}$$

oder wegen $u'_{st} = \frac{2}{5}\, u_1$:

$$i_q = \frac{2S}{5 - R\,S}\, u_1 .$$

Für $SR/5 < 1$ oder $RS < 5$ ist die Schaltung stabil; für $0 < RS < 5$ liegt Mitkopplung vor, für $RS < 0$ Gegenkopplung.

19.4 Der Operationsverstärker

Ein besonders vielseitig einsetzbares Halbleiterbauelement ist der Operationsverstärker, der innerhalb gewisser Grenzen wie eine spannungsgesteuerte Spannungsquelle wirkt. Er ist üblicherweise als integrierter Schaltkreis realisiert. Auf den inneren Aufbau soll hier nicht eingegangen werden. Abbildung 19.11 zeigt links das Symbol des Operationsverstärkers mit zwei Eingangsklemmen, einer Ausgangsklemme und zwei Anschlüssen für die Stromversorgung. Im mittleren Teilbild sind die für die Stromversorgung erforderlichen Spannungsquellen einschließlich der Zuleitungen gestrichelt eingezeichnet. Der Einfachheit halber läßt man den gestrichelt dargestellten Schaltungsteil oft weg. Auf diese Weise erhält man jedoch ein Schaltbild, für das die Knotengleichung nicht mehr erfüllt ist. Um diesen Nachteil zu vermeiden, wird in dem vorliegenden Buch eine derart weitgehende Vereinfachung vermieden und ausschließlich mit der in Teilbild c) angegebenen Darstellung gearbeitet.

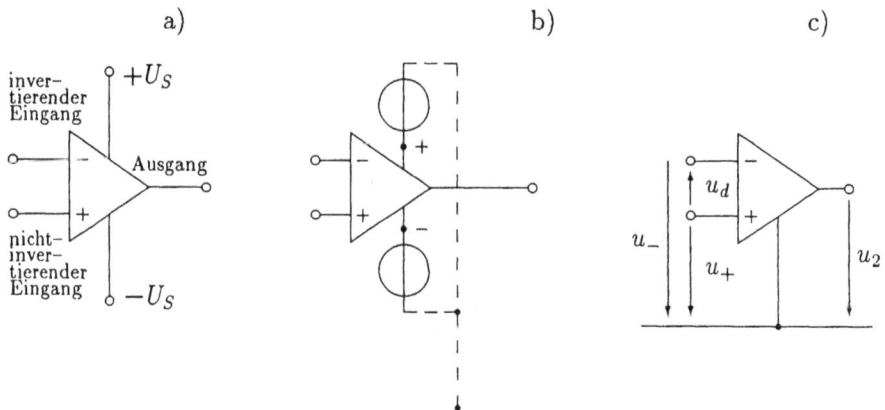

Abb. 19.11: Verschiedene Symbole für den Operationsverstärker

Der Vollständigkeit halber soll erwähnt werde, daß der Operationsverstärker weitere Anschlüsse aufweisen kann, und zwar für die Korrektur des Frequenzganges der Leerlaufverstärkung und für die Nullpunkteinstellung.

Die Eigenschaften des Operationsverstärkers lassen sich durch seine Kennlinie beschreiben (vgl. Abbildung 19.12). Links ist die Kennlinie eines realen Operationsverstärkers mit typischen Zahlenwerten dargestellt. Die Spannung $\pm U_{max}$ wird auch als Sättigungsspannung bezeichnet. Das mittlere

Bild zeigt eine vereinfachte Kennlinie und das rechte Bild die Kennlinie des idealen Operationsverstärkers (mit unendlich großem Verstärkungsfaktor).

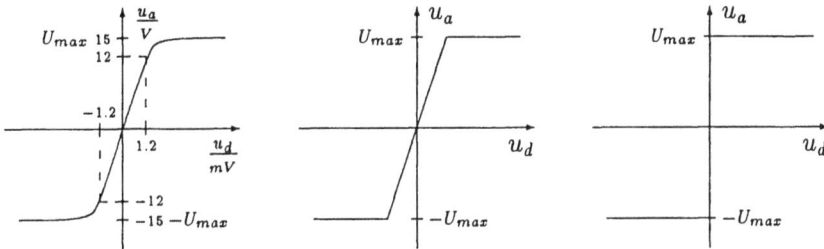

Abb. 19.12: Reale, linearisierte und ideale Kennlinie des Operationsverstärkers

Für die meisten niederfrequenten Anwendungen stellt der ideale Operationsverstärker ein realistisches Modell dar. Daher wird hier nur dieser betrachtet. Sein Verhalten läßt sich durch die folgenden Gleichungen beschreiben:

Idealer Operation verstärker

Linearer (proportionaler) Bereich:

$$i_- = 0, \qquad i_+ = 0$$

$$u_d = u_+ - u_- = 0$$

$$-U_{max} < u_a < U_{max}$$

Bereich negativer Sättigung:

$$i_- = 0, \qquad i_+ = 0$$

$$u_d = u_+ - u_- < 0$$

$$u_a = -U_{max}$$

Bereich positiver Sättigung:

$$i_- = 0, \qquad i_+ = 0$$

$$u_d = u_+ - u_- > 0$$

$$u_a = U_{max}$$

Gleichwertig ist die Darstellung durch die in Abbildung 19.13 angegebenen Ersatzschaltbilder.

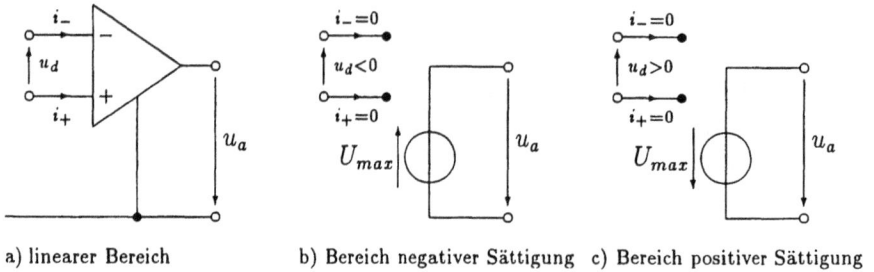

a) linearer Bereich   b) Bereich negativer Sättigung   c) Bereich positiver Sättigung

Abb. 19.13: Ersatzschaltbilder des Operationsverstärkers für den linearen Bereich und die beiden Sättigungsbereiche

linearer Bereich

ttigungsbereich

In manchen Anwendungen arbeitet der Operationsverstärker nur im linearen Bereich, in anderen Anwendungen ist gerade das Auftreten der Sättigungsbereiche maßgebend für das Verhalten der Schaltung. Zur Einführung in diese beiden Fälle wird zunächst je ein Beispiel betrachtet:

Beispiel 19.4

nkehrverstärker

Gegeben ist die Schaltung nach Abbildung 19.14. Die Ausgangsspannung u_2 ist gesucht (als Funktion von u_1, R_1, R_2).

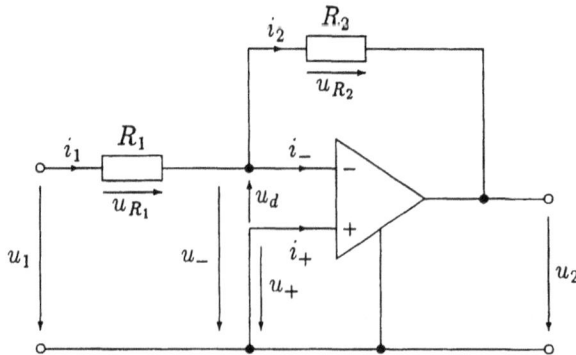

Abb. 19.14: Der Umkehrverstärker

Lösung

Da beim idealen Operationsverstärker (sofern er im linearen Bereich arbeitet, was weiter unten überprüft wird) $u_d = 0$ ist, gilt $u_1 = u_{R_1}$ und damit

$$i_1 = \frac{u_{R_1}}{R_1} = \frac{u_1}{R_1} \ .$$

Aus $i_- = 0$ folgt $i_2 = i_1$ und daher

$$u_{R_2} = R_2 \, i_2 = R_2 \, i_1 = \frac{R_2}{R_1} u_1 \ .$$

Aus dem Umlauf über die Eingangsklemmen des Operationsverstärkers, R_2 und die Ausgangsklemmen ergibt sich $u_2 = -u_{R_2}$, also

$$u_2 = -\frac{R_2}{R_1} u_1 \ . \tag{19.2}$$

Die Herleitung setzt voraus, daß der Operationsverstärker im linearen Bereich arbeitet, d. h. es muß gelten:

$$-U_{max} < u_2 < U_{max}$$

oder mit (19.2)

$$-\frac{R_1}{R_2} U_{max} < u_1 < \frac{R_1}{R_2} U_{max} \ .$$

Der Betrag der Verstärkung hängt nur von den Widerständen R_1 und R_2 ab, er ist also unabhängig von den Eigenschaften des Operationsverstärkers. Für $R_1 = R_2$ ergibt sich die Verstärkung -1; in diesem Fall spricht man vom Phasenumkehrer oder Inverter.

■

Beispiel 19.5

Gegeben ist die Schaltung nach Abbildung 19.15. Zu bestimmen ist die Ausgangsspannung u_2.

Komparator

289

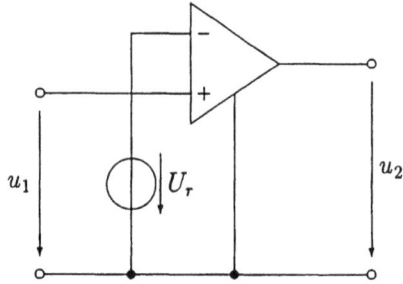

Abb. 19.15: Der Komparator

Lösung

Zunächst werden in Anlehnung an Abbildung 19.13 für die drei Bereiche der Kennlinie Ersatzschaltbilder angegeben: Abbildung 19.16.

Im Fall (a) gilt

$$u_d = u_1 - U_r = 0 \qquad \text{oder} \qquad u_1 = U_r \,.$$

Im Fall (b) hat man

$$u_d = u_1 - U_r < 0 \qquad \text{oder} \qquad u_1 < U_r$$

und im Fall (c):

$$u_d = u_1 - U_r > 0 \qquad \text{oder} \qquad u_1 > U_r \,.$$

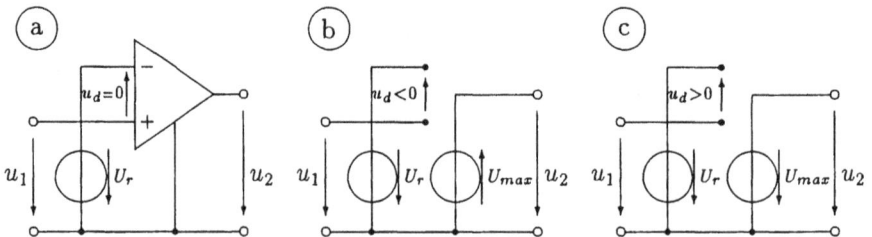

Abb. 19.16: Ersatzschaltbilder für die drei Bereiche, in denen die Schaltung nach Abbildung 19.15 arbeiten kann

Faßt man diese Ergebnisse zu einer Ein-/Ausgangskennlinie zusammen, so entsteht Abbildung 19.17. Mit dieser (in der Digitaltechnik sehr verbreiteten) Schaltung läßt sich also feststellen, ob die Spannung u_1 unterhalb oder oberhalb einer vorgegebenen Referenzspannung U_r liegt.

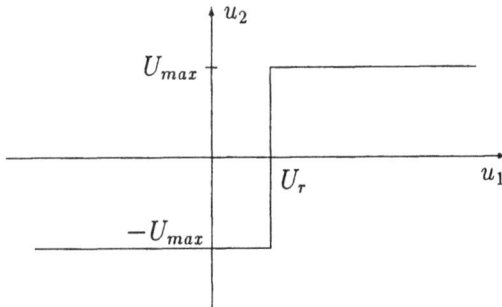

Abb. 19.17: Die Kennlinie des Komparators

20. Digitale Grundschaltungen

20.1 Einführung

Signale, die nur zu diskreten Zeitpunkten betrachtet und verarbeitet werden, bilden den Inhalt der Abschnitte 13.3 und 13.5 sowie des Kapitels 17. Werden diese Signale durch diskrete Werte, d. h. durch Ziffern mit endlicher Stellenzahl dargestellt, so liegt ein zeit- und wertdiskretes System vor. Man spricht von einem digitalen System. *Digitales System*

Für die Darstellung der Signalwerte verwendet man fast ausschließlich binäre Zahlensysteme: jede einzelne Stelle eines Zahlwortes kann nur zwei Werte annehmen, die man z. B. mit "0" und "1" bezeichnet und in einer elektrischen Schaltung oft durch die beiden Spannungswerte 0V und 5V darstellt.

Zur besseren Unterscheidung zwischen den zweiwertigen Signalen und den ihnen zugeordneten physikalischen Größen verwendet man für diese üblicherweise Kleinbuchstaben, während den Signalen Großbuchstaben zugeordnet werden.

Auf die einfachsten Verknüpfungen zwischen zweiwertigen Signalen geht *Verknüpfungen* der folgende Abschnitt ein.

20.2 Gatter

Die in Abbildung 20.1a skizzierte Anordnung bezeichnet man als ODER-Gatter. Das Schaltsymbol ist in Abbildung 20.1b angegeben. Diese Schaltung bewirkt eine ODER-Verknüpfung der (hier) drei Eingangssignale X_1, X_2 und X_3: Die Ausgangsgröße Y hat nur dann den Signalwert "1" (repräsentiert z. B. durch die Spannung 5V), wenn mindestens eine der Eingangsgrößen den Signalwert "1" (d. h. die Spannung 5V) aufweist.

Für die ODER-Verknüpfung schreibt man symbolisch (im Sinn der Boole- *ODER* schen Algebra, die hier vorausgesetzt wird):

$$Y = X_1 \vee X_2 \vee X_3 . \tag{20.1}$$

Mit der Schaltung nach Abbildung 20.2a läßt sich eine UND-Verknüpfung realisieren: Wenn alle drei Eingangsgrößen den Signalwert "1" und damit

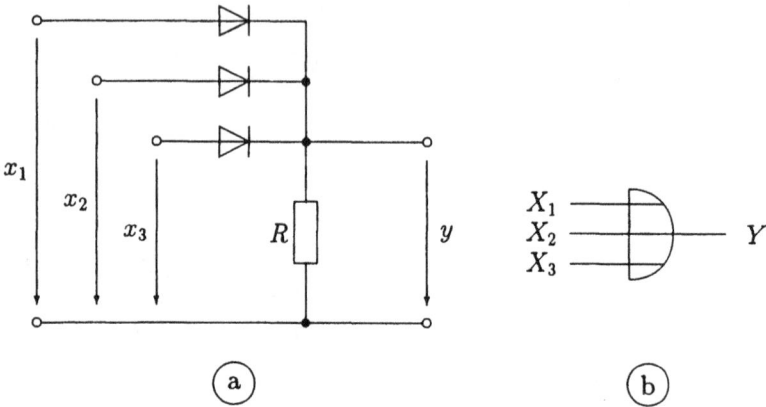

Abb. 20.1: Die einfachste Realisierung der ODER-Verknüpfung und das Schaltsymbol

eine so große Spannung aufweisen, daß die drei Dioden sperren, wird die Spannung U_B am Ausgang wirksam; an diesem tritt also der Signalwert "1" auf. Ist dagegen (mindestens) eine Eingangsgröße "0", so wird die an diesem Eingang liegende Diode in Durchlaßrichtung betrieben; sie schließt die Ausgangsspannung kurz, erzeugt also am Ausgang den Signalwert "0".

ND

Für die UND-Verknüpfung schreibt man symbolisch

$$Y = X_1 \wedge X_2 \wedge X_3 \,. \tag{20.2}$$

Die Verknüpfungen (20.1) und (20.2) sind in Tabelle 20.1 in anderer Form dargestellt.

CHT

Mit der Schaltung nach Abbildung 20.3, die als Inverter bezeichnet wird, erreicht man eine Signalumkehr oder Negation.

Wird einem ODER- bzw. einem UND-Gatter ein Inverter nachgeschaltet, so entsteht ein NICHT-ODER- bzw. ein NICHT-UND-Gatter. Üblich sind die englischen Bezeichnungen NOR- und NAND-Gatter; die zugehörigen Schaltsymbole sind in Abbildung 20.4 dargestellt.

Durch Kombination von Dioden- (Abbildungen 20.1a und 20.2a) und Transistorgattern (Abbildung 20.3a) entstehen Anordnungen in der sogenannten Dioden-Transistor-Technik (Dioden-Transistor-Logik = DTL). Werden die Eingangsdioden der DTL-Schaltkreise in einem Multiemittertransistor

X_1	X_2	X_3	Y_{ODER}	Y_{UND}
0	0	0	0	0
0	0	1	1	0
0	1	0	1	0
0	1	1	1	0
1	0	0	1	0
1	0	1	1	0
1	1	0	1	0
1	1	1	1	1

Tabelle 20.1: Die Verknüpfungen ODER und UND

zusammengefaßt, gelant man zur Transistor-Transistot-Technik (Transistor-Transistor-Logik = TTL). Neben disen beiden Techniken gibt es weite-re Schaltkreisfamilien, die z. B. mit geringerer Verlustleistung, geringerer Signallaufzeit, höherer Schaltfrequenz arbeiten. Auf diese Gesichtspunkte kann hier nicht eingegangen werden. In den folgenden Abschnitten kommt nur das äußere Verhalten der Schaltungen zur Sprache: Es wird also nur der Zusammenhang zwischen der Signalwerten (”0“ und ”1“) am Eingang und am Ausgang der Schaltung angegeben.

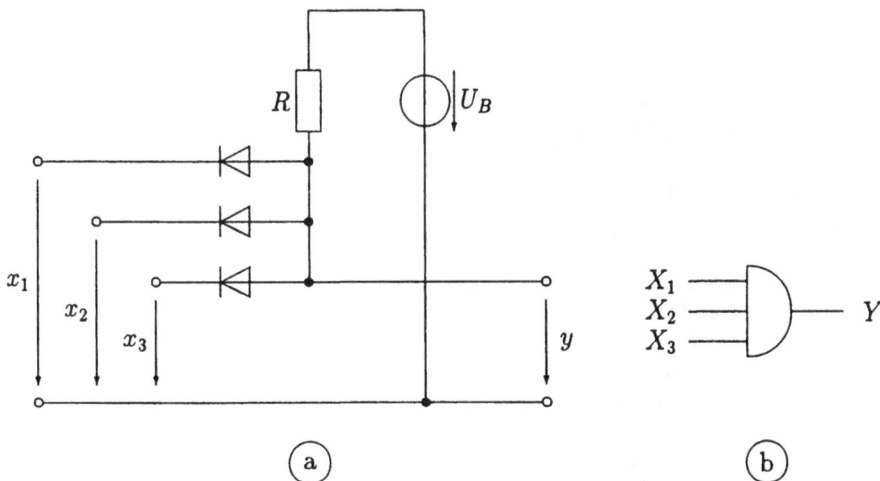

Abb. 20.2: Die einfachste Realisierung der UND-Verknüpfung und das Schaltsymbol

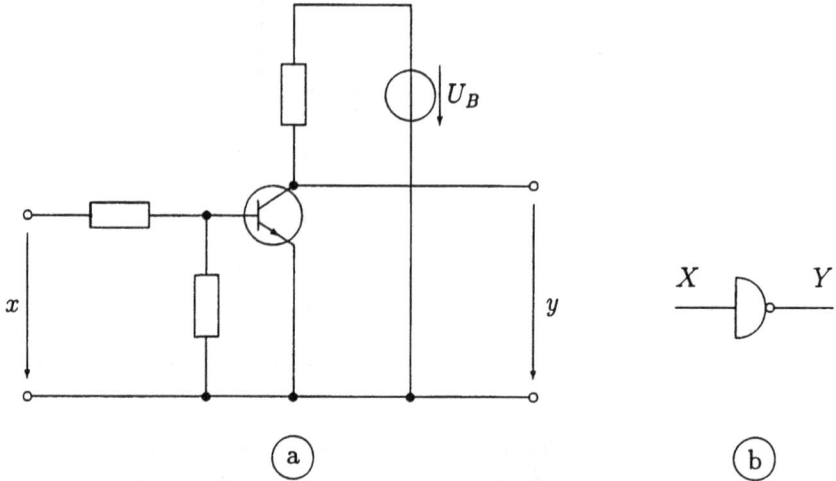

Abb. 20.3: Die einfachste Realisierung eines Inverters und das Schalt-symbol

20.3 Bistabile Kippstufen

Den Inhalt dieses Abschnitts bilden Ein-Bit-Speicher. Damit sind Schal-tungen gemeint, mit denen man eine binäre Stelle (1 Bit) speichern kann. Derartige Schaltungen (mit zwei stabilen Zuständen) bezeichnet man auch als bistabile Kippstufen oder Flipflops.

Die einfachste Anordnung dieser Art ist das *SR-Flipflop*, das aus zwei NOR- oder zwei NAND-Gattern aufgebaut werden kann. Beide Realisie-rungen sind in Abbildung 20.5 zusammen mit dem Schaltsymbol darge-stellt. Durch ein "1"-Signal am Eingang S (=set) wird der Ausgang Q auf "1" gesetzt (der invertierte Ausgang erhält das Signal "0"). Ein "1"-Signal

R-Flipflop

NOR   NAND

Abb. 20.4: Die Schaltsybole der Verknüpfungen NOR und NAND

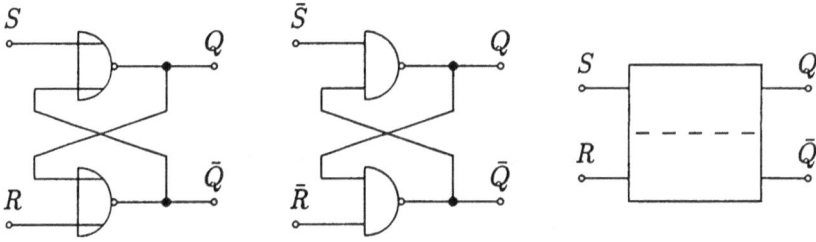

Abb. 20.5: Realisierungen des SR-Flipflops und das Schaltsymbol

am Eingang R (=reset) löscht das gespeicherte Signal, d. h. am Ausgang Q liegt dann das Signal "0".

Das Verhalten des SR-Flipflops kann auch durch die folgende Karnaugh-Tafel   Karnaugh-Tafel

Q_n :

Q_{n-1}	SR	00	01	11	10
	0	0	0	−	1
	1	1	0	−	1

oder die Gleichung

$$Q_n = S \vee \bar{R} \wedge Q_{n-1}$$

beschrieben werden. Dabei bedeutet Q_n den jetzigen Ausgangswert, Q_{n-1} den vorherigen. Die beiden Eingänge S und R dürfen nicht gleichzeitig auf "1" gesetzt werden.

Das in Abbildung 20.6 skizzierte SR-Auffangflipflop kann nur gesetzt ($S=1$)   Auffangflipflop oder gelöscht ($R=1$) werden, wenn am Takteingang der Freigabeimpuls $T = 1$ auftritt.

Schaltet man zwei SR-Auffangflipflops nach Abbildung 20.7 hintereinander, so erhält man das sogenannte SR-*Master-Slave-Flipflop*. Hier nimmt SR-Master-Slave-der „Master" während des Eingangsimpulses $T = 1$ die Eingangsinfor-   Flipflop mation auf. Im Verlauf der fallenden Taktflanke werden die Eingänge des „Masters" gesperrt. Um die Laufzeit des Negators später übernimmt der „Slave" die Ausgangsinformation des „Masters", die dann am Ausgang Q (bzw $\bar{Q}$) erscheint. Durch diese Arbeitsteilung erreicht man, daß die

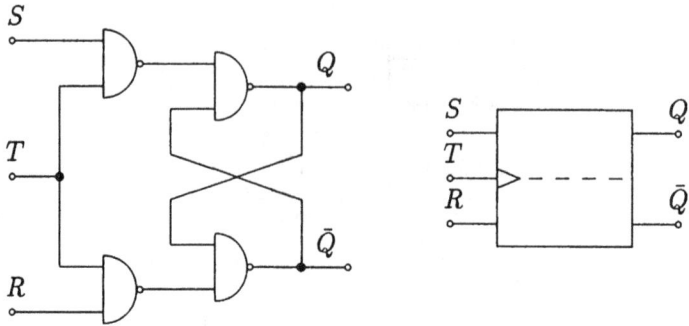

Abb. 20.6: Das SR-Auffangflipflop

Eingänge S und R gesperrt sind, während Q seinen Wert ändert. Beim Eintreffen des nächsten Taktimpulses wird der „Master" geöffnet und der „Slave" gesperrt, bevor sich die Ausgänge der „Masters" geändert haben können. (Die Schaltzeit des Flipflops ist größer als die des Inverters.)

Aufgrund dieser Zeitverzögerung kann man die Ausgänge Q und $\bar{Q}$ mit R und S verbinden und erhält eine Schaltung, die mit jeder fallenden Flanke in die entgegengesetzte Lage kippt. Führt man diese Verbindung so aus, daß man sie über UND-Gatter und die Eingänge J und K steuern kann, so erhält man das JK-Master-Slave-Flipflop nach Abbildung 20.8, dessen Verhalten sich auch durch folgende Tabelle beschreiben läßt:

(-Flipflop

$t_{n-1}:$ JK	00	01	11	10
$t_n:$ Q_n	Q_{n-1}	0	$\bar{Q}_{n-1}$	1

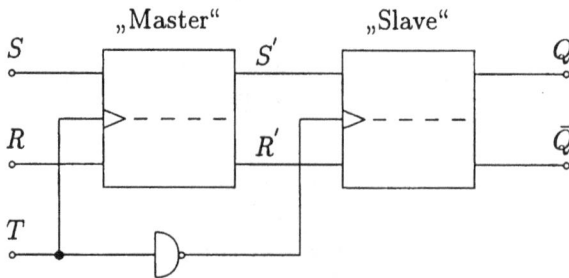

Abb. 20.7: Das SR-Master-Slave-Flipflop

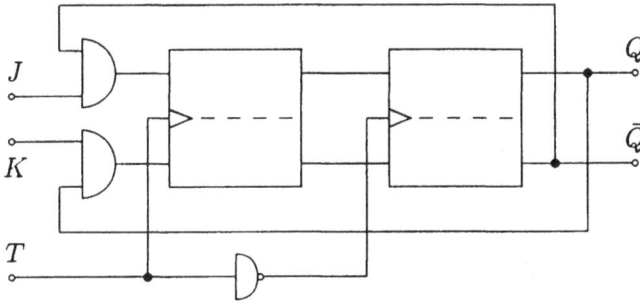

Abb. 20.8: Das JK-Master-Slave-Flipflop

20.4   Zähler und Schieberegister

Aus Flipflops lassen sich Zähler unterschiedlichster Art aufbauen. In Abbildung 20.9 ist eine besonders einfache Anordnung dargestellt, nämlich eine Kettenschaltung aus drei JK-Flipflops, die als Auffangflipflops arbeiten. (Die Eingänge J und K werden nicht benutzt und sind beide "1".) Dieser Zähler registriert die Anzahl der am Eingang X aufgetretenen Impulse als Dualzahl $(=A_2 A_1 A_0)$.

Asynchroner Zähler

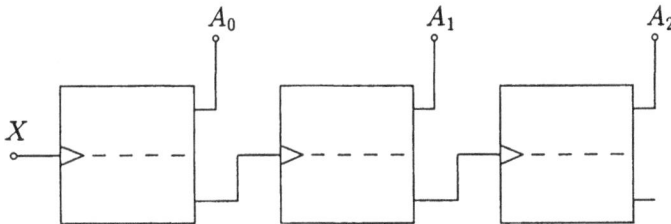

Abb. 20.9: Ein einfacher Dualzähler

Der Takt (in Abbildung 20.9 das Signal X) wirkt nur auf das erste Flipflop: der Zähler arbeitet asynchron. Werden alle Flipflops des Zählers von dem Takt T gesteuert, so nennt man den Zähler synchron. In Abbildung 20.10 ist ein synchroner Zähler dargestellt, der die Anzahl der Taktimpulse im sogenannten Aiken-Code zählt. Dieser Code ordnet den Dezimalzahlen von 0 bis 9 vierstellige Binärzahlen gemäß Tabelle 20.2 zu.

Synchroner Zähler

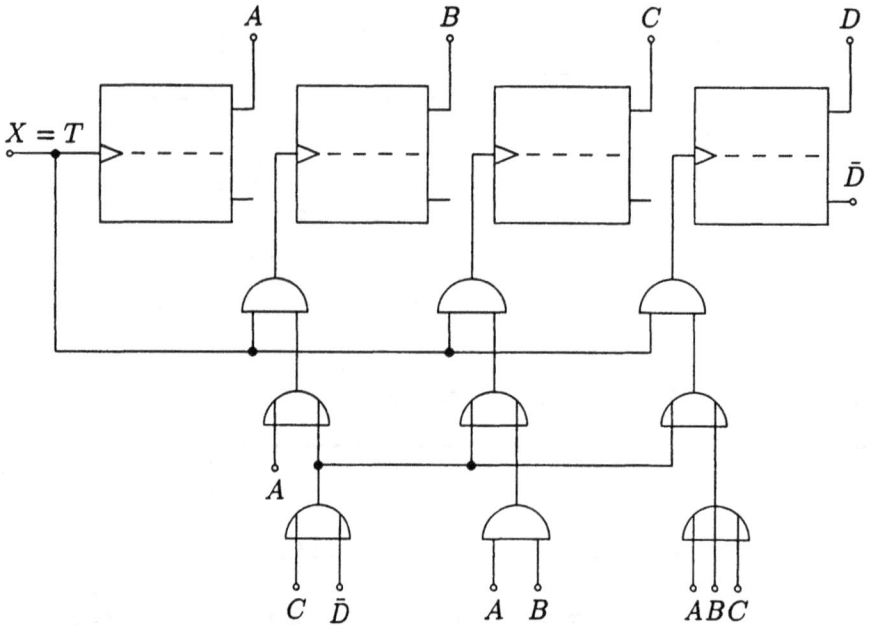

Abb. 20.10: Ein synchroner Zähler, der den Aiken-Code verwendet

Der Tabelle entnimmt man, daß A sich bei jedem Takt ändert. Für die Signale B, C, D ergibt sich aus der Tabelle (nach einigen Vereinfachungen auf Grund der Gesetze der Boolschen Algebra), daß ein Umschalten nur

X	D	C	B	A
0	0	0	0	0
1	0	0	0	1
2	0	0	1	0
3	0	0	1	1
4	0	1	0	0
5	1	0	1	1
6	1	1	0	0
7	1	1	0	1
8	1	1	1	0
9	1	1	1	1

Tabelle 20.2: Der Aiken-Code

bei Zutreffen (="1") der folgenden Bedingungen erfolgt:

$$B: \quad A \vee C \wedge \bar{D}$$

$$C: \quad A \vee B \vee C \wedge \bar{D}$$

$$D: \quad C \wedge \bar{D} \vee A \wedge B \wedge C .$$

Diese Bedingungen sind in Abbildung 20.10 durch die Kombination aus ODER- und UND-Gattern realisiert.

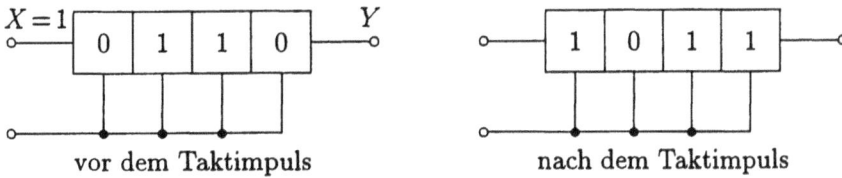

vor dem Taktimpuls   nach dem Taktimpuls

Abb. 20.11: Zur Wirkungsweise des Schieberegisters

Für manche Aufgaben, z. B. für die Serien-Parallel-Umwandlung, kann verwendet man Schieberegister. Hierbei handelt es sich um Speicherketten nach Abbildung 20.11, bei denen die Information jeder Speicherzelle durch einen Takt in die jeweils nächste Zelle geschoben wird. Das erste Speicherglied übernimmt mit dem Takt die gerade am Eingang liegende Information. Abbildung 20.12 zeigt eine Realisierung, die mit JK-Flipflops arbeitet. *Schieberegister*

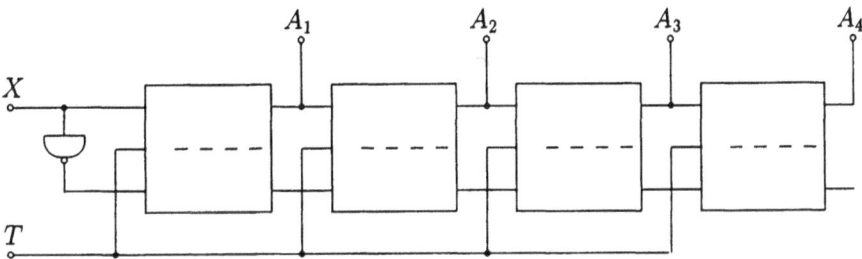

Abb. 20.12: Einfache Realisierung eines Schieberegisters

Teil V

Anhang

Literaturempfehlungen

Die folgenden Literaturangaben sind naturgemäß durch die Neigungen des Autors beeinflußt: Es kommen in erster Linie solche Titel vor, die der Autor genauer kennt oder mit denen er gern gearbeitet hat.

Die in dem vorliegenden Buch behandelten Themen sind weitgehend auch in den folgenden Werken enthalten: Bosse [BOS89], Clausert / Wiesemann [CLA93], Elschner [ELS90], Führer / Heidemann / Nerreter [FÜH94] und Paul [PAU94a].

Für die Beschäftigung mit „Feldern und Wellen" (Kapitel 8 bis 12) sind besonders zu empfehlen: Blume [BLU94], Küpfmüller [KÜP93] und Simonyi [SIM89].

Zum Thema „Signale und Systeme" (Kapitel 13 bis 17) gibt es viele gute Bücher, z. B.: Jackson [JAC90], Lahti [LAHT87], Oppenheim, Willsky [OPP92], Papoulis [PAP80], Schüßler [SCHÜ91], Unbehauen [UNB90] und Ziemer / Tranter / Fannin [ZIE89].

Eine empfehlenswerte und zum Teil sehr umfassende Behandlung der „Elektronik" (Kapitel 18 bis 20) findet man in: Böhmer [BÖH94], Hilberg [HIL92], Köstner / Möschwitzer [KÖS93], Morgenstern [MOR89], Rost [ROS92], Seifart [SEIFA90] und [SEIFA94] sowie Tietze / Schenk [TIE93].

Literaturverzeichnis

[AME84] Ameling, W.: Grundlagen der Elektrotechnik, Band 1: 4. Aufl., Band 2: 2. Aufl., Braunschweig: Vieweg 1988/1984.

[BLU94] Blume, S.: Theorie elektromagnetischer Felder, Heidelberg: Hüthig-Verlag 1994.

[BÖH94] Böhmer, E.: Elemente der angewandten Elektronik, 9. Aufl., Braunschweig: Vieweg 1994.

[BOS89] Bosse, G.: Grundlagen der Elektrotechnik, Band 1: Elektrostatisches Feld und Gleichstrom, 2. Aufl., Band 2: Magnetisches Feld und Induktion, 3. Aufl., Band 3: Wechselstromlehre, Vierpol- und Leitungstheorie, 2. Aufl., Band 4: Drehstrom, Ausgleichsvorgänge in linearen Netzen, Mannheim: Bibliographisches Institut 1989/1989/1978/1973.

[BUC57] Buchholz, H.: Elektrische und magnetische Potentialfelder, Berlin: Springer-Verlag 1957.

[BUS94] Busch, R.: Elektrotechnik und Elektronik, Stuttgart: Teubner 1994.

[BYS88] Bystron, K. / Borgmeyer, J.: Grundlagen der Technischen Elektronik, München: Hanser Verlag 1988.

[CHU87] Chua, L. O. / Desoer, C. A. / Kuh, E. S.: Linear and Nonlinear Circuits, New York: McGraw-Hill 1987.

[CLA93] Clausert, H. / Wiesemann, G.: Grundgebiete der Elektrotechnik, Band 1: 6. Aufl., Band 2: 6. Aufl., München: Oldenbourg Verlag 1993.

[CZI91] Czichos, H. (Hrsg.): HÜTTE: Die Grundlagen der Ingenieurwissenschaften, 29. Aufl., Berlin: Springer-Verlag 1991.

[DES87] Desoer, C. A. / Kuh, E. S.: Basic Circuit Theory, 16th printing, Singapore: McGraw-Hill 1987.

[DÖR88] Döring, E.: Werkstoffe der Elektrotechnik, 2. Aufl., Braunschweig: Vieweg 1988.

[DOE89]   Doetsch, G.: Anleitung zum praktischen Gebrauch der Laplace-Transformation und der Z-Transformation, 6. Aufl., München: Oldenbourg Verlag 1989.

[EBN88]   Ebner, D.: Technische Grundlagen der Informatik, Berlin: Springer-Verlag 1988.

[EDM84]   Edminister, J. A.: Elektromagnetismus, 2. Aufl., München: Hanser Verlag 1984.

[EDM90]   Edminister, J. A.: Elektrische Netzwerke, 2. Aufl., München: Hanser Verlag 1990.

[ELS90]   Elschner, H.: Grundlagen der Elektrotechnik / Elektronik, Band 1 + 2, Berlin: Verlag Technik 1990/1992.

[FET90]   Fettweis, A.: Elemente nachrichtentechnischer Systeme, Stuttgart: Teubner 1990.

[FLI91]   Fliege, N.: Systemtheorie, Stuttgart: Teubner 1991.

[FÖL82]   Föllinger, O.: Laplace- und Fourier-Transformation, 3. Aufl., Berlin: Elitera Verlag 1982.

[FRO93]   Frohne, H.: Einführung in die Elektrotechnik, Band 1: Grundlagen und Netzwerke, 5. Aufl., Band 2: Elektrische und magnetische Felder, 5. Aufl., Band 3: Wechselstrom, 5. Aufl., Stuttgart: Teubner 1987-1993.

[FRO94]   Frohne, H.: Elektrische und magnetische Felder, Stuttgart: Teubner 1994.

[FÜH94]   Führer, A. / Heidemann, K. / Nerreter, W.: Grundgebiete der Elektrotechnik, Band 1: Stationäre Vorgänge, Band 2: Zeitabhängige Vorgänge, 5. Aufl, München: Hanser Verlag 1994.

[GRE90]   Greuel, O.: Mathematische Ergänzungen und Aufgaben für Elektrotechniker, 12. Aufl., München: Hanser Verlag 1990.

[GUI66]   Guillemin, E. A.: Mathematische Methoden des Ingenieurs, München, Wien: Oldenbourg Verlag 1966.

[HIL92]   Hilberg, W.: Grundlagen elektronischer Schaltungen, 2. Aufl., München: Oldenbourg Verlag 1992.

[HOF86]   Hoffmann, H.: Das elektromagnetische Feld, 3. Aufl.,
           Wien: Springer-Verlag 1986.

[JAC90]   Jackson, L. B.: Signals, Systems, and Transforms, Rea-
           ding (Mass.): Addison-Wesley 1990.

[JEA51]   Jeans, Sir J.: The Mathematical Theory of Electricity
           and Magnetism, 5th ed., Cambridge: At the University
           Press 1951.

[JÖT72]   Jötten, R. / Zürneck, H.: Einführung in die Elektrotech-
           nik, Band 1 + 2, Braunschweig: Vieweg 1970/1972.

[JUS94]   Justus, O.: Berechnung linearer und nichtlinearer Netz-
           werke mit PSpice-Beispielen, Leipzig: Fachbuchverlag
           Leipzig 1994.

[KÖS93]   Köstner, R. / Möschwitzer, A.: Elektronische Schaltun-
           gen, München: Hanser Verlag 1993.

[KOR93]   Kories, R. / Schmidt-Walter, H.: Taschenbuch der Elek-
           trotechnik, Frankfurt a. M.: Verlag Harri Deutsch 1993.

[KÜP93]   Küpfmüller, K. / Kohn G.: Einführung in die theore-
           tische Elektrotechnik und Elektronik, 14. Aufl., Berlin:
           Springer-Verlag 1993.

[LAHT87]   Lahti, B. P.: Signals and Systems, Carmichael (CA):
           Berkeley-Cambridge Press 1987.

[LEH90]   Lehner, G.: Elektromagnetische Feldtheorie für Inge-
           nieure und Physiker, Berlin: Springer-Verlag 1990.

[LIN93]   Lindner, H. / Brauer, H. / Lehmann, C.: Taschenbuch
           der Elektrotechnik und Elektronik, 5. Aufl., Leipzig:
           Fachbuchverlag Leipzig 1993.

[LÜK92]   Lüke, H. D.: Signalübertragung, 5. Aufl., Berlin:
           Springer-Verlag 1992.

[LUN91a]   Lunze, K.: Einführung in die Elektrotechnik (Lehr-
           buch), 13. Aufl., Berlin: Verlag Technik 1991.

[LUN91b]   Lunze, K.: Einführung in die Elektrotechnik (Arbeits-
           buch), 7. Aufl., Berlin: Verlag Technik 1991.

[MAR86]   Marko, H.: Methoden der Systemtheorie, 2. Aufl., Ber-
           lin. Springer-Verlag 1986.

309

[MAT92]   Mattes, H.: Übungskurs Elektrotechnik, Band 1: Felder und Gleichstromnetze, Band 2: Wechselstromrechnung, Berlin: Springer-Verlag 1992/1994.

[MOR89]   Morgenstern, B.: Elektronik, Band 1: Bauelemente, 6. Aufl., Band 2: Schaltungen, 6. Aufl., Band 3: Digitale Schaltungen und Systeme, Braunschweig: Vieweg 1989/1989/1992.

[MÜL88]   Müller, R. / Piotrowski, A.: Einführung in die Elektrotechnik und Elektronik, Teil 1 + 2: 2. Aufl., München: Oldenbourg Verlag 1988.

[MÜN93a]   Münch, W. v.: Werkstoffe der Elektrotechnik, 7. Aufl., Stuttgart: Teubner 1993.

[MÜN93b]   Münch, W. v.: Einführung in die Halbleitertechnologie, Stuttgart: Teubner 1993.

[NET86]   Netz, H.: Formeln der Elektrotechnik u. Elektronik, München: Hanser Verlag 1986.

[OPP89]   Oppenheim, A. V. / Willsky, A. S.: Signale und Systeme (Arbeitsbuch), Weinheim, VCH Verlagsges. 1989.

[OPP92]   Oppenheim, A. V. / Willsky, A. S.: Signale und Systeme (Lehrbuch), 2. Aufl., Weinheim: VCH Verlagsges. 1992.

[PAP80]   Papoulis, A.: Circuits and Systems, A Modern Approach, New York: Holt, Rinehart and Winston, Tokyo: Holt-Saunders 1980.

[PAU94a]   Paul, R.: Elektrotechnik, Band 1: Felder und einfache Stromkreise, 3. Aufl., Band 2: Netzwerke, 3. Aufl., Berlin: Springer-Verlag 1993/1994.

[PAU94b]   Paul, R.: Elektrotechnik und Elektronik für Informatiker, Band 1: Grundgebiete der Elektrotechnik, Band 2: Grundbegriffe der Elektronik, Stuttgart: Teubner 1994.

[PHI86]   Philippow, E.: Taschenbuch Elektrotechnik, Band 1: Allgemeine Grundlagen, 3. Aufl., München: Hanser Verlag 1986.

[PHI92]   Philippow, E.: Grundlagen der Elektrotechnik, 9. Aufl., Berlin: Verlag Technik 1992.

[PIE77]   Piefke, G.: Feldtheorie, Band 1 - 3, Mannheim: Biblio-
            graphisches Institut 1973-1977.

[ROS92]   Rost, A.: Grundlagen der Elektronik, 3. Aufl., Berlin:
            Akademie-Verlag 1992.

[SCHÜ91]   Schüßler, H. W.: Netzwerke, Signale und Systeme,
            Band 1: Systemtheorie linearer elektrischer Netzwerke,
            Band 2: Theorie kontinuierlicher und diskreter Signale
            und Systeme, 3. Aufl., Berlin: Springer-Verlag 1991.

[SEID92]   Seidel, H. / Wagner, E.: Allgemeine Elektrotechnik,
            Band 1, München: Hanser Verlag 1992.

[SEIFA90]   Seifart, M.: Digitale Schaltungen, 4. Aufl., Berlin: Ver-
            lag Technik 1990.

[SEIFA94]   Seifart, M.: Analoge Schaltungen, 4. Aufl., Berlin: Ver-
            lag Technik 1994.

[SEIFE91]   Seifert, F.: Elektrotechnik für Informatiker, 2. Aufl., Wi-
            en: Springer-Verlag 1991.

[SIM89]   Simonyi, K.: Theoretische Elektrotechnik, 9. Aufl., Ber-
            lin: Deutscher Verlag der Wissenschaften 1989.

[STE94]   Stearns, S. D.: Digitale Verarbeitung analoger Signale,
            6. Aufl., München: Oldenbourg Verlag 1994.

[TIE93]   Tietze, U. / Schenk, C.: Halbleiter-Schaltungstechnik,
            10. Aufl., Berlin: Springer-Verlag 1993.

[UNB87a]   Unbehauen, R.: Elektrische Netzwerke, 3. Aufl., Berlin:
            Springer-Verlag 1987.

[UNB87b]   Unbehauen, R.: Elektrische Netzwerke – Aufgaben,
            2. Aufl., Berlin: Springer-Verlag 1987.

[UNB90]   Unbehauen, R.: Systemtheorie (Grundlagen für Inge-
            nieure), 5. Aufl., München: Oldenbourg Verlag 1990.

[UNB94]   Unbehauen, R.: Grundlagen der Elektrotechnik 1+2,
            4. Aufl., Berlin: Springer-Verlag 1994.

[WUN93a]   Wunsch, G. / Schreiber. H.: Analoge Systeme, 3. Aufl.,
            Berlin: Springer-Verlag 1993.

[WUN93b]   Wunsch, G. / Schreiber. H.: Digitale Systeme, 4. Aufl.,
            Berlin: Springer-Verlag 1993.

[ZIE89]   Ziemer, R. E. / Tranter, W. H. / Fannin, D. R.: Signals and Systems, 2. Aufl., New York: Macmillan 1989.

Register